Es wird viel geredet vom Ende des grenzenlosen Wachstums, von der dringend gebotenen Befreiung vom Wohlstandsballast, von einer Politik der Nachhaltigkeit. Doch was heißt das für die Praxis?

Der ehemalige Politiker und Volkswirtschaftler Reinhard Loske verfügt über das theoretische und praktische Wissen, um Anregungen zu geben für ein neues Denken, das sich dem Nachhaltigkeitsideal verpflichtet fühlt und politisch tatsächlich umgesetzt werden kann. Er bespricht anschaulich, welche politischen Reformen notwendig sind. Als sehr wichtig erachtet Loske neue Formen kooperativen Wirtschaftens sowie Verknüpfungen der Ökologiefrage mit Fragen der Freiheit und Gerechtigkeit.

Reinhard Loske ist Professor für Politik, Nachhaltigkeit und Transformationsdynamik an der Universität Witten/Herdecke. Zuvor machte er sich einen Namen durch seine Forschungsarbeiten am Wuppertal Institut für Klima, Umwelt, Energie (1992–1998) und am Institut für ökologische Wirtschaftsforschung (1990–1991). Er war Mitglied des Deutschen Bundestages (1998–2007) und dort unter anderem stellvertretender Fraktionsvorsitzender und umweltpolitischer Sprecher von Bündnis 90/Die Grünen. Von 2007 bis 2011 war er Senator für Umwelt, Bau, Verkehr und Europa der Freien Hansestadt Bremen.

Weitere Informationen, auch zu E-Book-Ausgaben, finden Sie bei www.fischerverlage.de

Reinhard Loske

Politik der Zukunftsfähigkeit
Konturen einer
Nachhaltigkeitswende

FISCHER Taschenbuch

Entwürfe für eine Welt mit Zukunft
Herausgegeben von Harald Welzer und Klaus Wiegandt

MIX
Papier aus verantwor-
tungsvollen Quellen
FSC® C083411

Erschienen bei FISCHER Taschenbuch
Frankfurt am Main, Dezember 2015

© S. Fischer Verlag GmbH, Frankfurt am Main 2016

Satz: Dörlemann Satz, Lemförde
Druck und Bindung: CPI books GmbH, Leck
Printed in Germany
ISBN 978-3-596-03221-1

Für Billa, Alex und Leo

Inhalt

Entwürfe für eine Welt mit Zukunft

Das 19. und 20. Jahrhundert waren die Epoche der expansiven Moderne. Immer weitere Teile der Welt folgten dem industriegesellschaftlichen und wachstumswirtschaftlichen Pfad, ihre Bewohnerinnen und Bewohner erlebten materiellen und vor allem auch immateriellen Fortschritt: Die Gesellschaften demokratisierten sich, wurden freiheitliche Rechtsstaaten, Arbeitsschutzrechte, Bildungs-, Gesundheits- und Sozialversorgung wurden erkämpft. Im 21. Jahrhundert, da die Globalisierung fast den ganzen Planeten in den wachstumswirtschaftlichen Sog gezogen, aber dabei keineswegs überall Freiheit, Demokratie und Recht etabliert hat, stehen wir vor der Herausforderung, den erreichten zivilisatorischen Standard zu sichern, denn dieser gerät immer mehr unter den Druck von Umweltzerstörung, Ressourcenkonkurrenz, Klimaerwärmung – um nur einige der gravierendsten Probleme zu nennen. Wie sieht eine moderne Gesellschaft aus, die nicht mehr dem Prinzip der immerwährenden Expansion folgt, sondern gutes Leben mit nur einem Fünftel des heutigen Verbrauchs an Material und Energie sichert? Das weiß im Augenblick niemand; einen Masterplan für eine solche Moderne gibt es nicht. Wir brauchen daher Zukunftsbilder, die die Lebensqualität in einer nachhaltigen Moderne vorstellbar machen und mit den Entwürfen einer anderen Mobilität, einer anderen Ernährungskultur, eines anderen Bauens und Wohnens die Veränderung der gegenwärtigen Praxis attraktiv und nicht abschreckend erscheinen lassen.

Deshalb haben wir für die Buchreihe »Entwürfe für eine Welt
mit Zukunft« Wissenschaftlerinnen und Wissenschaftler ge-
beten, konkrete Utopien künftiger Wirtschafts- und Lebens-
praktiken zu skizzieren. Konkrete Utopien, das heißt: Szenarien
künftiger Wirklichkeiten, die auf der Basis heute vorliegender
technischer und sozialer Möglichkeiten herstellbar sind. Erst
vor dem Hintergrund solcher Zukunftsbilder lässt sich abwägen, welche Entwicklungsschritte heute sinnvoll sind, um sich
in Richtung einer wünschenswerten Zukunft aufzumachen.
Anders gesagt: Ohne Zukunftsbilder lässt sich weder eine ge-
staltende Politik denken noch die Rolle, die die Zivilgesellschaft für eine solche Politik spielt. Wenn Politik und Zivilgesellschaft wie Kaninchen vor der Schlange ausschließlich auf
die Bewahrung eines fragiler werdenden Status quo fixiert
sind, verlieren sie die Fähigkeit, sich auf ein anderes Ziel zu-
zubewegen. Sie verbleiben in der schieren Gegenwart, was in
einer sich verändernden Welt eine tödliche Haltung ist.

Nach 18 Bänden der ebenfalls im Fischer-Taschenbuch erschienenen Vorgängerreihe, die unter großer öffentlicher Resonanz eine wissenschaftliche Bestandsaufnahme des natura-
len Status quo der Erde in den einzelnen Dimensionen von
den Ozeanen bis zur Bevölkerungsentwicklung vorgelegt hat,
wenden wir nun also den Blick von der Gegenwart in die Zukunft – in der Hoffnung, konkrete Perspektiven für die Ge-
staltungsmöglichkeiten einer nachhaltigen modernen Gesellschaft aufzuzeigen, Perspektiven, die der Politik wie den
Bürgerinnen und Bürgern Mut machen, ihre Handlungsspiel-
räume zu nutzen und Wege zum guten Leben einzuschlagen.

Harald Welzer & Klaus Wiegandt

1 Einleitung
Politik der Zukunftsfähigkeit im 21. Jahrhundert

Politik, Wirtschaft und Gesellschaft sind heute überwiegend sehr kurzfristig orientiert. Die Akteure der Politik denken maximal in Legislaturperioden, wobei in deren zweiter Hälfte meist nichts Heikles mehr in Angriff genommen wird, weil es die Wahlaussichten schmälern könnte. Längst haben Demoskopen und »Spin-Doktoren« die heimliche Regie in den Parteizentralen übernommen, deren Aufmerksamkeit den nächsten Tagen und Wochen gilt, weniger den langen Linien der Politik. Kapitalgesellschaften denken zumeist in der Zeitdimension von Quartalsberichten, deren Zahlen das Auf und Ab des Unternehmenswertes und des Börsenkurses bestimmen. Nichts wiegt negativer als schlechte Wachstumsaussichten in der nahen Zukunft. Wer nicht expandiert, dem droht Kapitalentzug. Das Gros der Konsumentscheidungen wiederum ist vom schnellen Habenwollen geprägt, das vermittels suggestiver Werbebotschaften rund um die Uhr und an möglichst vielen Orten angeheizt wird. Die Dominanz von Gegenwartsinteressen über Langzeiterfordernisse scheint aller Zukunftsrhetorik und teils gegenläufiger Entwicklungen zum Trotz so stark wie nie zu sein.

Die nachhaltige Entwicklung aber ist ein Langzeiterfordernis par excellence. In diesem Buch wird zu zeigen sein, dass man nachhaltige Entwicklung durchaus unterschiedlich definieren und interpretieren kann. Eines jedoch eint alle Kon-

zepte: Sozialer Zusammenhalt und Gerechtigkeit sowie ökonomische Vitalität und Robustheit sind für die heute Lebenden
und ihre Gesellschaften zwar elementare Bedingungen, dürfen aber nicht auf Kosten der lebenspendenden Natursysteme
und -funktionen, der zukünftigen Menschheitsgenerationen
und der Menschen in ärmeren Teilen der Welt gehen. All das
erfordert langfristiges Denken und das Einbeziehen von Zu-
kunftsbelangen in Gegenwartshandeln.

Ist die Hoffnung, dass das gelingen könnte, realistisch oder
doch nur ein frommer Wunsch? Darf man wirklich annehmen, dass neben die Bewältigung der aktuellen Probleme, die
ja oft schon viel Kraft kostet und schwierig genug ist, mit glei-
chem Gewicht die adäquate Bearbeitung von Zukunftsauf-
gaben treten kann? Ist es nicht doch ein wenig zu viel verlangt, wenn wir uns nicht nur an der Nächstenliebe, sondern
auch an der Fernstenliebe und der Liebe zu allem Lebendigen
in Gegenwart und Zukunft orientieren sollen? Ist die Einsicht,
dass wir »Leben inmitten von Leben sind, das leben will«
(Albert Schweitzer), stark genug, um Ehrfurcht vor der Natur
zum festen Bestandteil unseres Alltagshandelns zu machen?

Eine Politik der Zukunftsfähigkeit kann Gegenwartsinteressen nicht ignorieren, weil sie ansonsten auf vollends ver-
lorenem Posten kämpfen würde. Sie muss es aber auch gar
nicht, weil es auch aus einer Perspektive des Hier und Heute
eine Fülle von starken Gründen für eine nachhaltige Entwicklung gibt. Vieles von dem, was wir heute als Wohlstand verbuchen, ist in Wahrheit eher Ballast, der uns von den wirklich
wichtigen Dingen des Lebens ablenkt, uns Zeitsouveränität
und Autonomie raubt und unsere Lebensqualität mindert.
Vieles von dem, was wir heute kaufen, können wir nach anderen als kommerziellen Regeln besser selber machen oder in
Zusammenarbeit mit anderen herstellen. Vieles von dem, was

wir brauchen und in einer arbeitsteiligen Welt deshalb kaufen
müssen, kann besser und anders produziert werden, vor allem
ressourcenschonender, energieeffizienter, langlebiger und na-
turverträglicher. Und vieles von dem, was wir heute individuell besitzen, kann in Zukunft gemeinschaftlich genutzt werden, was einen enormen Umweltentlastungseffekt zur Folge
hätte. Es ist ein weites Feld der Möglichkeiten, das da vor uns
liegt. Wir müssen uns aber entscheiden, es gut bestellen zu
wollen.

Auf den Schultern von Riesen

Viele dieser Gedanken sind nicht völlig neu, sondern haben
einen reichhaltigen Vorlauf im Denken und Handeln von der
Zeit der Antike bis in die jüngere Vergangenheit hinein. Wer
heute über Fragen der Nachhaltigkeit auf der Höhe der Zeit
reflektieren will, sollte deshalb versuchen, den tieferen Zusammenhängen von Ökologie, Kultur und Ökonomie gerecht
zu werden. Aber wo beginnen, um nicht alles nur halb zu verstehen?

Beim Orakel von Delphi, der wichtigsten Kultstätte des anti-
ken Griechenlands, an deren Eingang die Inschrift »Nichts im
Übermaß« die Besucher zur Bescheidenheit mahnte und zur
Suche nach dem »rechten Maß« aufforderte?
    Bei der Genesis, wo vom Auftrag des Menschen die Rede
ist, die Erde zu »bebauen und bewahren«[1], also letztlich davon, sie nachhaltig zu nutzen und gleichermaßen zu schützen?
    Bei Franz von Assisi (1181–1226), der in seinem »Sonnen-
gesang« das einfache Leben preist und dort ein Verhältnis von

Mensch und Natur zum Ausdruck bringt, das sich am Prinzip der Geschwisterlichkeit orientiert und damit das ökologische Denken der Gegenwart in Teilen vorwegnimmt?[2]

Beim sächsischen Oberberghauptmann Hans von Carlowitz, der in seinem berühmten Werk *Sylvicultura oeconomica* 1713 die nachhaltige Nutzung des Waldes propagiert und uns lehrt, demselben nicht mehr Holz zu entnehmen als wieder nachwächst?[3]

Bei dem amerikanischen Bürgerrechtler und Naturbeobachter Henry David Thoreau (1817–1862), der die höchste Form von Freiheit darin sieht, sich unabhängig zu machen, auch und besonders von materiellem Luxus?[4]

Bei dem großen Liberalen John Stuart Mill (1806–1873), dem die Vorstellung, jeder Quadratmeter Land sei von einer wachsenden Menschenschar in Nutzung genommen, ein Schrecken ist und der deshalb nach Erreichen eines bestimmten Wohlstands- und Bevölkerungsniveaus eine »stationäre Ökonomie« empfiehlt, die nur noch qualitativ, aber nicht mehr quantitativ wächst?[5]

Bei Karl Marx (1818–1883), der uns zeigt, dass die ungezügelte kapitalistische Produktionsweise die beiden Springquellen des gesellschaftlichen Reichtums untergräbt: die Erde und den Arbeiter – und deshalb zu überwinden ist?[6]

Bei Karl Polanyi, der in seiner *Großen Transformation* (1944) die Herauslösung der Ökonomie aus ihren sozialen Bezügen und deren Verselbständigung als Hauptwurzel der großen Gesellschaftskrise sieht?[7]

Bei Rachel Carson, die 1962 angesichts des wachsenden Pestizideinsatzes vor dem »stummen Frühling« warnt, in dem es keine Vogelkonzerte mehr gibt, und die Öffentlichkeit und Politik zum Kampf gegen die steigende Chemikalienflut aufruft?[8]

Bei Willy Brandt, der in den sechziger Jahren den »blauen Himmel über der Ruhr« als politisches Ziel ausruft und nach einem Umweg über die »Politik der hohen Schornsteine« letztlich den Weg ebnet für eine Entstaubung, Entstickung und Entschwefelung unserer Großfeuerungsanlagen und somit für eine erhebliche Verbesserung der Luft- und Lebensqualität in unseren Ballungsräumen?[9]

Bei Dennis und Donella Meadows, die 1972 im Auftrag des Club of Rome die *Grenzen des Wachstums* erkunden, eine Umkehr der Menschheit fordern und damit eine weltweite Debatte über die Zukunftsfähigkeit des Industriesystems und das Bevölkerungswachstum auslösen?[10]

Beim früheren US-Präsidenten Jimmy Carter, der in den späten siebziger Jahren die große Studie *Global 2000* (erschienen 1980) in Auftrag gibt, bei der von quasi offizieller Seite bekräftigt wird, wie sehr der Wohlstand der Industrienationen auf Kosten der Umwelt, der zukünftigen Generationen und der armen Länder geht?[11]

Bei Gro Harlem Brundtland, die als Vorsitzende der Weltkommission für Umwelt und Entwicklung 1987 erstmals systematisch die Ökologiefrage und die Frage der Nord-Süd-Gerechtigkeit zu verknüpfen versucht und auf faire Verabredungen zwischen Industrie- und Entwicklungsländern pocht?[12]

Bei Vandana Shiva, die seit dreißig Jahren die Unterdrückung von Frauen, das szientistische Weltbild und die Monopolstellung internationaler Großkonzerne, vor allem der Saatgutkonzerne, als tiefere Ursachen der sozial-ökologischen Misere bekämpft?[13]

Bei den zahllosen umweltpolitischen Beratungsgremien auf nationaler und internationaler Ebene wie dem Intergovernmental Panel on Climate Change (IPCC) oder dem Wissen-

schaftlichen Beirat der Bundesregierung für Globale Umweltveränderungen (WBGU), die uns immer und immer wieder
mit den aktuellsten Informationen über den beklagenswerten
Zustand des Naturhaushaltes versorgen und Konzept für
Konzept, Strategie für Strategie präsentieren?[14]

Die möglichen Ansatzpunkte sind aus meiner Warte gewählt. Andere werden vielleicht anders beginnen, weil sie andere Zugänge zur Nachhaltigkeitsdebatte haben. Da gibt es
kein Richtig oder Falsch.

Tief graben: Kulturelle Ursachen der Umweltkrise

Wer die Ursachen der ökologischen Krise verstehen und adäquate Politikvorschläge entwickeln will, muss graben: in der
Zeit und in der Tiefe. Man kann die ganze Sache mit Goethe
angehen, der im *West-östlichen Divan* mahnt: »Wer nicht
von dreitausend Jahren sich weiß Rechenschaft zu geben,
bleibt im Dunkeln unerfahren, mag von Tag zu Tage leben.«[15]

Wer Goethe folgt, landet vielleicht bei Jared Diamond, der
in seinem großartigen Buch *Kollaps* (2005) den erheblichen
Einfluss ökologischer Faktoren auf den Zusammenbruch ver-
gangener Gesellschaften nachzeichnet und prognostiziert,
dass ein Verbleiben unserer Zivilisation auf dem gegenwärtigen Pfad zunächst zu ihrer Erosion und dann zu ihrem Ein-
sturz führt.[16]

Vielleicht auch bei Rudolf Bahro, dem DDR-Dissidenten,
Sozialökologen und spirituell Bewegten, der (1987 in der *Logik der Rettung*) beim Graben nach den tieferliegenden Ursachen der ökologischen Krise wie ein Geologe vorgeht und dabei eine Schichtenabfolge vorzufinden glaubt, die (von oben
nach unten) aus Exterminismus, Industriesystem, Kapitalis-

mus, europäischer Kosmologie, Patriarchat und menschlichem
Genotyp besteht und einer »Tektonik des Verderbens« gleichkommt.[17]

Oder bei Carl Amery, dem bayrisch-barocken Kirchen- und
Kulturkritiker und wertkonservativen Ökologen, dem das
biblische Gebot der Naturbeherrschung (»Machet euch die
Erde untertan«) und das menschliche Streben nach »Heil«
Hauptursache der Umweltkrise ist und der einen Ausweg aus
derselben nur sieht, wenn wir *Natur als Politik* (1975) betreiben und in den Kategorien eines »ökologischen Materialismus« zu denken lernen.[18]

Der österreichische Philosoph Günther Anders (1902–1992)
diagnostiziert in seiner *Antiquiertheit des Menschen* ein ekla-
tantes Gefälle zwischen der Unvollkommenheit des Menschen und der immer größer werdenden Perfektion der Maschinen, weshalb Technikkritik und Technikreflexion aus
Gründen der Humanität zur obersten Bürgerpflicht werden
müsse.[19]

André Gorz (1923–2007), der französische Sozialphilosoph
und Vordenker der Politischen Ökologie, sucht sozial-ökologische Auswege aus dem Kapitalismus und glaubt sie in der
»Dualökonomie« zu finden, in der Erwerbsarbeit nicht alles
ist und die Sphäre des Informellen gegenüber den ausufern-
den Zugriffen der Gelderwerbswirtschaft geschützt werden
muss.[20]

Ivan Illich (1926–2002), der Philosoph, Priester und Welt-
bürger, empfiehlt eine »Politik der Selbstbegrenzung«. Seine
Idee von der »konvivialen Technologie«, also dem lebensge-
rechten Einsatz des technischen Fortschritts, taugt bis heute als
Leitorientierung, harrt aber auch nach wie vor der Erfüllung.[21]

Der deutsch-britische Ökonom Ernst Friedrich Schumacher
(1911–1977), der in *Small is beautiful* (1973) unseren Blick

dafür schärft, dass Größenwachstum für Unternehmen wie ganze Volkswirtschaften Grenzen haben muss, plädiert für eine Rückkehr zum menschlichen Maß.[22]

Den »Tiefenökologen« um den norwegischen Philosophen Arne Naess (1912–2009) erscheinen alle Lebewesen so wertvoll, dass sie ihnen starke Eigenrechte zuschreiben und dafür plädieren, Respekt vor und Freude an der Natur zur Grundlage allen gesellschaftlichen Handelns zu machen.[23]

Elinor Ostrom, die Ökonomie-Nobelpreisträgerin von 2009, zeigt uns an historischen und aktuellen Beispielen, wie Gemeinschaftsgüter von Nutzergemeinschaften kooperativ, nachhaltig und erfolgreich bewirtschaftet werden können, ohne kommerzialisiert werden zu müssen; sie legt uns einen dritten Weg jenseits von Staat und Markt nahe.[24]

Die »Effizienzrevolutionäre« um Amory Lovins, Ernst Ulrich von Weizsäcker oder Friedrich Schmidt-Bleek halten die Innovationsdynamik der Marktwirtschaft für riesig, aber fehlgeleitet und wollen dieser nun durch die richtigen Preissignale und Anreizsysteme eine neue Richtung geben, um uns Nachhaltigkeitsziele wie den Schutz des Klimas und der Naturressourcen näherzubringen.[25]

Die diversen Vertreter der jüngeren Wachstumskritik aus Frankreich (Serge Latouche), Großbritannien (Tim Jackson, Robert Skidelsky), den USA (Herman Daly, John B. Cobb) oder dem deutschsprachigen Raum (Hans Christoph Binswanger, Wolfgang Sachs, Niko Paech) sind allesamt den Ideen der Suffizienz und des rechten Maßes verpflichtet und plädieren für die Entrümpelung, Entschlackung und Entschleunigung unseres Lebens als Weg zu mehr Zufriedenheit.[26]

Die verschiedenen Protagonisten der technischen Innovation schließlich sehen allerorten grünen Fortschritt, grüne Märkte und grünes Wachstum sprießen, begreifen die menschliche Historie als Geschichte der technologischen Siege und Durchbrüche und sind fest davon überzeugt, dass uns zur Lösung aller möglichen Krisen – auch der ökologischen – schon rechtzeitig etwas einfallen wird.[27]

Auch diese Liste ist eine subjektive. Es ist meine Liste. Anderen werden andere Denkerinnen und Denker in den Sinn kommen.[28] Auch hier gibt es kein Richtig und Falsch.

Utopien und Narrative

Von besonderem Interesse ist für mich stets die Frage gewesen, was Zukunftsdenkerinnen und -denker in der Vergangenheit dazu gesagt haben, welche Art von Fortschritt kommen wird oder kommen sollte, wie wir zusammenleben werden, welche Technik wir entwickeln und anwenden werden, wie wir uns in die Natur einbetten und sie nutzen werden, ob und wie es uns gelingt, untereinander im Großen und Ganzen Frieden zu halten. An Zukunftsvisionen mangelt es ja in der Geschichte der Menschheit wahrlich nicht, positiven wie negativen.

Denken wir an den »idealen Staat«, den Platon schon im 4. Jahrhundert vor Christus in der *Politeia* entwarf,[29] an die »ideale Gesellschaft«, die Thomas Morus 1516 in seinem Roman *Utopia* aufscheinen lässt,[30] an das durch und durch fortschrittsorientierte *Neu-Atlantis* von Francis Bacon (1627),[31] die technikbegeisterten Romane von Jules Verne im 19. Jahrhundert[32] oder an Edward Bellamys *Rückblick aus dem Jahr 2000 auf das Jahr 1887*,[33] erschienen 1888, in dem der US-Amerikaner eine Welt voraussieht, in der eine gute Gesellschaft in sauberer Umwelt, interessanter Gemeinschaftsarbeit und unendlichem Wohlstand zusammenlebt. Gemeinsam ist all diesen Werken, dass sie in gewissem Sinne geschichtsoptimistisch sind und letztlich davon ausgehen, dass der Mensch seine Welt durch gezieltes und vernunftgesteuertes Handeln verbessern kann.

Die negativen Seiten des Fortschritts wie den Totalitarismus, die George Orwell in seinem Werk *1984* so seherisch beschrieb und die angesichts der Überwachungs- und Lenkungsmöglichkeiten des Internets wieder eine beklemmende Aktualität bekommen haben,[34] sahen die meisten Futurologen vor hundert und auch vor fünfzig Jahren nicht.

Cristovam Buarque, der brasilianische Senator und Schriftsteller, dessen Ideen ich erst vor kurzem kennenlernen durfte, hat zu den Utopien des späten 19. Jahrhunderts festgestellt, dass sie den technischen Fortschritt und seine Wirkungen eher unterschätzt und die menschliche Fähigkeit zur Vernunft eher überschätzt hätten.[35] Diesem Urteil möchte ich mich anschließen. Das Internet war vor hundert Jahren ebenso wenig voraussehbar wie die Atom-, Gen- oder Nanotechnologie, die »Doppelgesichtigkeit« des technischen Fortschritts vielleicht schon eher, also die Tatsache, dass selbiger oft produktiv und destruktiv zugleich wirkt, vor allem, was seine sozialen und ökologischen Folgen betrifft. Er bringt eben nicht nur billige Energie und Nahrungsmittel, schnittige Autos, hippe Smartphones und coole Fashion, sondern auch Klimawandel und Bodenzerstörung, fragwürdige Arbeitsbedingungen und Totalüberwachung, Vereinzelung und Unfallgefahren.

Der Optimismus der vorletzten Jahrhundertwende bezüglich der menschlichen Einsichts- und Wandlungsfähigkeit, wie er etwa bei Bellamy vorherrschte, hat sich als falsch erwiesen, was angesichts von zwei Weltkriegen, Faschismus und Stalinismus, Kaltem Krieg, postkolonialen, ethnischen und religiösen Konflikten aller Art, zunehmenden Einkommensdisparitäten und beängstigender Umweltzerstörung keine allzu gewagte Aussage ist. Buarques These, in mancher Hinsicht stünde die Menschheit am Anfang des 21. Jahrhunderts schlechter da als am Anfang des 20. Jahrhunderts, mag übertrieben sein. Gänzlich unplausibel ist sie nicht. Jedenfalls sind wir beim Blick auf Vergangenheit und Gegenwart weit hinter unseren Möglichkeiten geblieben.

Katastrophismus und Umwelttechnokratie

Die Narrative der modernen Ökologiebewegung, datieren wir ihren Beginn auf die sechziger Jahre des 20. Jahrhunderts, waren im Gegensatz zu den großen politischen Utopien von Platon, Thomas Morus und Francis Bacon oft negativ. Was drohte, waren der »stumme Frühling«, das »Waldsterben«, der »nukleare Winter«, der »Ressourcenkollaps« oder die »Klimakatastrophe«. Wenngleich der Vorwurf des Katastrophismus hier und da berechtigt gewesen sein mag und sicher auch die Vermutung richtig ist, dass eine allzu negative Sprache eher frustriert als zum Handeln ermutigt, so kann sich die Bilanz der Umweltbewegung doch durchaus sehen lassen. Viele der negativen Prognosen sind nicht eingetreten, eben weil die Katastrophendiskussionen im Ergebnis dazu geführt haben, dass politisch gehandelt wurde. Vielleicht mag es übertrieben gewesen sein, in Deutschland vom flächenhaften Waldsterben zu sprechen, aber ohne diese Diskussion hätte es die »Großfeuerungsanlagenverordnung« oder die »Technische Anleitung Luft« nicht gegeben, jedenfalls nicht so schnell, wie es in den achtziger Jahren tatsächlich geschehen ist.

Mit positiven Visionen und entsprechenden Begriffen und Erzählungen tut man sich in der Ökologiedebatte sichtlich schwerer als mit Problem- und Katastrophenrhetorik. Im Gegenteil wirkt die Sprache oft technokratisch und wenig einladend. Manchmal ist sie sogar zum Davonlaufen. Wo es um den Kampf gegen gesundheitsgefährdenden Feinstaub geht, richtet man »Umweltzonen« ein, wo Natur geschützt werden soll, entstehen »Biosphärenreservate«, wo forstliche Monokulturen bekämpft und Urwälder gefördert werden sollen, werden »Naturwaldzellen« ausgewiesen, wo Energieverschwendung in Gebäuden vermieden werden soll, sind »Passivhäuser« die Antwort. Um Gottes willen, so möchte man den Ökotechnokraten zurufen: Glaubt denn wirklich jemand, dass Menschen passiv in Zonen, Zellen und Reservaten leben wollen? Eine lustmachende Sprache ist nicht alles, aber ohne sie geht es auch nicht.

Positivvisionen sind im Ökologie- und Nachhaltigkeitsdiskurs bislang eher rar, sieht man einmal von den neuerdings allgegenwärtigen Reklameschriften zum »grünen Wachstum« ab, die sich aber fast ausschließlich um Technologien ranken und keine Idee vom menschlichen Miteinander haben oder gar ein sozial-ökologisches Gesellschaftsmodell. Aber es gibt sie. Ernest Callenbach hat sich 1975 (deutsch 1978) in seinem Zukunftsroman *Ökotopia* daran versucht, eine Gesellschaft zu beschreiben, die ihre Lebensstile ökologisch ausrichtet, energieeffizient wirtschaftet, langlebige Produkte kooperativ nutzt, die Gemeinschaftsgüter pflegt, »sanfte« Hochtechnologie in den Dienst von humaner und nachhaltiger Entwicklung stellt, vor Spiritualität nicht zurückschreckt und ganz allmählich aus dem Haben- in den Sein-Modus übergeht.[36] Dabei werden nicht utopische und weithergeholte Muster und Handlungen beschrieben und in ein Gesellschaftsmodell eingebettet, sondern Lebensstile, soziale und ökonomische Praktiken, die es zu einem guten Teil bereits gibt, die aber einstweilen nur in

Nischen existieren. Das Werk zielt also nicht zuletzt auf die Multiplikation und Diffusion von bereits keimhaft Vorhandenem und ist somit utopisch und pragmatisch zugleich.

Selbst wenn man wie mancher Kritiker der Meinung ist, Callenbachs Werk überschreite an manchen Stellen die Grenze zur Esoterik oder gar zur Naturmystik, so lässt sich doch ohne weiteres festhalten, dass dieser Versuch einer positiven Utopie von sozialer Ökologie dringend notwendig war und auch Einfluss auf die europäische und nordamerikanische Ökologiebewegung hatte.

In eine ähnliche Richtung geht heute die Arbeit von Harald Welzer und seiner Stiftung Futurzwei, die sich dem Übergang von der »expansiven Moderne« in eine »reduktive Moderne« verschrieben hat: Auch hier wird versucht, bereits existierende Nachhaltigkeitspraktiken zu finden, der Öffentlichkeit vorzustellen und in größere Erzählungen einzubetten, die Strahlkraft entfalten können.[37] Dieses Erzählen gelungener Praxis hilft dabei, die Ökologie- und Nachhaltigkeitsdebatte von einem Contra- in einen Pro-Diskurs zu überführen, von einem reinen Kritik- in einen Gestaltungsansatz.

Allerdings gibt es auch Grenzen des narrativen Ansatzes: Gesellschaftliche Transformation ist mehr als die Addition und das Nacherzählen von Einzelphänomenen. Oder umgekehrt ausgedrückt: Tauschringe, Reparaturcafés und Stadtgärten sind gut; dass sie allein die transformative Kraft hätten, die Logik der Warenproduktion, die unsägliche Wegwerfkultur oder die Industrialisierung der Nahrungsmittelwirtschaft zu beenden, sollte man realistischerweise nicht annehmen. In Wahrheit nämlich braucht es beides: Pioniere, die Neues zunächst in der Nische versuchen, und politische Rahmenbedingungen, die es vielversprechenden Nischenentwicklungen möglich machen, sich auszubreiten. Die in Postwachstumskreisen manchmal vertretene These, die Politik sei nicht mehr der entscheidende Handlungsraum,[38] vielmehr gehe es ausschließlich darum, selbst zu denken, selbst zu handeln und einfach anzufangen, greift doch ein wenig zu kurz.

Lebensstilwandel und politischer Wandel

Man muss die in anderen Zusammenhängen entstandene Einschätzung von Theodor W. Adorno aus seiner *Minima Moralia*[39] nicht unbedingt teilen, der zufolge es »kein richtiges Leben im falschen« gibt. So eine Haltung kann auch lähmen und zum Attentismus führen. Aber dass ökologisch orientierte und nachhaltige Lebensstile in politischen Verhältnissen einfacher zu praktizieren sind, in denen sie durch entsprechende Rahmenbedingungen ermöglicht, ermutigt oder zumindest nicht behindert werden, dürfte selbst den Politikskeptikern einleuchten. Schließlich geht es nicht um geringfügige Veränderungen, sondern um große, sogar sehr große, nicht nur um einen Wandel für Einzelne, sondern um Strukturwandel für viele.

Mein Zwischenfazit bis hierher: Man muss nicht alles zu einem bestimmten Thema Gedachte und Geschriebene kennen. Manches hat es gewiss auch verdient, mit dem Mantel des Vergessens bedeckt zu werden. Aber die Methode, zuvor Gedachtes in die eigenen Reflexionen einzubeziehen und auf aktuelle Fragen anzuwenden, ist essentiell. Sie schützt nicht nur vor Selbstüberhebung und dem Hochmut der Gegenwart, sondern schärft im besten Fall auch die Qualität der eigenen Argumente – und sei es durch Abgrenzung zu dem bisher überwiegend Gedachten. Vor allem sollte man sich aber auch stets bewusst sein, dass die eigenen, aus dem Geiste der Kritik geborenen Ideen dereinst selbst einer Kritik ausgesetzt sein

werden, was auch ein gewisses Maß an Demut beim Heraus-
posaunen der eigenen Theorien und Empfehlungen zur Folge
haben sollte.

Es ist sicher nicht ganz falsch, bei der Frage nach dem
Umgang mit Umwelt- und Ressourcenproblemen auch die
Grundhaltung und die Weltsicht von Einzelnen und Gesellschaften in Rechnung zu stellen. Wer überzeugt ist, dass wir
als Menschen in etwas Größeres eingebettet oder Teil eines lebendigen Netzes sind, das auch reißen kann, der wird an Fragen der Naturnutzung anders herangehen als jemand, der den
Zweck der Natur vornehmlich darin sieht, für den modernen
Menschen da zu sein, als Ressourcenquelle, Abfalldeponie,
Wirtschafts- und Regenerationsraum zu dienen und vermittels Arbeit und Technik für unsere Bedürfnisse zugerichtet
werden zu müssen.

Wer etwa, wie Peter Sloterdijk, der Ansicht ist, mit dem
Programm der Aufklärung und der Moderne habe bereits ein
faktisch unumkehrbarer Einstieg in die Logik permanenter
Steigerung begonnen, das Streben nach grenzenlosem Wirtschaftswachstum sei mithin fest in unsere sozialen Codes ein-
geschrieben, der wird in Begrenzungs-, Verzichts- oder Mäßi-
gungskonzepten nur naive Öko-Romantik und Weltflucht
erkennen können.[40] Wer hingegen, wie James Lovelock in seiner »Gaia-Hypothese« (benannt nach der Erdgöttin und »großen Mutter« der griechischen Mythologie), die Erde und ihre
Biosphäre wie ein sich selbst regulierendes Lebewesen, einen
Superorganismus, betrachtet, dessen Rat an die Menschheit
kann nur lauten, sie möge im eigenen Interesse und auf der
Grundlage naturwissenschaftlicher Erkenntnisse die Vitalität
ihres Heimatplaneten so gut wie möglich erhalten, um von
selbigem nicht abgeschüttelt zu werden.[41]

Man mag die Scheidelinie zwischen eher biozentrischen

und eher anthropozentrischen Sichtweisen ziehen, wobei ein geläuterter Anthropozentrismus, der die Naturbedingtheit menschlicher Existenz erkennt und akzeptiert, meines Erachtens durchaus ebenfalls zu ökologisch adäquaten Empfehlungen gelangen kann. Doch darüber mögen sich die Philosophen streiten.[42]

Aber es gibt eben auch objektive Tatsachen, die empirisch unabweisbar sind und sich unserem ausgeprägten Hang zum Schönreden entziehen. Es ist ein gut belegtes Faktum, dass alle Treiber der Nichtnachhaltigkeit heute in Richtung Expansion weisen und aller Umweltrhetorik zum Trotz ungebremst sind: die Verbräuche an erneuerbaren und nicht erneuerbaren Ressourcen wie Mineralien, Erzen, seltenen Erden, fossilen Energieträgern und Biomasse steigen unaufhörlich, während die Biodiversität schwindet, die Primärwälder schrumpfen, die Wüsten sich ausbreiten und der Ausstoß an klimaverändernden Spurengasen in immer neue Rekordhöhen vorstößt. Die Meere sind vielerorts durch Überfischung und Meeresbergbau belastet, von Übersäuerung bedroht und durch die Einträge von Schad-, Nähr- und Kunststoffen kontaminiert. An Literatur zu all diesen Entwicklungen mangelt es nicht. Wer wissen will, wie es um die Welt bestellt ist, kann es wissen.[43] Das gilt erst recht für diejenigen, die ihr Wissen und Empfinden nicht nur aus Büchern, Zeitungen oder dem Internet beziehen, sondern ihre Augen aufsperren und die Veränderungen in der Natur selbst beobachten.

Das Politische weiter fassen

Was aber könnte eine Politik der Zukunftsfähigkeit sein?

Genau zwanzig Jahre nach dem Erscheinen der großen Studie *Zukunftsfähiges Deutschland*,[44] die ich Mitte der neunziger Jahre mit einem interdisziplinär besetzten Forschungsteam am Wuppertal Institut für Klima, Umwelt und Energie durchführen durfte und in der es darum ging, die Empfehlungen des Rio-Gipfels für Umwelt und Entwicklung von 1992 in eine nationale Nachhaltigkeitsstrategie zu übersetzen, möchte ich mich der Frage nach einer solchen Strategie im vorliegenden Text aufs Neue zuwenden. Dabei wird sicher eine Rolle spielen, dass ich in den seither vergangenen Jahren nicht nur in der Welt der Wissenschaft tätig war, sondern auch in der Welt der Politik, als Bundestagsabgeordneter (1998–2007), bremischer Umwelt-, Bau-, Verkehrs- und Europasenator (2007–2011) und Berater verschiedener internationaler Umwelt- und Entwicklungsorganisationen (seit 2012).

Mein Glaube an das Veränderbare ist mir durch die Abgeordneten-, Regierungs- und Beratungstätigkeit nicht abhandengekommen, obwohl die sozial-ökologischen Erfordernisse hier und die Langsamkeit politischer Prozesse dort immer weiter auseinanderklaffen und Vergeblichkeitsgefühle durchaus nähren können. Ich glaube, wir haben noch immer die Wahl zwischen Handeln und Nichthandeln, Tun oder Unterlassen, Tatsachen anerkennen oder verleugnen.

Wohl aber ist bei mir in diesen zwei Jahrzehnten die Gewissheit gewachsen, dass das Politische heute anders gefasst werden muss, als wir es lange Zeit gewohnt waren. Die Welt der Parlamente, Regierungen und Parteien ist eine gewiss unverzichtbare, die es auch gegen die »schrecklichen Vereinfacher« zu verteidigen gilt, denen immer alles nicht reicht und zu lange dauert, die gern auch die Parole auf der Lippe tragen: »Vergesst die Politikwelt, von der ist nichts zu erwarten!« Diese Position teile ich ausdrücklich nicht. Ich halte sie für selbstgerechten Salonradikalismus und für tendentiell populistisch. Ich will, dass es hohe Erwartungen gegenüber der Politik gibt und nicht offenes Desinteresse oder gar Verächtlichmachung. Aber zu glauben, dass aus der Welt der formalen Politik die entscheidenden Impulse für die notwendigen Veränderungen in Richtung Nachhaltigkeit kommen, ist heute nicht mehr realistisch. Zu sehr dominieren hier starke und veränderungsaverse Gegenwartsinteressen, zu sehr wird hier um der schnellen Botschaft willen agiert, und zu sehr richtet man sich nach der Frage, wie das eigene Handeln wohl ankommt. Die Schnatterhaftigkeit des Internets und dessen »Informationsvermittlung« in Echtzeit hat den politischen Prozess nicht besser gemacht. Ich kenne sehr viele Politikerkolleginnen und -kollegen, die mehr Zeit und Energie aufs Twittern verwenden als auf die Arbeit an politischen Konzepten oder das Gespräch mit den Bürgerinnen und Bürgern.

Viele der politischen und sozialen Innovationen, die nachhaltige Entwicklungen befördern, entstammen heute nicht dem rastlosen Politikbetrieb, sondern der Zivilgesellschaft. Schon nach der Rio-Konferenz war Mitte der neunziger Jahre vielerorts versucht worden, sogenannte »Lokale Agenda 21«-Prozesse anzustoßen, in denen vom fairen Handel über die erneuerbaren Energien bis zur Verbesserung städtischer Grünanlagen viele Themen diskutiert wurden und auch einzelne Verbesserungen erreicht werden konnten. Das war zweifellos positiv, schlief aber in den Folgejahren oft wieder ein, weil das Ganze eher einem »Top-down«-Ansatz glich, der letztlich nicht selbsttragend war. Von oben nach unten wächst eben auf Dauer gar nichts.

Dagegen folgen die vielen Nachhaltigkeitsinitiativen wie die Sharing-Gemeinschaften und Reparaturinitiativen, die Stadtgärten und Tauschbörsen, Lokalwährungen und Energiegenossenschaften, die wir seit einem guten Jahrzehnt weltweit vor allem in den Städten beobachten, eher einer »Bottom-up«-Philosophie. Sie wachsen von unten nach oben. Es gibt gemeinsame Wertvorstellungen und Leitbilder, aber keine zentrale Koordinierung oder gar Steuerung. Ob die neuen und überwiegend städtischen Nachhaltigkeitsinitiativen eine größere transformative Kraft entwickeln werden als die »Lokale Agenda 21«-Prozesse dies in den neunziger Jahren vermochten, wird die Zukunft erweisen. Abhängen wird das nicht zuletzt davon, wie stark die formale Politik sie unterstützt.

Als unser *Zukunftsfähiges Deutschland* Ende 1995 erschien, lag die große UN-Konferenz für Umwelt und Entwicklung in Rio de Janeiro gerade drei Jahre zurück. Sie sollte, so hatten es die Staatenlenker seinerzeit mit großer Geste verkündet, den Startschuss für eine neue Zeitrechnung bilden, in der sich alle Politik am Prinzip der Nachhaltigkeit ausrichten würde, dem Ziel, die natürlichen Lebensgrundlagen für heutige und nachfolgende Generationen zu schützen, den Ausgleich zwischen Reichen und Armen zu befördern sowie die wirtschaftliche Entwicklungskraft weltweit zu stärken und für die menschliche Entwicklung in Dienst zu nehmen.

Verabschiedet wurde eine Tagesordnung für das bevorstehende Jahrhundert, die »Agenda 21«, in der so ziemlich alle Problemlagen der Menschheit zur Sprache kamen, von der Urbanisierung bis zur Regenwaldzerstörung, von der Energie- bis zur Landnutzung und von umweltbedingten Migrationsströmen bis zu den verschiedenen Bedrohungen des Weltfriedens. Und um zu verdeutlichen, dass all das nicht nur hohles Gerede sein sollte, wurden auch völkerrechtlich verbindliche Vereinbarungen beschlossen, die sich am Prinzip der »gemeinsamen, aber unterschiedlichen Verantwortung« (von Industrie-, Schwellen und Entwicklungsländern) orientierten: die Konventionen zum Schutz der Erdatmosphäre, der biologischen Vielfalt und zur Bekämpfung der Wüstenausbreitung.[45]

Globalisierung gegen Nachhaltigkeit

Zugleich wurde die neue (in Wahrheit alte) Nachhaltigkeitsidee aber Mitte der neunziger Jahre bereits deutlich überlagert vom grassierenden Wachstums-, Wettbewerbs- und Deregulierungsdenken, das mit dem Ende der Systemkonkurrenz Überhand gewonnen hatte. Dem Kapitalismus fehlte nach dem Ende des Realsozialismus das Gegenüber, das bei aller Unzulänglichkeit und Fragwürdigkeit immerhin dafür gesorgt hatte, den sozialen Ausgleich zwischen Reich und Arm suchen und die eigenen systemspezifischen Vorzüge immer wieder unter Beweis stellen zu müssen. Mit dieser »Rücksichtnahme« auf soziale und ökologische Interessen war es Mitte der neunziger Jahre schon weitgehend vorbei, auf der Tagesordnung standen nunmehr Deregulierung, Liberalisierung, Privatisierung, Wachstumsförderung, Handelsausweitung und Innovationsbeschleunigung.

Die Nachhaltigkeit, obwohl gerade erst auf der internationalen Bühne erschienen, geriet als neue Leitidee zunehmend ins Hintertreffen, ja wurde an den Rand gedrängt und durch permanenten rhetorischen Missbrauch inhaltlich entkernt. Zwar folgte auch weiterhin Klimakonferenz auf Klimakonferenz, Artenschutzkonferenz auf Artenschutzkonferenz, Weltgipfel auf Weltgipfel, aber in Wahrheit hatten längst ökonomische

Interessen, nationale Egoismen und ein taktisches Verhalten gegenüber der Nachhaltigkeitsfrage die Regie auf dem internationalen Parkett übernommen. Länder wie China, Indien, Brasilien oder Südafrika wurden in der industrialisierten Welt fortan nicht mehr primär als Entwicklungsländer wahrgenommen, an deren arme Bevölkerungsteile etwas abzugeben sei, nämlich Entwicklungshilfe, sondern als potentielle Absatzmärkte und vor allem als ernstzunehmende Wettbewerber.[46]

Die Phase des systematischen Zurückdrängens von Sozial- und Umweltinteressen sowie der Dominanz des Globalisierungs-, Wachstums-, Wettbewerbs- und Deregulierungsdenkens hat von Anfang der neunziger Jahre bis mindestens zur großen Finanzkrise 2007 gedauert. Es spricht sogar einiges dafür, dass die entsprechende Denkart in weiten Teilen der politischen und ökonomischen Eliten immer noch vorherrschend ist. Nicht wenige, wie etwa Wolfgang Streeck, datieren den Ausgangspunkt des neoliberalen Zeitalters schon auf die siebziger und frühen achtziger Jahre, also den Beginn der Thatcher-Reagan-Ära.[47] Auch für diese Sichtweise sprechen gute Argumente, auch wenn Streeck für seine Ineinssetzung von Neoliberalismus und europäischem Einigungsprozess eine Menge Kritik geerntet hat, vor allem von Jürgen Habermas.[48]

Vielleicht lässt sich in der Tat sagen, dass die neoliberale Denkweise zwar mit den Amtsjahren der britischen Premierministerin Margaret Thatcher (1979–1990) und des US-Präsidenten Ronald Reagan (1981–1989) begann, ihre volle Ausprägung aber erst mit dem Ende der bipolaren Welt und der Systemkonkurrenz um 1990 erfuhr, nicht etwa, weil die Alternative »Realsozialismus« so attraktiv gewesen wäre, sondern weil der Kapitalismus nun deutlich weniger Rücksicht auf soziale Belange nehmen musste und den sozialen Ausgleich zwischen Kapital und Arbeit systembedingt vernachlässigte. Dass in diesen Jahren auch das »Ende der Geschichte«[49], also der endgültige Sieg von liberaler Demokratie und kapitalistischer Marktwirtschaft, proklamiert wurde, darf heute als anekdotische Fußnote gelten.

Jedenfalls lässt sich mit Fug und Recht behaupten, dass ökologische und soziale Ziele durch den »Sieg« des Kapitalismus seit Anfang der neunziger Jahre deutlich ins Hintertreffen gerieten, auch in der EU, in der man sich fortan vor allem um das Ziel drehte, zur wettbewerbsfähigsten Region der Welt zu werden. Nicht nur anspruchsvolle ökologische Ziele gerieten so unter Wettbewerbsdruck, sondern auch soziale Ziele wie die Verkürzung von Erwerbsarbeitszeiten, die bis in die achtziger Jahre hinein in den Industriestaaten eine Selbstverständlichkeit gewesen waren. Fortan hieß es, solche »sozialen Wohltaten« könne man sich nun nicht mehr leisten, es müsse nicht weniger, sondern mehr gearbeitet werden, um im scharfen Wind des globalen Wettbewerbs bestehen zu können.

Dass mit dem faktischen Aufgeben der Strategie von produktivitätsorientierten Arbeitszeitverkürzungen, an dem sich leider auch die meisten Gewerkschaften beteiligt haben, ein enormer Wachstumszwang aufgebaut wurde, war kaum Gegenstand öffentlicher Diskussionen, auch nicht in der Ökologiebewegung, die diesen Zusammenhang eigentlich hätte erkennen müssen: Wenn die Arbeitsproduktivität, also die volkswirtschaftliche Leistung pro Arbeitsstunde, durch technischen Fortschritt und die permanente Rationalisierung von Arbeitsprozessen im Schnitt um jährlich zwei Prozent steigt und es zugleich keine Arbeitszeitverkürzungen mehr gibt, muss das Bruttoinlandsprodukt (BIP) um mindestens eben diese zwei Prozent jährlich wachsen, um die Beschäftigung konstant zu halten bzw. um mehr als zwei Prozent, um zusätzliche Beschäftigung zu generieren. Gerade der Wachstumszwang des ökonomischen Systems aber muss heute als eine der Hauptursachen von Klimawandel, Umweltzerstörung und Ressourcenübernutzung gelten. Darauf wird im Ökonomiekapitel dieses Buches zurückzukommen sein.

Freilich war es nicht so, dass seit Mitte der neunziger Jahre in Sachen Ökologie und Nachhaltigkeit gar nichts mehr passiert wäre. In diese Zeit fiel etwa die Umsetzung des völkerrechtlichen Vertrages zum Schutz der Ozonschicht, der bis heute als größter Erfolg umweltpolitischer Vorsorge in den internationalen Beziehungen gilt. In Deutschland ließen sich für die Jahre 1998 bis 2005 die ökologische Steuerreform, also die teilweise Verlagerung der Steuerlast vom Faktor Arbeit auf den Faktor Energie, der Atomausstieg und das Erneuerbare-Energien-Gesetz unter Rot-Grün nennen,[50] aber insgesamt waren ökologische Themen wie der Schutz des Klimas oder der biologischen Vielfalt allen rhetorischen Höhenflügen der Staatenlenker zum Trotz doch stark in der Defensive.

Wenn das Klima eine Bank wäre, wäre es längst gerettet

Hat sich das seit der großen Finanzkrise, die ja auch eine Krise der Maßlosigkeit und des Überkonsums war, geändert? Die Antwort ist nicht eindeutig. Einerseits hat die Erkenntnis, dass das aus den Fugen geratene Finanzsystem kurz vor der Kernschmelze stand und ganze Ökonomien und Gesellschaften in den Abgrund zu reißen drohte, den Regierungen einen gewaltigen Schrecken eingejagt. Starke Sprüche über den Regulierungsbedarf des Finanzkapitalismus machten bis weit in die etablierte Politik hinein die Runde.[51] Zugleich wurden in kürzester Zeit gewaltige Summen mobilisiert, um Banken und Staaten zu »retten« und die eingebrochene Konjunktur anzukurbeln. Zwar ist die Regulierungsbereitschaft der Politik in den Folgejahren durch nachlassende Ambition und wiedererstarkende Lobbymacht erneut zurückgegangen, aber immerhin sind einige Versuche unternommen worden, aus der Finanz- und Bankenkrise regulatorische Konsequenzen zu ziehen. Dass sie ausreichen, muss bezweifelt werden.[52]

Hat das durch die Finanzkrise ausgelöste Bewusstsein für die Notwendigkeit von angemessener staatlicher Regulierung dazu geführt, dass sich eine vergleichbare Sichtweise auch im Hinblick auf die Nachhaltigkeitsfrage durchgesetzt hat? Man muss wohl eher einen anderen Zusammenhang zwischen der Finanzkrise und der ökologischen Krise befürchten, obwohl ja beide in Wahrheit in mangelnder Langzeitorientierung, mangelnder Politiksteuerung und mangelndem Maßhalten wurzeln.

Die Finanzkrise hat die Umweltkrise zunächst noch weiter in den Hintergrund gedrängt, mindestens in der Wahrnehmung der Politik. Nun gehe es erst einmal um die Wiederherstellung der Wirtschaftskraft und die Rettung der »systemrelevanten« Banken, bevor die Umwelt dann später wieder an die Reihe kommen könne, so eine weitverbreitete Sichtweise in den allermeisten Regierungen.

2009 kulminiert die vermeintliche Unvereinbarkeit von ökonomischen und ökologischen Zielen: Während in beinahe allen Industrie- und Schwellenländern ein Wachstumsbeschleunigungsprogramm das nächste jagte, scheiterte die Weltklimakonferenz in Kopenhagen dramatisch.[53] Nicht einmal das vielbeschworene »grüne Wachstum«, also die Konzentration der Konjunkturprogramme auf umweltentlastende Maßnahmen, spielte eine relevante Rolle,[54] obwohl seine Protagonisten doch keineswegs die Systemfrage stellten oder gar den Sinn von ewig währendem Wirtschaftswachstum bezweifelten, sondern selbigem nur eine neue Richtung und Dynamik geben wollten. Stattdessen wurde gelogen, dass sich die Balken bogen: Verschrottungszuschüsse für voll funktionsfähige Autos wurden zu »Umweltprämien« und der Straßenneubau zur »verkehrsverflüssigenden Klimaschutzmaßnahme«. So viel »Öko-Neusprech« war nie.[55]

In jenen Jahren machte in der Ökologiebewegung ein Slogan die Runde, der die neuen Prioritäten ziemlich präzise auf den Punkt brachte: »Wenn das Klima eine Bank wäre, wäre es längst gerettet!«[56] Die Botschaft: Die »systemrelevanten« natürlichen Lebensgrundlagen sind der Politik offenbar weniger wichtig als die »systemrelevanten« Banken. Was für ein Verständnis von Systemrelevanz!

Der Einschnitt: Fukushima und die Energiewende

Ein Ereignis jedoch hat die völlige Dominanz des Ökonomischen mindestens vorübergehend überlagert: Am 11. März 2011 ereignete sich im japanischen Fukushima im Gefolge eines Seebebens der bislang schwerste Unfall in der Geschichte der Atomenergie. Die hierdurch ausgelöste Debatte über die Atomkraft hat in manchen Ländern zu einem Einstellungswandel gegenüber dieser Risikotechnologie geführt. Vor allem in Deutschland bewirkte der Atomunfall von Fukushima ein erstaunliches Umdenken. Die bereits um 2000 eingeleitete und lange Zeit hochumstrittene rot-grüne Energiewende mit ihren beiden Hauptpfeilern Atomausstieg und Erneuerbare-Energien-Ausbau wurde praktisch über Nacht zum politischen und gesellschaftlichen Konsensprojekt.

Es ist in der Tat ein sehr ambitioniertes und weltweit bislang einzigartiges Projekt, das die Bundesrepublik sich mit der

Energiewende vorgenommen hat. Sicher, man kann einiges daran kritisieren – etwa die Konzentration auf den Stromsektor und die Vernachlässigung des Gebäude- und Verkehrssektors; die Verengung auf Atomausstieg und erneuerbare Energien und die zu geringe Beachtung von Energieeinsparung und Energieeffizienz; die Förderung der »falschen« erneuerbaren Energien wie der Biogasgewinnung, welche Massentierhaltung, landwirtschaftliche Monokulturen sowie verstärkten Dünger- und Pestizideinsatz zusätzlich begünstigt; die Hintanstellung von Zielen wie dem Naturschutz oder der Rohstoffeinsparung –, aber vom Grundansatz her kann man doch sagen, dass das Projekt im Sinne der Nachhaltigkeit ein sehr ambitioniertes ist. Gelingt es im Hochtechnologieland Deutschland, darf mit Nachahmungseffekten gerechnet werden; scheitert es, wird das über Deutschland hinaus negative Konsequenzen für die Idee einer nachhaltigen Energieversorgung haben. Alle politisch verantwortlichen Kräfte sollten deshalb ein Interesse am Gelingen der Energiewende haben.

It's the sustainable economy, stupid

Ich will nachfolgend in mehreren Schritten versuchen, die Umrisse einer Politik der Zukunftsfähigkeit zu entwickeln. Am Beginn steht die Frage, wie wir eigentlich heute ökologisch dastehen und welche Entwicklungen uns dorthin geführt haben. Dabei erhebe ich keinerlei Anspruch auf Vollständigkeit, vielmehr geht es mir um das Aufzeigen von Tendenzen, etwa das Herausarbeiten des Unterschiedes zwischen einem engen Umweltschutzverständnis und einem breiten Nachhaltigkeitsansatz (siehe Kapitel 2). Vieles wird sich um den Begriff der »Wende« ranken, weil er mindestens in der deutschen Ökologiedebatte ein Schlüsselbegriff ist, der seit den frühen achtziger Jahren auf immer neue Politikfelder angewandt wurde. Unter der Flagge der »Wende« wurde unglaublich viel programmatische Arbeit geleistet und einiges an praktischen Veränderungen und Transformationen auf den Weg gebracht (siehe Kapitel 3).

Bei der Frage, wie erfolgreich (oder erfolglos) die verschiedenen ökologischen Wenden – also die Energie-, Landbau-, Verkehrs-, Chemie-, Wasser-, Wald- und Ressourcenwende – bis dato waren, soll vor allem nach Mustern Ausschau gehalten werden, die vielleicht zu erkennen sind. Hier interessieren speziell folgende Aspekte: Wie kann es gelingen, positive Nachhaltigkeitsentwicklungen aus der Nische in den Hauptstrom der Gesellschaft zu führen? Welche Rolle spielen dabei Aussteiger, Lebensstilpioniere oder Technikfreaks, aber auch Nichtregierungsorganisationen, Unternehmen und vor allem die politischen Rahmensetzer?

Nach dieser Rückschau soll der Blick nach vorn gerichtet werden, wobei ich auch dabei keinen Anspruch auf Vollständigkeit erhebe. Mir geht es darum, Anregungen für neues Denken zu geben, das sich dem Nachhaltigkeitsideal verpflichtet fühlt und politisch umgesetzt werden kann. Dabei will ich nicht Sektor für Sektor, Bedarfsfeld für Bedarfsfeld, Lebensbereich für Lebensbereich durchgehen, um all die wunderbaren technischen, ökonomischen und sonstigen Potentiale aufzuzeigen, die sich uns bieten, sondern etwas anders vorgehen.

Mein Ausgangspunkt: Ich bin der Überzeugung, dass es einen Primat der Ökologie in dem Sinne geben muss, dass sich die soziale Entwicklung von Gesellschaften an den gegebenen Naturbedingungen auszurichten hat. Man kann darüber streiten, was der geeignete Bezugsraum für eine solche Sichtweise ist, das unmittelbar Lokale, die Region, der Staat, der

Kontinent oder gar die ganze Welt. Vorbeikommen kann man an der Einsicht, dass es in einem begrenzten Raum kein unbegrenztes Wachstum geben kann, aber keineswegs. Sicher, manche können die Grenzen ihrer Naturausstattung durch die Akquisition von Ressourcen anderer auf eher friedliche (gerechter Handel) oder eher unfriedliche Art und Weise (ökonomische oder militärische Macht, Neokolonialismus) vorübergehend überwinden. Aber für die Erde in toto gilt: Sie ist begrenzt, und – der Blick auf unseren blauen Planeten aus dem All zeigt es nur zu deutlich – sie ist zerbrechlich.

Wie gerecht und wie frei es in einer Gesellschaft zugeht, die ihre natürlichen Lebensgrundlagen nicht zerstört, sondern wie ein guter Haushälter pflegt, ist eine andere, eine zentrale Frage für all ihre Mitglieder. Für die Politik, die sich mindestens in Demokratien immer wieder Wahlen stellen muss, ist es letztlich die alles entscheidende Frage. Aber ein Höchstmaß an Freiheit und Gerechtigkeit zwischen den heute lebenden Menschen, sei es nun Verteilungs-, Zugangs- oder Chancengerechtigkeit, kann nicht dadurch erreicht werden, dass gegen das Prinzip der intergenerativen Gerechtigkeit systematisch und permanent verstoßen wird. Die Herausforderung heißt also auf einen einfachen Nenner gebracht wie folgt: Gerechtigkeit und Freiheit müssen in einer Gesellschaft auf der Grundlage dessen geschaffen und bewahrt werden, was ihr materiell zusteht und zur Verfügung steht, ohne das Kriterium der intergenerativen Gerechtigkeit zu verletzen. Das ist die neue soziale Frage!

Die Ökonomie wiederum verstehe ich als Subkategorie des Sozialen. Sie hat der Gesellschaft zu dienen und dazu beizutragen, dass ihre Bedürfnisse gedeckt werden. Da, wo sie sich aus den gesellschaftlichen Bezügen herausgelöst hat und in den Selbstlauf übergegangen ist – ein Zustand, den wir in man-

cherlei Hinsicht heute zu konstatieren haben –, muss das Be-
streben dahin gehen, sie wieder in gesellschaftliche Ziele zu
integrieren bzw. (in Polanyis Worten) »einzubetten«.

Dabei kann es nicht darum gehen, »die Wirtschaft« als etwas Feindliches und Fremdes zu sehen, welches es lediglich
zu domestizieren und einzuhegen gilt, sondern nur darum,
»das Wirtschaften« durch uns alle nachhaltiger, also sozialer,
ökologischer und demokratieverträglicher zu gestalten, als
es heute ist, und seinen Akteuren die richtigen politischen
Signale zu geben. Pauschale Wirtschaftsfeindlichkeit ist in
der Nachhaltigkeitsdebatte sicher kein guter Ratgeber, sehr
wohl aber die Bereitschaft, sie politisch wieder stärker für die
Gesellschaft in Dienst zu nehmen und von zerstörerischen
Wachstumszwängen zu befreien, ohne dass das Ganze zurück-
fällt in einen staatlichen Steuerungsoptimismus, der seine
Untauglichkeit historisch bereits erwiesen hat.

In der skizzierten Logik wäre ausgehend vom Primat der
Ökologie nach den beiden Kapiteln zur Bestandsaufnahme
eigentlich eine thematische Abfolge »Demokratie-Freiheit-
Gerechtigkeit-Ökonomie« naheliegend. Ich will das Thema
aber umgekehrt aufzäumen und mit der Ökonomiefrage beginnen (siehe Kapitel 4), mit der Freiheitsfrage (siehe Kapitel 5) und der Gerechtigkeitsfrage (siehe Kapitel 6) fortfahren
und mit der Demokratiefrage enden (siehe Kapitel 7). Warum? Ganz einfach, weil die ökonomischen Fragen im politischen Diskurs nun einmal sehr weit oben rangieren, ob man
es gut findet oder nicht. Mit Bill Clinton und seiner Präsident-
schaftskampagne von 1992 ließe sich sagen: »It's the economy,
stupid.« – Es ist die Ökonomie, auf die es ankommt, oder um
es für unser Thema zu präzisieren: Es geht darum zu zeigen,
dass eine nachhaltige Ökonomie möglich ist.

Ich sehe die Notwendigkeit einer deutlichen, ja radikalen

Verbesserung der Effizienz bei der Nutzung von Energie, Ressourcen und Flächen, weil nur so überhaupt ein anständiges und ökologisch einigermaßen verträgliches Leben für heute sieben und Mitte des Jahrhunderts neun bis zehn Milliarden Menschen denkbar und möglich ist. Es sind sehr viele Einzelmaßnahmen erforderlich, um eine ressourcenschonende und klimaverträgliche, eben eine nachhaltige Ökonomie zu erreichen. Über diese wird später zu reden sein.

Der entscheidende Schlüssel zur Verbesserung der Energie- und Ressourcenproduktivität liegt aber meines Erachtens unter gegebenen Bedingungen im intelligenten Einsatz ökonomischer Instrumente, die dafür sorgen können, dass die Preise mindestens näherungsweise die »ökologische Wahrheit« sagen und so der Innovationsdynamik und unseren Alltagspraktiken eine neue Richtung geben können. Für die ökologisch weniger Einsichtigen mag dann in der Tat gelten: Sie verhalten sich »nur« nachhaltig, weil es sich rechnet, und nicht, weil sie von der Notwendigkeit nachhaltiger Entwicklung inhaltlich überzeugt sind. Das lässt sich nicht in Abrede stellen. Auch sind mir alle Argumente gegen die vermeintliche Kommodifizierung und Finanzialisierung der Naturgüter durch den Einsatz ökonomischer Instrumente vertraut, und ich werde sie im weiteren Verlauf des Textes (hoffentlich adäquat) behandeln.

Am Gelde hängt, zum Gelde drängt doch letztlich alles?

Mir wäre es selbst weitaus lieber, wenn keine ökonomischen Anreize zu umweltgerechtem Verhalten notwendig wären, sondern allein intrinsische Nachhaltigkeitsmotive Menschen und Unternehmen antreiben würden – wenn Goethes Aphorismus aus dem *Faust*, dass letztlich doch alles am Golde hänge und zum Golde dränge, schlicht nicht zuträfe. Denn in der Tat ist ja das, was aus Einsicht und Überzeugung geschieht und keiner materiellen Anreize und keines Anstupsens (»Nudging«) bedarf, das Nachhaltigste. Als erstrebenswertes Ideal sollte das Handeln aus reiner Vernunft für Bürger, Unternehmen und Staat unbedingt eine Leitschnur jedweder Erziehung und jedweder Politik sein, gerade in Fragen der Nachhaltigkeit ist das essentiell.

Ich sehe aber unter gegebenen Bedingungen nicht, dass der Staat alle Nachhaltigkeitsaspekte im Detail über Ordnungsrecht regeln kann oder alles über Freiwilligkeit und Einsicht geschieht, weshalb ich in dieser Frage eher dem mittleren Ansatz einer »intelligenten Rahmung«, man könnte auch sagen dem Konzept einer ökologisch-sozialen Marktwirtschaft, anhänge. Es geht aus meiner Sicht darum, die Intelligenz und Kreativität von Bürgerinnen und Bürgern und Unternehmen zu nutzen, um dem Ziel der nachhaltigen Entwicklung näherzukommen und zugleich den Primat des Politischen bzw. der politischen Ziele sicherzustellen.

Freilich bin ich in gleicher Weise davon überzeugt, dass eine reine Effizienzstrategie, die den ökonomischen Wachstumsimperativ nicht überwindet, die Menschheit im Sinne der Nachhaltigkeit definitiv nicht ans Ziel führen wird. Im Text wird das ausführlich beschrieben. An dieser Stelle soll das Stichwort »Rebound-Effekt« reichen, um die Aussichtslosigkeit einer rein auf Effizienzsteigerung setzenden Strategie des sogenannten grünen Wachstums zu betonen. Wenn es von allem stets mehr gibt, kommt keine noch so ambitionierte Effizienzstrategie gegen das Mengenproblem an: Was nützt die Halbierung des Energieverbrauchs von Automobilen, Maschinen, Geräten und Gebäuden, wenn ihre Anzahl sich verdoppelt, verdreifacht oder gar vervierfacht?

Ich werde mich deshalb hier nicht nur mit der Ökonomie der Effizienz, sondern gleichgewichtig mit der Ökonomie der Substitution, der Suffizienz sowie der Subsistenz beschäftigen und über neue Formen kooperativen Wirtschaftens sowie das Geldsystem reden. In all diesen Bereichen zeigen sich in den letzten Jahren äußerst erfreuliche Entwicklungen, die Anlass zur Hoffnung geben und politisch gefördert werden sollten. Erst von dort aus will ich zu der Frage vorstoßen, wie Freiheit und Gerechtigkeit unter den Bedingungen der Nachhaltigkeit zu buchstabieren sind und welcher demokratischen Politik es bedarf, um ökologische, soziale und ökonomische Ziele soweit wie möglich in Einklang zu bringen.

Mir scheint, dass die Umweltdiskussion mit ihren Protagonisten viel zu lange im eigenen Saft geschmort hat und sich viel zu wenig als »Trüffelschwein« für neue gesellschaftliche Allianzen verstanden hat, die das Potential haben, eine wirklich nachhaltige Entwicklung voranzubringen. Wenn mein Buch zur Idee der Allianzbildung einen bescheidenen Beitrag leisten würde, wäre ich glücklich.

2   Nachhaltigkeit
     Wo stehen wir heute –
     und wo sollten wir eigentlich stehen?

Menschliches Wirtschaften und der Schutz der natürlichen Umwelt werden oft als kaum überwindbare Gegensätze gesehen. Und es lassen sich ja einstweilen auch genügend Beispiele dafür finden, dass es tatsächlich so ist: Die Förderung und Verbrennung fossiler Energieträger, zentrale Grundlage des weltweit vorherrschenden Entwicklungs- und Industrialisierungsmodells, hat ausgebeutete und zerstörte Landschaften, Boden-, Luft- und Gewässerverschmutzung sowie eine Anreicherung klimaverändernder Spurengase in der Atmosphäre zur Folge, die zu einem Temperaturanstieg mit voraussichtlich sehr weitreichenden Folgen führen wird. Davon sind die Zunahme an Wetterextremen und Dürren, das Schmelzen der Gletscher mit seinen weitreichenden Konsequenzen für unsere Wasserregime oder der Anstieg des Meeresspiegels, der die zahllosen küstennahen Ballungsräume in ihrer Existenz bedroht, nur die markantesten.

Die immer intensivere Landnutzung und Urbanisierung, getrieben von anhaltend hohem Bevölkerungswachstum und zunehmend ressourcenzehrenden Lebensstilen, hat einen Schwund an biologischer Vielfalt (Lebensräumen, Arten, genetischer Vielfalt) ebenso zur Folge wie die Ausbreitung von Erosion, Halbwüsten und Wüsten. Ganz Ähnliches gilt für die Meere, die hohe Schadstoff-, Nährstoff- und Kunststofffrach-

ten aufnehmen müssen sowie von Übersäuerung und Über-
nutzung, vor allem von Überfischung und »Meeresbergbau«,
bedroht sind. Die wissenschaftlichen Studien, die diese Entwicklungen beschreiben und empirisch belegen, sind mittlerweile Legion.[1]

Die IPAT-Formel

Schaut man sich die Treiber hinter den menschgemachten
Fehlentwicklungen näher an, so sind es vor allem drei:

– die Anzahl der Menschen auf der Welt,
– die (Ressourcen- und Emissionsintensität ihrer) Konsummuster und
– die (von ihnen eingesetzte) Technologie.

Diese sogenannte IPAT-Formel (Impact = Population × Affluence × Technology) diente den großen Umweltstudien der
siebziger Jahre als Leitorientierung, vor allem dem »Club of
Rome«-Bericht über *Grenzen des Wachstums* von Dennis
und Donella Meadows und ihrem Forschungsteam am Massachusetts Institute of Technology (MIT).[2]

Bleibt man in der durchaus einleuchtenden Logik dieser
Formel und auch in der globalen Metaperspektive, dann weisen alle drei Treiber in eine nach wie vor sehr kritische Richtung:

Die Anzahl der Menschen steigt weiter: Lag sie 1960 noch
bei drei Milliarden, waren es 1987 bereits fünf Milliarden und
2011 sieben Milliarden. Bis 2050 wird die Weltbevölkerung
auf neun bis zehn Milliarden Menschen anwachsen. Allerdings stellt sich die demographische Entwicklung regional

mittlerweile durchaus differenziert dar: In den reichen Staaten, vor allem in Europa, stagniert die Bevölkerung (ohne Zuwanderung) und schrumpft perspektivisch sogar, weshalb hier nicht wenige Bevölkerungswissenschaftler und Ökonomen bereits vor zurückgehender Wirtschafts- und Innovationskraft warnen und die Finanzierung der sozialen Sicherungssysteme gefährdet sehen.

Als Zeichen der Hoffnung wird von vielen Demographen gedeutet, dass die Raten des Bevölkerungswachstums in Entwicklungsländern in jüngerer Zeit sehr stark und sehr schnell zurückgehen, wesentlich schneller als in der Geschichte der Industriestaaten. Hier gelingt der demographische Übergang in relativ stabile Verhältnisse also relativ schnell.[3] Beide Entwicklungen, absoluter Bevölkerungsrückgang hier und sich abschwächendes Bevölkerungswachstum dort, ändern aber auf absehbare Zeit wenig an dem absoluten Zuwachs der Weltbevölkerung. Es kommen also noch sehr viele Menschen hinzu, überwiegend in Afrika, Asien und Lateinamerika, denen mit ihrer Geburt ein Anspruch auf ein Leben in Würde zusteht.

Zum Wohlstands- und Ressourcenverbrauchsniveau pro Kopf ist zu sagen, dass das westliche und sehr ressourcenintensive Entwicklungsmodell sich im Moment in rasender Geschwindigkeit verbreitet und mittlerweile nicht mehr nur von den Bewohnerinnen und Bewohnern der Industriestaaten gelebt oder angestrebt wird, sondern auch von den aufstrebenden Mittel- und Oberschichten der Transformations-, Schwellen- und Entwicklungsländer.

Die Einteilung von Staaten in Industrie- und Entwicklungsländer trifft die sozialen Realitäten also nur noch sehr bedingt. Der Unterschied zwischen eher reichen und eher armen Staaten liegt heute darin, dass in Ersteren etwa drei Vier-

tel der Menschen diesseits des »goldenen Vorhangs« (Cristovam Buarque) leben und etwa ein Viertel jenseits, während es
in Letzteren genau umgekehrt ist: Ein Viertel kann ohne weiteres mit den Wohlhabenden der reichen Welt mithalten, drei
Viertel nicht. An anderer Stelle ist von den »globalisierten
Reichen« und den »lokalisierten Armen« gesprochen worden,
die in den unterschiedlichsten Weltregionen durchaus vergleichbare Lebensstile pflegen, wobei sich die absolute Armut
natürlich nach wie vor überwiegend in den Ländern der Südhemisphäre ballt.[4]

Globale Konsumentenklasse

Die »globale Konsumentenklasse«[5] zeichnet sich nicht nur
durch eine starke Ausrichtung am Konsum(ismus) aus, sondern kann sich Lösungen der ökologischen Probleme, sofern
sie überhaupt als ernsthaft wahrgenommen werden, auch nur
auf eine Weise vorstellen: durch technischen Fortschritt, also
bessere Autos, bessere Häuser, bessere Kraftwerke, bessere
Computer. Es erstaunt deshalb nicht, dass die Debatten über
»grünes Wachstum«, »grüne Märkte« oder »grüne Technologie« sich hier so großer Beliebtheit erfreuen. Sie stellen keineswegs die Steigerungslogik des »Immer mehr, immer schneller,
immer weiter« in Frage, sondern versprechen »Genuss ohne
Reue« und propagieren bevorzugt »Win-win«-Strategien, die
nach dem Prinzip »Allen wohl und keinem wehe« funktionieren (sollen). Doch wie weit trägt diese ausschließliche Konzentration auf technische Innovationen? Dazu später.
    Verlassen wir zunächst die globale Metaebene, die Welt der
großen und vordergründig so selbstredenden Zahlen. Diese
Perspektive hat nämlich durchaus Schwächen: Sie erkennt

Differenzierungsprozesse nicht und begräbt sie unter sich. Sie leistet globalen Steuerungsphantasien Vorschub, die die Menschen nicht mehr als autonome Subjekte begreifen, sondern als homogene Masse, die es im Sinne globaler Nachhaltigkeit zu lenken gilt – so wie auch die Ökosysteme und ihre Dynamiken. Und nicht zuletzt: Sie leistet durch die deprimierenden Zahlenkolonnen Ohnmachtsgefühlen Vorschub, die nicht aktivieren, sondern deaktivieren, nicht er-, sondern entmutigen. Beginnen wir also mit der Differenzierung.

Umweltschutz durch Wohlstand?

Die Tatsache, dass die allermeisten globalen Umweltparameter nach wie vor in Richtung Abgrund weisen, korrespondiert in den wohlhabenden Ländern oft nicht mit dem subjektiven Umweltempfinden großer Teile der Bevölkerung, wofür Deutschland beispielhaft stehen mag: Hier ist der Kohlendioxidausstoß und der »Verbrauch« an fossilen Energieträgern, Böden, Mineralien, Erzen oder seltenen Erden zwar nach wie vor sehr hoch und im Weltmaßstab keinesfalls verallgemeinerungsfähig, gleichwohl hat sich die Umweltqualität hier in den vergangenen vier Jahrzehnten teils erheblich verbessert, nach der Wende von 1989/90 im Zeitraffertempo auch in den neuen Bundesländern.[6]

Durch schärfere Umweltgesetze zum Luft-, Gewässer- und Gesundheitsschutz und entsprechende nachgeschaltete Reinigungstechniken wie Filter, Katalysatoren und Kläranlagen konnte der Ausstoß von klassischen Schadstoffen aus Industrie, Kraftwerken, Verkehr und Haushalten Schritt für Schritt deutlich reduziert werden: Staub, Schwefeldioxid, Stickoxide in der Luft sowie giftige Substanzen im Abwasser sind sehr deutlich zurückgegangen. Politisch populäre und angestrebte Ziele wie der »blaue Himmel über der Ruhr«, das »Baden (können) im Rhein« oder die den Deutschen so lieb gewordene »Mülltrennung« sind zum guten Teil ebenso erreicht worden wie die Ausweisung von großen Naturschutzgebieten, vor allem in den neuen Bundesländern, deren »Biosphärenreservate« ein einzigartiges nationales Naturerbe sind.[7] Obwohl in Sachen Naturschutz in Deutschland nach wie vor viel Luft nach oben ist, wie erst jüngst wieder die Europäische Kommission kritisch festgestellt hat, kehren ehedem (fast) ausgerottete Tierarten wieder zurück und machen in den Medien Furore, ob Wolf oder Braunbär, Wildkatze oder Luchs, Kranich oder Seeadler.

All das hat dazu geführt, dass sich die objektive Umweltqualität und das subjektive Empfinden dieser Qualität in Deutschland verbessert haben, auch wenn Probleme wie die zunehmenden Güllefluten aus der Massentierhaltung, die daraus resultierenden Belastungen für Grundwasser und Flüsse, die landwirtschaftlichen Monokulturen mit ihrem hohen Chemikalieneinsatz, die Verschmutzung der Meere mit Plastikmüll, die Zersiedelung der Landschaft oder die Feinstaub- und Lärmbelastung in unseren Ballungsräumen durchaus sehr intensiv als Probleme wahrgenommen werden. Die Ansicht, dass ökologisch alles immer schlechter wird, wird dennoch wahrscheinlich nur von einer Minderheit vertreten.

Man muss es nicht so weit treiben wie die »Ökooptimisten«, die allerorten nur Verbesserung sehen und Zielerreichung vermelden,[8] um zu dem Urteil zu gelangen, dass die reichen Industriestaaten tatsächlich in manchen Bereichen klare umweltpolitische Verbesserungen erreicht haben. Darauf darf die Umweltbewegung durchaus ein wenig stolz sein.

Leiden die Menschen denn an einer Fehlwahrnehmung, wenn sie die Entwicklungen im Umweltschutz alles in allem positiv einschätzen? Stimmt es etwa gar nicht, dass wir zunehmend umweltfreundlicher leben und wirtschaften? Machen uns gar verbohrte Umweltideologen und -gruppen unnötig Angst, um auf derselben ihr Moralinsüppchen zu kochen, uns ein schlechtes Gewissen einzureden und so ihre Pfründe aus öffentlichen Geldern und Spenden zu sichern? An dieser Stelle ist eine wichtige Differenzierung vorzunehmen, die die sogenannten »Ökooptimisten« systematisch unterlassen[9]: Umweltschutz und Nachhaltigkeit sind nicht unbedingt dasselbe. Bei der Frage nach der Umweltqualität liegt die durchschnittliche Wahrnehmung richtig: Ja, sie ist – trotz verbleibender und teils neuer Probleme – in Teilbereichen deutlich besser geworden. Und mit zunehmendem Wohlstand (und veränderten Prioritäten!) konnte sich unsere Gesellschaft mehr technischen Umweltschutz »leisten«.

Diese Sichtweise, Wohlstand als Voraussetzung für ein hohes Umweltbewusstsein und eine große (technische und organisatorische) Lösungskompetenz für Umweltprobleme, die sich sogar einer eigenen ökonomischen Theorie bedienen kann,[10] ist ziemlich fest verankert. Deshalb taucht in Zeiten ökonomischer Krisen nicht selten das Argument auf, nun könne man sich Umweltschutz nicht mehr leisten; erst einmal müsse es der Wirtschaft wieder gutgehen, später sei die Umwelt dann wieder dran.

Diese Position spielt auch in der klimapolitischen Auseinandersetzung zwischen Industrie-, Schwellen- und Entwicklungsländern eine bedeutende Rolle. Regelmäßig verweisen Letztere darauf, dass sie erst dann umweltpolitische Ziele anstreben können, wenn ihre Wirtschaft stark genug sei. Die Philosophie vom »Umweltschutz durch Wohlstand« ist weltweit hochpräsent, selbst wenn diese Formel in Ländern wie China mit seiner extremen städtischen Luftverschmutzung und seinen stark belasteten Flüssen immer fragwürdiger wird und auch zu Widerstand führt.

Kommen wir nun also zum Unterschied zwischen Umweltschutz und Nachhaltigkeit. Bei der Nachhaltigkeit geht es darum, die Bedürfnisse der hier und heute Lebenden so zu befriedigen, dass sie

– zukünftigen Generationen,
– Menschen in anderen Teilen der Welt und
– der nicht-menschlichen Kreatur

nicht die Lebensgrundlagen entziehen, also die Umwelt nicht unmäßig mit schädlichen Abgasen, Abwässern und Abfällen belasten, die erneuerbaren und nicht-erneuerbaren Ressourcen nicht unmäßig ausbeuten beziehungsweise ihre Regenerationskraft nicht überfordern, beim unausweichlichen Umweltwandel das rechte Zeitmaß wahren und auch Raum für Tiere und Pflanzen lassen, die nicht nur für uns Menschen da sind, sondern auch Eigenrechte besitzen.[11]

Reduktionsimperative: Klimagase, Rohstoffe, Flächen

Zieht man diesen Maßstab heran, so wird offenkundig, dass insbesondere die reichen Industriestaaten weit davon entfernt sind, nachhaltig zu wirtschaften. An drei Beispielen wird dies besonders deutlich:

1. Beim Ausstoß von Kohlendioxid und anderen Spurengasen wie Methan oder Lachgas operieren die Industriestaaten

weit jenseits dessen, was klimaverträglich und zukunftsfähig ist.[12] Während jeder Erdenbürger im Durchschnitt etwa 2 Tonnen Kohlendioxid pro Jahr ausstoßen dürfte, wenn der Klimawandel in tolerablen Grenzen gehalten werden soll, stößt der durchschnittliche Deutsche etwa 10 Tonnen aus und der durchschnittliche Nordamerikaner 20 Tonnen. Mit anderen Worten: Beim Ausstoß von Treibhausgasen liegen die Industriestaaten um einen Faktor 5 bis 10 über dem, was akzeptabel wäre. Es geht also um nichts Geringeres als eine Reduzierung des Kohlendioxidausstoßes um 80 bis 90 Prozent innerhalb der nächsten drei bis vier Dekaden. Das Besondere: Anders als bei den klassischen Luftschadstoffen (Staub, Schwefeldioxid, Stickoxide) können die klimaverändernden Spurengase zu vertretbaren Kosten nicht vermittels nachgeschalteter Reinigungstechnik (»End of pipe«-Technology) zurückgehalten werden.

Die Hoffnungen, das Kohlendioxid aus industriellen Prozessen könne zukünftig trotz extrem hohen Energieaufwandes zu vertretbaren Kosten technisch abgeschieden und endgelagert (»Carbon Capture and Storage«, CCS)[13] oder gar wiederverwertet und zum Ausgangspunkt neuer industrieller Prozesse gemacht werden (»Carbon Capture and Utilization, CCU)[14], steht auf äußerst tönernen Füßen und wäre auch als industriepolitische Strategie wenig vielversprechend, weil es bessere Alternativen – wie die erneuerbaren Energien – gibt. Es geht mithin um die reale Minderverbrennung der fossilen Energieträger um die genannte Größenordnung, also 80 bis 90 Prozent!

Vor diesem Hintergrund kann es nicht wirklich erstaunen, dass sogenannte Klimaskeptiker und ihre Finanziers die Existenz des menschgemachten Klimawandels immer wieder auf oft abenteuerliche Weise in Frage zu stellen versu-

chen, um Minderungsstrategien für Klimagase als sinnlos
zu diskreditieren. In der Tat nämlich stellt die faktisch nicht
gegebene Rückhaltbarkeit von Kohlendioxid und anderen
anthropogenen Treibhausgasen wie Methan oder Lachgas
durch nachgeschaltete Reinigungstechniken die bis dato ra-
dikalste Infragestellung unserer Art von Umweltpolitik dar.
Die Strukturen im Wesentlichen zu belassen, wie sie sind,
und die Schadstoffe aus den Abgasen herauszufiltern, das
ist keine Alternative mehr. Mit der Bekämpfung des Klimawandels geht es also tatsächlich ans Eingemachte, an die
fossilen Grundlagen des Industriesystems, was die macht-
vollen und politisch einflussreichen Profiteure dieses Systems natürlich unter allen Umständen verhindern wollen.

2. Bei Kohle, Öl, Gas, Mineralien, Erzen und seltenen Erden
liegt der Verbrauch der Industriestaaten (inklusive der ökologischen Folgen und »Rucksäcke«, die oft in anderen Teilen der Welt anfallen bzw. dorthin ausgelagert werden) sehr
hoch und verkürzt so die Reichdauern der entsprechenden
Ressourcen erheblich.[15] Unabhängig davon, ob »Peak Oil«,
»Peak Gas« oder »Peak Everything« bereits erreicht sind
und unabhängig davon, ob dieses Fördermaximum durch
ökologisch hochriskante Förderpraktiken wie das grund-
wassergefährdende Fracking noch nennenswert hinausgeschoben werden kann,[16] gilt: Die Preise für die meisten
nicht-erneuerbaren Rohstoffe werden über kurz oder lang
steigen und so erhebliche ökonomische und soziale Konsequenzen für importabhängige Staaten haben, vor allem für
die ärmsten und rohstoffarmen unter ihnen. Umgekehrt
sind ressourcenreiche Staaten, die in ihrer Entwicklung auf
extraktivistische Strategien setzen und ihr wirtschaftliches
Wohlergehen einstweilen im Wesentlichen Rohstoffexpor-
ten verdanken, gegenüber starken Schwankungen der Welt-

marktpreise extrem anfällig. Es kann also durchaus auch in ihrem Interesse liegen, von allzu hoher Rohstoffförderung und -ausfuhr wegzukommen und stattdessen auf anspruchsvollere Wertschöpfungsstrategien und Fertigungsprozesse zu setzen.[17]

Auch in Bezug auf die nicht-erneuerbaren Ressourcen sollte für die Industriestaaten deshalb die »Faktor 5«- oder »Faktor 10«-Regel[18] herangezogen werden: Ihr Verbrauch muss in den nächsten drei bis vier Dekaden um 80 bis 90 Prozent sinken – ein gewaltiger Veränderungsimperativ. Dabei werden wir uns an den Gedanken gewöhnen müssen, dass sich möglicherweise nicht so sehr die eher als knapp eingeschätzten Rohstoffe als limitierender Faktor des vorherrschenden industriellen Entwicklungsmodells erweisen werden, wie es 1972 noch der »Club of Rome«-Bericht über die *Grenzen des Wachstums* nahegelegt hatte, sondern die vermeintlich im Übermaß vorhandenen Ressourcen, wie etwa der für die Bauwirtschaft so essentielle feinkörnige Sand.[19] So macht die erst kürzlich publizierte Nachricht, die Volksrepublik China habe allein in den Jahren 2011 bis 2014 so viel Zement verbaut wie die Vereinigten Staaten im gesamten 20. Jahrhundert, einigermaßen fassungslos und zeigt, auf welchem Pfad des Ressourcenverbrauchs sich die großen Schwellenländer mittlerweile befinden.[20]

3. Durch ihren ressourcenintensiven Lebensstil nehmen die Industriestaaten der Nordhemisphäre in erheblichem Umfang Flächen in anderen Teilen der Welt in Anspruch, vor allem in den ärmeren Ländern der Südhemisphäre. Das gilt nicht nur für Minen, Gruben oder Förderfelder, sondern auch für landwirtschaftliche Nutzflächen, die für den Anbau von Nahrungsmitteln, Futtermitteln und zunehmend

auch Energiepflanzen in Anspruch genommen werden. Industrieländer wie Deutschland, die sich durch große Bevölkerung, hohe Besiedlungsdichte und hohen Fleisch- (und damit Futtermittel-) Konsum auszeichnen, belegen das Doppelte der eigenen Landesfläche in anderen Teilen der Welt. Der »ökologische Fußabdruck« übersteigt die eigene »Biokapazität« mithin erheblich, muss also deutlich reduziert werden, um im Weltmaßstab als nachhaltig gelten zu können.[21]

Je reicher, desto nicht-nachhaltiger?

Einstweilen gilt also für das Thema Nachhaltigkeit das genaue Gegenteil dessen, was für die Frage des (primär technischen) Umweltschutzes gilt. Als Faustregel kann gelten: Je reicher ein Land ist, desto mehr klimaverändernde Spurengase stößt es aus, desto mehr erneuerbare und nicht-erneuerbare Ressourcen verbraucht es und desto mehr Fläche (im In- und Ausland) belegen seine Bewohner pro Kopf. Es fällt vielen Menschen aus der »entwickelten« Welt schwer, dieses Paradoxon zu akzeptieren. Aber die Zahlen und die hinter ihnen liegenden Entwicklungen lassen kaum ein anderes Urteil zu als dieses: Wir sind vor allem durch Fortschritte in der nachgeschalteten Reinigungstechnik und teilweise auch der integrierten Produktionstechnik, die von findigen Ingenieuren, gesellschaftlichem Bewusstseinswandel (Ökologiebewegung), veränderter politischer Rahmensetzung (Umweltpolitik) und der Innovationskraft von Pionierunternehmen (»First Mover«) angetrieben wurden und werden, »sauberer« geworden, aber noch weit davon entfernt, nachhaltig zu sein.

Umweltpolitisch progressive Industriestaaten, zu denen

sich Deutschland ja ohne weiteres zählen kann, sehen sich gern als Vorbilder für andere Staaten und hören eine Botschaft, die ihnen zwar eine relativ hohe Umweltqualität, zugleich aber Nicht-Nachhaltigkeit attestiert, keineswegs gern. Für Regierungsvertreter dieser Staaten ist es wie eine narzisstische Kränkung, dass ausgerechnet ihr Land mit seiner hohen technologischen Kompetenz (zumindest einstweilen) eher Teil des Problems und nicht Teil der (bereits gefunden geglaubten) Lösung sein soll.

Heben wir es auf die philosophische Ebene: Gegen Immanuel Kants kategorischen Imperativ, dem zufolge niemand sein Handeln auf Prinzipien gründen darf, die nicht verallgemeinerungsfähig sind, verstoßen die Industrieländer und mittlerweile auch einige Schwellenländer auf eklatante Weise.[22]

Wie erfreulich es doch wäre, wenn wir dem beschriebenen Paradox entkommen könnten, also ein hohes Wohlstands- (und Beschäftigungs-)Niveau, eine hohe Umweltqualität und Nachhaltigkeit (im Sinne einer in Raum und Zeit für alle »durchhaltbaren« Entwicklung) zugleich haben könnten und an keinem dieser Ziele Abstriche machen müssten! Kaum jemand möchte aus nachvollziehbaren Gründen Unvereinbarkeiten zwischen den ökologischen, sozialen und ökonomischen Teilzielen vertreten, »Tradeoffs« passen nicht zu unserer »Win-win-Kultur«, in der doch alles mit allem versöhnt werden soll. Aber ist das realistisch? Können wir wirklich auf den heute verfolgten Pfaden bleiben, ohne Grundsätzliches zu ändern? Wohl kaum, wie nachfolgend zu zeigen sein wird.

»Technology is the answer!«:
Eine kurze Liste unerfüllter Hoffnungen

Während sich die weltweit aufkommende Ökologiedebatte in den späten sechziger und siebziger Jahren des letzten Jahrhunderts zunächst durch fundamentale Analysen und Kritiken auszeichnete, von der Industrialismus- über die Konsumbis zur Wachstumskritik, und radikale Veränderungsschritte vorschlug und einforderte, wandelte sich die »Umweltdebatte« in den Folgedekaden (jedenfalls in ihrem Hauptstrom) eher zu einer recht braven Technologiedebatte. Bezogen auf die oben genannte IPAT-Formel ließe sich vielleicht Folgendes sagen: Weil die konsumkritische Reflektion über das hohe Verschwendungsniveau unserer Lebensstile (»Affluence«) eher an den Rand gedrängt und die Debatte über das Bevölkerungswachstum und die demographische Entwicklung (»Population«) als politisch »heikel« (weil die Entwicklungs- und Schwellenländer unnötig provozierend) eher tabuisiert wurde, konnte der unserer Kultur so vertraute Pfad des technischen Fortschritts (»Technology«) als alleinige Lösungsstrategie so übermächtig werden.[23] Bis heute haben die zahllosen Fehlschläge und Enttäuschungen kaum etwas an dieser »Technology is the answer«-Ideologie verändern können. Eine kurze Liste von Beispielen mag nachfolgend illustrieren, was gemeint ist.

Hoffnung Nr. 1: Der grüne Weg ins
Dienstleistungsparadies

Der Wandel zur Dienstleistungsgesellschaft als Treiber eines ökologischen Strukturwandels hin zu mehr Nachhaltigkeit, das war in den achziger und neunziger Jahren eine Lieblingsidee vieler Ökonomen und Politikwissenschaftler, durchaus auch der Ökologiebewegung nahestehender. Ihre These: In dem Maße, in dem der primäre (Landwirtschaft, Bergbau) und der sekundäre Sektor der Volkswirtschaft (Industrie) an relativer Bedeutung verlieren und der Anteil des tertiären Sektors (Dienstleistungen) am Bruttoinlandsprodukt steigt, wird es »sauberer« zugehen und sich die Wertschöpfung Schritt für Schritt de-materialisieren.[24] Diese Hoffnung hat sich nicht erfüllt. Träfe sie zu, wären die Vereinigten Staaten von Amerika mit einem Dienstleistungsanteil an der volkswirtschaftlichen Leistung von knapp 80 Prozent (nur noch übertroffen von Hongkong und Luxemburg) der nachhaltigste Staat der Welt, was – wie alle wissen – ganz und gar nicht der Fall ist.[25]

Die Ursachen liegen auf der Hand und sind von den Vertretern der Gleichung »Tertiarisierung der Wirtschaft gleich Ökologisierung der Gesellschaft« schlicht falsch eingeschätzt worden. Im Wesentlichen sind drei Gründe zu nennen, warum ein hoher Dienstleistungsanteil am Bruttoinlandsprodukt keineswegs automatisch zu höherer Nachhaltigkeit führt: Erstens sind viele Dienstleistungen selbst sehr ressourcenintensiv, etwa das Verkehrswesen, die Kommunikation oder der Tourismus. Zweitens werden im Zuge der weltwirtschaftlichen Arbeitsteilung mehr und mehr ressourcen- und umweltintensive Wirtschaftsaktivitäten wie der Bergbau und die Grundstoffindustrie aus Industrie- in Schwellen- oder Entwicklungsländer verlagert und ihre Produkte anschließend reimportiert. Sie tauchen in den inländischen Wertschöpfungsstatistiken, Rohstoff- und Emissionsbilanzen der reichen Staaten gar nicht mehr auf, obwohl sie für deren Wirtschaftskraft essentiell sind. Der steigende Dienstleistungsanteil der westlichen Ökonomien spiegelt also auch industrielle Verlagerungsprozesse. Und drittens sind der Industrie- und der Dienstleistungssektor eng verwoben und bedingen einander nachgerade, wofür der Handel, die Logistik und das Finanzwesen beispielhaft stehen. Vieles von dem, was heute statistisch als Dienstleistung erfasst wird, ist also in Wahrheit Teil der industriellen Wertschöpfung.[26]

Fazit: Ökologische »Gratiseffekte« durch ökonomischen Strukturwandel hin zur Dienstleistungsgesellschaft mag es hier und da geben; dass sie die Kraft hätten, die Gesamtwirtschaft quasi wie von selbst in Richtung Nachhaltigkeit zu schieben, ist reines Wunschdenken und durch die Zahlen in keiner Weise gedeckt. Die Rede von der postindustriellen Gesellschaft hält einer kritischen Prüfung also in Wahrheit nicht stand, jedenfalls wenn man »postindustriell« mit »wenig Industrie« gleichsetzt. Und es muss auch gefragt werden, ob bestimmte Teile der Industrie nicht in ganz besonderer Weise gebraucht werden, um den dringend erforderlichen ökologischen Strukturwandel überhaupt bewältigen zu können.[27]

Hoffnung Nr. 2: Die grüne Informationsgesellschaft

Der Wandel zur Informationsgesellschaft als Treiber eines ökologischen Strukturwandels hin zu mehr Nachhaltigkeit, diese Hoffnung wird von Vordenkern und Protagonisten der »Green IT« seit den neunziger Jahren gern und systematisch verbreitet. So wie die Informations- und Kommunikationstechnologie im Allgemeinen und das Internet im Besonderen ein Mittel der Freiheit, der Partizipation, der nicht-hierarchischen Vernetzung und der Transparenz sei, so biete es auch unendlich viele Optionen zur Erreichung von Zielen nachhaltiger Entwicklung.[28] Mit der digitalen Revolution rücke, so die These, die Vision vom papierlosen Büro ebenso in den Bereich des Möglichen wie diejenige von der Substitution physischer durch elektronische Verkehre, die des Arbeitens zu Hause (»Home Office«) oder unterwegs (»Mobile Office«) ebenso wie die der »Smart Efficiency«, also der intelligenten Steuerung und Vernetzung von Haustechnik, Elektrogeräten, Produktionsprozessen und allen möglichen Gegenständen (»Das Internet der Dinge«). Die ökologisch wünschenswerte Sharing Economy könne durch Apps und schnelle Kommunikation Angebot und Nachfrage in Sekundenschnelle zusammenbringen, Ressourcenvergeudung vermeiden und so in ungeahnte Höhen aufsteigen. Mit dem 3-D-Drucker kehre bald sogar die Produktion von Werkstücken zurück in die dezentrale Struktur, quasi in die »Home Factory«.

Mittlerweile ist die kritiklose Euphorie in Sachen Internet einer realistischeren Einschätzung gewichen. So offenkundig das Internet nicht nur ein Mittel der Informationsfreiheit und der Partizipation ist, sondern auch eines der Kontrolle, der Überwachung und der gezielten Beeinflussung, so deutlich wird immer mehr, dass es nicht nur ein potentielles Mittel zur Erreichung ökologischer Ziele ist, sondern auch eines mit erheblichem Nicht-Nachhaltigkeits-Potential: vom sehr hohen Ressourcenverbrauch der permanent erneuerten Hardware bis zum sehr hohen Stromverbrauch des Netzes, von der allgegenwärtigen Werbeflut bis zur Allerreichbarkeit aller Güter und Dienstleistungen zu allen Zeiten an allen Orten. Und ob mit dem 3-D-Drucker sinnlose oder sinnvolle Produkte gedruckt werden, der Ressourcenverbrauch anwächst oder zurückgeht, ist keineswegs ausgemacht. All dies hat materielle Konsequenzen in der realen, der physischen Welt.

Fazit: So unzweifelhaft es ist, dass das Internet unsere Gesellschaften revolutioniert hat und hier und da auch ökologische Beiträge zur Dematerialisierung von Wirtschaft und

Gesellschaft leisten kann, so illusionär ist es doch, einen Automatismus anzunehmen, der lautet: Wenn wir den Weg in die Informationsgesellschaft nur energisch und umfassend genug beschreiten und alles mit allem vernetzen, wird sich Nachhaltigkeit fast wie von selbst einstellen. Auch das ist eine reine Wunschvorstellung!

Hoffnung Nr. 3: Das grüne Wachstum

Die Entkopplung von Wirtschaftswachstum und Ressourcenverbrauch kann durch »grünes Wachstum« gelingen, so eine überall gern gehörte These, die sich in Deutschland mittlerweile zu einem neuen industriepolitischen Mainstream verdichtet hat. Wir müssten nur intelligenter und grüner wachsen, dann sei das Wirtschaftswachstum quasi automatisch nicht mehr problemverursachend, sondern problemlösend.[29]

Wahr ist, dass es schon in den letzten Jahrzehnten eine relative Entkopplung von Sozialprodukts- und Energieverbrauchsentwicklung gegeben hat. In Deutschland etwa gilt: Während die Industrieproduktion seit den neunziger Jahren stark gestiegen ist, ist der Primärenergieverbrauch in etwa konstant geblieben. Dies wurde vor allem durch eine stetige Verbesserung der Energieeffizienz von Produktionsprozessen – etwa in der Chemischen Industrie, im Maschinen-, Anlagen-, Automobil- und Kraftwerksbau – und durch sparsamere Produkte erreicht. Diese Effizienzorientierung, die zum Wesen des kapitalistischen Wirtschaftssystems gehört (was Kosten verursacht, wird wegrationalisiert oder mindestens effektiver genutzt), kann auf Energie und Ressourcen bezogen noch gesteigert werden, etwa durch stärkere Preissignale (durch Subventionsabbau, Ökosteuern, Emissionshandel oder andere ökonomische Instrumente). Die Frage ist aber, ob al-

lein durch so induzierte technische Innovationen eine absolute Entkopplung (und nicht nur eine relative) von Sozialprodukt und Energieverbrauch möglich ist – und zwar in dem
genannten Ausmaß der achtzig- bis neunzigprozentigen Reduktion während der kommenden drei bis vier Dekaden. Das
Hauptargument, das dem Realitätsgehalt einer solchen Hoffnung im Wege steht, ist der sogenannte Rebound-Effekt, der
das Auffressen von Effizienzgewinnen durch Wachstumseffekte beschreibt. Bisher nämlich gilt ein simpler Zusammenhang: Ja, wir haben sparsamere Autos, aber immer mehr Autos, effizientere Elektrogeräte, aber immer mehr elektrische
Anwendungen, weniger Heizenergiebedarf pro Quadratmeter Wohnfläche, aber immer mehr Wohnfläche pro Kopf, immer mehr erneuerbare Energie und dennoch anhaltend hohe
oder sogar steigende Kohlendioxidemissionen.

Fazit: Das, was auf der »Effizienz- und Technikseite« gewonnen wird, wird auf der »Wachstums- und Lebensstilseite«
wieder verloren, quasi aufgefressen. Der technische Fortschritt und das Effizienzdenken müssten erheblich radikali-
siert werden, um die notwendige Energieverbrauchsminde-
rung um einen Faktor 5 bis 10 bei anhaltendem Wachstum zu
erreichen. Daran, dass ein solches »Auf-die-Spitze-Treiben«
des Effizienzdenkens eine mögliche und wünschenswerte
Entwicklung ist, sind Zweifel erlaubt, aus physikalischer wie
aus gesellschaftspolitischer Sicht gleichermaßen.

Trügerische Hoffnungen begraben

Vielleicht lassen sich die geplatzten oder gerade platzenden
Technologiehoffnungen hinsichtlich ihres Potentials für eine
nachhaltige Entwicklung wie folgt charakterisieren: So un-

zweifelhaft es ist, dass bestimmte Dienstleistungs-, bestimmte Digitalisierungs- oder bestimmte Effizienzstrategien einen Beitrag zur nachhaltigen Entwicklung leisten können und deshalb auch durchaus verfolgt werden sollten, so trügerisch ist doch die Hoffnung, mit einem technologiezentrierten Ansatz allein könne bei anhaltender Wachstumsorientierung eine Faktor 10- (oder auch nur Faktor 5-) Strategie zum Erfolg geführt werden.

Ihr unzweifelhaft hohes theoretisches Umweltentlastungspotential können Dienstleistungs-, Digitalisierungs- und Effizienzstrategien nur entfalten, wenn zugleich Abschied von der grenzenlosen Wachstumsorientierung genommen wird und sie durch Strategien wie Substitution, Suffizienz, Subsistenz und Kooperation flankiert werden (siehe Kapitel 4). Den Glauben, der technologiegetriebene Strukturwandel werde uns fast wie von selbst auf einen Pfad der Nachhaltigkeit führen, sollten wir fahrenlassen, um den Blick freizubekommen für wirklich tragfähige Nachhaltigkeitsstrategien. Es ist keine pauschale Feindseligkeit gegenüber Technologie, sondern eher Realitätssinn, wenn Möglichkeiten und Grenzen technischer Lösungen abgewogen werden.

Ist nachhaltige Entwicklung überhaupt (noch) möglich?

Was folgt aus diesem »Zu-kurz-Springen« des rein technologiezentrierten Ansatzes? Zwei meines Erachtens fragwürdige gesellschaftspolitische Antworten auf diese Frage sollten sich möglichst nicht durchsetzen, auch wenn sie durchaus nachvollziehbar und von Relevanz sind: der fatalistische Kulturpessimismus und der zentralistische Steuerungsoptimismus.

Zum Kulturpessimismus: Nicht selten hört man angesichts

der anhaltenden Fehlentwicklungen die Einschätzung, wegen der grassierenden Kurzfrist- und Wachstumsorientierung der modernen Menschheit sei es nicht (mehr) realistisch, von der Möglichkeit einer nachhaltigen Entwicklung auszugehen. Diese These etwa vertritt heute Dennis Meadows.[30] Bestenfalls könne es durch eine Mischung aus Vorsorge und Anpassung (an unabwendbare Umweltveränderungen) noch darum gehen, die Resilienz der menschgemachten Systeme (gegenüber Klima-, Umwelt-, Ressourcen- oder Finanzkrisen) zu erhöhen und so den totalen Kollaps zu vermeiden. Diese Sichtweise, in deren düsterster Variante die Annahme steckt, der Mensch sei letztlich auf Selbstzerstörung programmiert, nicht zu retten und von der »Himmelfahrt ins Nichts«[31] kaum abzubringen, ist im Ergebnis alles andere als ein Programm für mehr Gegenwehr oder mehr (gute) Politik. Vielmehr leistet diese doch sehr kulturpessimistische Sicht, ob gewollt oder ungewollt, einer Haltung Vorschub, die sich mit den Umständen abfindet oder fatalistisch unterstellt, zur Vernunft komme die Menschheit – wenn überhaupt – nur durch große Katastrophen.[32] Selbst wenn man eine solche Perspektive als persönliche Meinung von »weisen (und meist älteren) Männern« akzeptieren kann, zumal sie auch empirisch nicht ganz unbegründet scheint, so ist sie doch kein gesellschaftspolitischer Ansatz – und soll deshalb im Weiteren auch nicht diskutiert werden.

Nicht minder skeptisch muss die durchaus verwandte Haltung gesehen werden, es könne nur noch um globale Steuerungskonzepte gehen, weil die Menschheit in toto nicht imstande sei, im Sinne der Nachhaltigkeit vernunftgemäß vorzusorgen. Man muss das zwar nicht Ökodiktatur nennen, aber totalitäre Züge trägt eine solche Sichtweise doch. Den Ausgangspunkt solcher Überlegungen bildet oft die Einschät-

zung, dass wir längst im »Anthropozän« leben, also so großen
(und überwiegend destruktiven) Einfluss auf die stofflichen
Kreisläufe und die natürlichen Bedingungen nehmen, dass sogar von einem neuen Erdzeitalter gesprochen werden muss.[33]
Sieht man einmal davon ab, dass jeder größere Meteoriten-
einschlag oder Vulkanausbruch diese an und für sich nicht un-
plausible Einschätzung schnell wieder relativieren könnte,
führt sie in Kombination mit den Zweifeln an der menschlichen Wandlungsfähigkeit aber auch zunehmend zu fragwürdigen Lösungsvorschlägen.

Als prominentestes Beispiel kann das »Geoengineering«
gelten.[34] Das ist der Versuch, vermittels gezielter und zentral
gesteuerter Eingriffe in die Ökosysteme auf unserem Planeten bekömmliche Lebensbedingungen für die Menschheit zu
erhalten, etwa durch das »Düngen« der Meere mit Eisensul-
fat, um deren Aufnahmefähigkeit für Kohlendioxid zu erhöhen, oder die gezielte Injektion von Schwefelpartikeln in die
obere Atmosphäre, um die Rückstrahlung der einfallenden
Sonnenenergie zu erhöhen und so eine Abkühlung der Erd-
temperaturen zu bewirken.

Selbst wenn man solche globalen Steuerungsphantasien
des »Raumschiffs Erde« nicht für technikfixierte Hybris hält,
was sie meines Erachtens in Wahrheit sind, so sind sie doch
politisch wegen der Unabsehbarkeit der möglichen Folgen
und ihrer unmöglichen demokratischen Legitimierbarkeit
mehr als fragwürdig – weshalb auch sie im Weiteren nicht berücksichtigt werden. Solange wir noch Freiheitsgrade bei der
Wahl der Mittel für eine Politik der Nachhaltigkeit haben,
sollten wir den globalen Steuerungsoptimisten und ihren Bü-
rokratien die kalte Schulter zeigen.

Kein Grund zur Selbstgefälligkeit

Fassen wir das bisher Gesagte kurz zusammen:

In Industriestaaten wie Deutschland ist durch gesellschaftlichen Bewusstseinswandel, Gesetzesänderungen und technischen Fortschritt während der letzten vier Jahrzehnte in Sachen Umweltschutz einiges erreicht worden, worauf man durchaus stolz sein kann. Luft und Wasser sind durch weniger umweltschädliche Produktionsprozesse und Filtertechniken aller Art sauberer geworden, Naturschutzgebiete wurden erweitert und Naturschutzregeln verschärft, wilde Müllkippen sind weitgehend verschwunden, die Abfalltrennung und das Recycling sind zu Selbstverständlichkeiten geworden.

Das heißt freilich nicht, dass alle Umweltprobleme bereits gelöst sind, wie es etwa die sogenannten Ökooptimisten gern behaupten. Die Folgen der zunehmenden Massentierhaltung und der industriellen Landwirtschaft für unsere Gewässer, Böden sowie Tier- und Pflanzenwelt sind noch gar nicht absehbar, Landschaftszersiedelung und -zerschneidung sowie Flächenversiegelung bleiben ebenso wie die städtische Luftqualität große Herausforderungen, auch vermeintlich kleinere Umweltprobleme wie die Allgegenwart von Plastikverpackungen und -tüten bleiben auf der Tagesordnung. Die Notwendigkeit, die oft zu kleinen und isolierten Naturschutzgebiete auszudehnen und besser zu vernetzen, ist der Bundesregierung von der EU-Kommission erst jüngst wieder ins umweltpolitische Aufgabenheft geschrieben worden. Generelle Entwarnung zu geben wäre also töricht und falsch. Dennoch gilt es, die erreichten Erfolge anzuerkennen und zu würdigen.

Anders als die in Teilen positive Umweltschutzbilanz fällt die Nachhaltigkeitsbilanz in den meisten Industriestaaten

negativ aus, auch in Deutschland. Der Verbrauch von Ressourcen, Energie und Flächen ist nach wie vor deutlich zu
hoch. Gleiches gilt für den Ausstoß klimaverändernder Spurengase und den Stickstoffeintrag in die Natur. Die Art und
Weise, wie die Menschen in der industrialisierten Welt
wohnen, produzieren, konsumieren, sich fortbewegen und
ernähren, ist weit davon entfernt, zukunftsfähig oder verallgemeinerungsfähig zu sein. Wir sind kein Modell für die
Welt!

So unverzichtbar ökonomischer Strukturwandel und technische Innovationen zur Erreichung von Umweltschutz- und
Nachhaltigkeitszielen sind, so trügerisch ist doch die Hoffnung, alleine durch sie ließe sich bereits ein Entwicklungspfad
erreichen, der in Zeit und Raum für alle durchhaltbar und
universalisierungsfähig ist. Ohne komplementäre Strategien
der Mäßigung und die Veränderung von Lebensstilen und sozialen Praktiken werden allein auf öko-technische Innovationen zielende Konzepte ins Leere laufen.

Fatalismus (»Man kann sowieso nichts mehr machen«)
und globaler Steuerungsoptimismus (»Wir kriegen die globale Umweltkrise nur in den Griff, wenn wir auf zentrale
Steuerung umschalten«) sind keine politischen Alternativen,
sondern zeugen eher von Weltflucht oder Hybris. Es geht
eben auch in der Nachhaltigkeitsfrage, die ja in Wahrheit eine
Transformationsfrage ist, nichts vorbei am zähen Bohren di-
cker Bretter (Max Weber).[35] Das Spannungsverhältnis zwischen der hohen Veränderungsgeschwindigkeit, die erforderlich ist, um die großen Probleme wie den Klimawandel
wirksam zu bekämpfen, und der niedrigen Veränderungsgeschwindigkeit, durch die sich gesellschaftlicher Wandel und
Lebensstilwandel im Regelfall auszeichnen, bleibt uns wohl
auf Dauer erhalten. Nur sollte es nicht so langsam gehen, dass

am Ende nichts erreicht wird und nur noch die Sachzwänge der Ressourcenknappheit und des Klimawandels regieren und die Freiheitsgrade bei der Wahl der Mittel immer weiter eingeschränkt werden.

3 Vom Wenden: Was politisch bisher geschah – und warum das bei weitem nicht ausreicht

Kommen wir nun zu dem, was bisher zur Erreichung von Nachhaltigkeitszielen versucht wurde, und richten zu diesem Zweck unseren Blick zunächst auf Deutschland, ein Land, das sich ja wie gezeigt auf seine umweltpolitische Vorreiterrolle einiges zugutehält. Ins Visier gerät dabei interessanterweise die Idee der Wende, des mehr oder minder anspruchsvollen Richtungswechsels.

Mit großen oder weniger großen Wenden hatten die Deutschen in den zurückliegenden Jahrzehnten so ihre speziellen Erfahrungen. Als Helmut Kohl im Herbst 1982 mit Hilfe der FDP seinen Vorgänger Helmut Schmidt durch ein konstruktives Misstrauensvotum aus dem Amt des Bundeskanzlers drängte, begründete er dies hochtrabend mit der Notwendigkeit einer »geistig-moralischen Wende«. Deren Kerninhalt: In Zukunft solle nicht mehr auf Kosten nachwachsender Generationen gelebt werden.[1] Daraus wurde bekanntlich nichts.

Gut sieben Jahre später, im November 1989, folgte dann eine weitaus tiefergreifende Wende, die kaum noch jemand erwartet hatte: die »friedliche Wende«, der Fall von Mauer und Eisernem Vorhang in Deutschland und Europa und das langsame Zusammenwachsen von West und Ost.

Kohl, politisch eigentlich am Ende, nutzte die sich bietende Chance bei den folgenden Bundestagswahlen beherzt und konnte so bis 1998 als Bundeskanzler zum maßgeblichen Gestalter von deutscher Einheit und europäischer Integration werden. Nur mit den versprochenen »blühenden Landschaften«[2] will es in weiten Teilen der neuen Bundesländer bis heute nicht so recht klappen.

Sozial-ökologische Wendeszenarien

Weniger bekannt ist, dass der Wendebegriff in der Entwicklung von sozial-ökologischen Nachhaltigkeitskonzepten in Deutschland ein Schlüsselbegriff von herausragender Bedeutung war und ist. Es begann 1975 mit dem Buch *Ende oder Wende*[3] von Erhard Eppler, seinerzeit Bundestagsabgeordneter der SPD. In seinem Wendebuch, das den Untertitel *Von der Machbarkeit des Notwendigen* trug, entwarf der kurz zuvor im Streit mit Helmut Schmidt vom Amt des Entwicklungshilfeministers zurückgetretene und in seiner Partei ziemlich einsame Vordenker die Konturen einer rot-grünen Politik. Hauptinhalte: Abkehr vom Dogma permanenten Wirtschaftswachstums, Akzeptieren ökologischer Grenzen, Streiten für eine gerechte Weltwirtschaftsordnung und mehr demokratische Teilhabe für alle.

Sein Ziel, dieses rot-grüne Wendeprogramm innerhalb der Sozialdemokratie zu realisieren, scheiterte allerdings, zu sehr war seine Partei und ganz besonders der von ihr gestellte Bundeskanzler, der sich bis heute als »Weltökonom« versteht, im industrialistischen Wachstumsmodell gefangen – und ist es wohl noch immer. So entstanden in Deutschland und anderen westeuropäischen Ländern seit Ende der siebziger, Anfang der achtziger Jahre grüne Parteien, die sich den »ökologischen Umbau der Industriegesellschaft« auf die Fahnen schrieben und Schritt für Schritt auch zu regieren lernten, wenn auch um den Preis abnehmender Radikalität und schwindender visionärer Kraft.[4]

Seit Anfang der achtziger Jahre erschien ein halbes Dutzend sehr einflussreicher Wende-Werke von sozial-ökologisch orientierten Vordenkern im deutschen Sprachraum und darüber hinaus: Die *Energiewende*[5] von Peter Hennicke (1985), die *Landbauwende*[6] von Arnim Bechmann (1987), die *Chemiewende*[7] von Rainer Grießhammer (1992), die *Verkehrswende*[8] von Markus Hesse (1994), die *Waldwende*[9] von Wilhelm Bode (1994) sowie die *Wasserwende*[10] von Thomas Kluge und anderen (1995). Friedrich Schmidt-Bleek nannte sein Buch zwar zunächst nicht so, entwickelte aber 1997 faktisch die von ihm später auch so benannte Ressourcenwende[11]. All diese Arbeiten blieben nicht in der Kritik stecken, sondern präsentierten mit einer gehörigen Portion Zuversicht und großem Gestaltungswillen nachhaltige Alternativen zum ökologisch unverträglichen Status quo.

Ab Mitte der neunziger Jahre erschienen dann Werke wie *Zukunftsfähiges Deutschland*[12] (von Reinhard Loske und anderen 1995), *Faktor 4*[13] (von Ernst Ulrich von Weizsäcker und anderen 1995) und *Solare Weltwirtschaft*[14] (von Hermann Scheer 1999), in denen versucht wurde, die verschiedenen Wenden zu einem stimmigen Ganzen, gewissermaßen zu ersten Entwürfen einer Nachhaltigkeitswende zusammenzufügen.

Schaut man sich die Wendekonzepte an, so wird offenkundig, dass sie sich durchweg gleichermaßen auf die Produktions- und Konsumtionsseite richteten und richten:

– Im Zentrum der Energiewende stehen Energieeinsparung, bessere Energieeffizienz und die Substitution fossiler und nuklearer Energieträger durch erneuerbare Energien. Man-

che sprechen deshalb von der 3-E-Strategie. Auch Dezentra-
lisierungs- und Demokratisierungsaspekte spielen in den
Energiewendekonzepten eine bedeutende Rolle. Sie sind
also nicht nur technologisch, sondern auch gesellschaftspolitisch orientiert.

– Die Ressourcenwende will die Produktivität der in den Produktionsprozessen eingesetzten Rohstoffe verbessern, deren
Verbrauch insgesamt deutlich senken, überflüssige Dinge
und Abfälle vermeiden, die Langlebigkeit und Reparaturfä-
higkeit von Produkten erhöhen und (in Maßen) auch nicht-
erneuerbare durch erneuerbare Ressourcen substituieren.
Im Englischen wird gelegentlich von der »5 R Strategy«
gesprochen: Refuse, Reduce, Reuse, Recycle, Renew! Ver-
weigern (von überflüssigem Konsum), Reduzieren, Wie-
derverwenden, Wiederverwerten und Ersetzen von nicht-
erneuerbaren durch erneuerbare Ressourcen!

– Die Chemiewende setzt auf Entgiftung, Ressourceneinspa-
rung und den Wechsel der stofflichen Basis in der Produktion (»Von der Chlorchemie zur Biokatalyse« oder von der
»harten« zur »sanften« Chemie) sowie auf Strategien des
umweltbewussten und ressourcenschonenden Konsums.
Nicht nur die (vor allem Chemische) Industrie wird dabei
als Akteur gesehen, sondern auch die Verbraucherinnen
und Verbraucher, die durch den Verzicht auf Gifte und Plas-
tikprodukte einen wichtigen Beitrag zum Gelingen der
Chemiewende leisten sollen.

– Die Verkehrswende verfolgt Strategien der Verkehrsvermeidung und effizienteren Verkehrsmittelnutzung (z. B.
Carsharing), der Verlagerung auf öffentliche oder nicht-

motorisierte Verkehrsmittel und der effizienteren und emissionsärmeren Verkehrstechnik. Analog zur 3-E-Strategie im Energiesektor ließe sich im Verkehrssektor also von der 3-V-Strategie sprechen (Vermeiden, Verlagern, Verbessern). Hier geht es um Fragen der Technik, der Organisation, der räumlichen Planung und der individuellen Verhaltensweisen gleichermaßen.

– Die Agrar- bzw. Ernährungswende propagiert nachhaltigen, regionalen und naturschutzgerechten Landbau sowie artgerechte Tierhaltung auf der Erzeugungsseite, Verbrauchsreduktion bei Fleisch und Futtermittelimporten, nachhaltigen und regionalen Konsum, verlässliche Lebensmittelkennzeichnung und hochwertige Küche auf der Verbrauchsseite.

– Die Waldwende will den nachhaltigen und zertifizierten Waldbau inklusive ungenutzter Schutzgebiete (»Urwald«) fördern, Monokulturen verhindern und die Wälder vor Schadstoffeinträgen aus der Luft bewahren, aber auch den Einsatz des potentiell umweltfreundlichen Bau-, Werk- und Brennstoffes Holz unterstützen. Unter anderem sollen anspruchsvolle Zertifizierungsregelungen und deren Berücksichtigung im Beschaffungswesen von Unternehmen und öffentlicher Hand hohe Nachhaltigkeitsstandards gewährleisten. Der Import von gefährdeten Tropenhölzern soll ganz unterbunden werden.

– Die Wasserwende betont die Notwendigkeit gewässerverträglicher und wassersparender Produktionsprozesse in Landwirtschaft, Industrie und Gewerbe. Grundwasser soll von Schad- und Nährstoffeinträgen sowie gesundheitsge-

fährdenden Keimen verschont bleiben, nicht nur in Wasserschutzgebieten. Grundwasserentnahmen sollen auf die
jeweiligen Neubildungsraten beschränkt werden. Geschlos-
sene Wasserkreisläufe und moderne Klärtechniken sollen
die Qualität von Fließgewässern sicherstellen. In Haushalten und Büros soll Wassersparteknik eingesetzt und auf
wasserschädliche Konsumartikel wie aggressive Reini-
gungsmittel gänzlich verzichtet werden.

Die Strategien und Maßnahmenbündel, die zur Erreichung der
Wendeziele entwickelt worden sind, setzen sich aus regulato-
rischen, technischen und verhaltensändernden Anteilen zusammen. Die Besseren unter den Konzepten sind weder rein
technologiefixiert (»Öko-Technik wird es richten!«) noch rein
lebensstilbezogen (»Verzicht wird uns retten!«), sondern versuchen, problemadäquate Lösungen zu finden und kommen
dabei naheliegenderweise auf einen Mix an Transformationsstrategien, die Technologiewandel ebenso einschließen wie
Wertewandel, sozialen Wandel ebenso wie Lebensstilwandel.
Der in bestimmten Segmenten der Ökologie- und Nachhal-
tigkeitsdiskussion mittlerweile fast schon zum Kulturkampf
gewordene Zwist zwischen »Technikoptimisten« hier und
»Sozialökologen« dort wird der Komplexität der Materie also
offenbar nicht wirklich gerecht.

Was man sagen kann, ist, dass manche Wenden eher tech-
nologie- und prozessgetrieben sind und primär auf der Pro-
duktionsseite ihren Ausgang nahmen, etwa die Chemie-, die
Wasser- oder die Waldwende, während andere Wenden eher
durch einen Einstellungswandel auf der Verbraucherseite aus-
gelöst wurden, so die Energie-, die Agrar- bzw. Ernährungs-
oder die Verkehrswende. Gemeinsam ist jedoch allen Wenden,
den (zumindest teilweise) gelungenen wie den (bislang) noch

nicht gelungenen, dass sie letztlich ein Spiegel gesellschaftlicher Einstellungen und ein Ergebnis von mehr oder weniger gelungener staatlicher Regulierung waren und sind.

Mit anderen Worten: ohne schärfere Gesetze zur Luft- und Gewässerreinhaltung keine Wasser- und Waldwende; ohne Ökosteuer, Emissionshandel, Atomausstieg und Erneuerbare-Energien-Gesetz keine Energiewende; ohne anspruchsvolleres Chemikalienrecht keine Chemiewende. Oder, um die Sache von der negativen Seite zu betrachten: Weil die Politik sich bis heute zum verlängerten Arm der Automobil- und der Agrarlobby macht, gibt es weder eine Verkehrs- noch eine Agrarwende, die diesen Namen wirklich verdienen würde. Weil die Politik sich nicht traut, den Verbrauch nicht-erneuerbarer Rohstoffe adäquat zu besteuern oder Produkthaftungsregeln angemessen zu verschärfen, gibt es keine Ressourcenwende und keine wirkliche Abwendung von der Wegwerfkultur, die wir so dringend brauchen.

Wie wirkmächtig sind die Wendeszenarien bis heute geworden? Ein kurzer und keineswegs vollständiger Überblick soll helfen, den Erfolg bzw. Misserfolg ausgewählter Wenden realistisch nachvollziehen und Muster erkennen zu können. Dabei sollen die Energie-, die Ernährungs- und die Mobilitätswende betrachtet werden, die in besonderer Weise vom gesellschaftlichen Wertewandel abhängen.

Energiewende: Von der Konzern- zur Bürgerenergie

Wirft man den Blick auf die Mutter aller ökologischen Wenden in Deutschland, die Energiewende, so lässt sich durchaus feststellen, dass sie eine starke Wirkung entfaltet hat. In den achtziger Jahren lag der Anteil der erneuerbaren Energien an der deutschen Stromerzeugung bei zwei bis drei Prozent und basierte fast ausschließlich auf kommerzieller Wasserkraft und Biomasse. Der Anteil von Wind- und Solarenergie lag nahe null. Die wenigen Anlagen, die es dennoch gab, wurden vor allem von Freaks, Tüftlern und Landkommunarden betrieben, die energieautark sein wollten, weil ihnen Atom- und Kohlekraft inklusive der monopolistischen Versorgungsstrukturen ein gewaltiges Ärgernis waren. Ihnen ging es nicht nur um das Verändern der Energieerzeugungstechnik, sondern auch um die gesellschaftlichen Grundlagen der Energiepolitik, die Verhinderung des »Atomstaats«[15] (Robert Jungk) und die Überführung der Energiegewinnung in dezentrale, demokratiefähige und transparente Strukturen. Von der Mehrheit der Bevölkerung wurden die erneuerbaren Energien zunächst als »Spinnerei« gesehen und für unfähig gehalten, eine Industriegesellschaft wie die deutsche ausreichend versorgen zu können.

Heute, ein Vierteljahrhundert später, liegt der Anteil der erneuerbaren Energien an der Stromerzeugung bei fast 30 Prozent, Tendenz stark steigend. Windkraft und Photovoltaik stellen davon mehr als die Hälfte. Der öffentliche Zuspruch zu dieser Energiegewinnungsform ist, allen Implementierungsproblemen der nun auch offiziell so geheißenen »Energiewende«[16] zum Trotz, insgesamt sehr hoch. Es hat sich ein dichtes Kompetenznetzwerk in Forschung, Industrie und Handwerk gebildet. Über den fairen Wettbewerb in den Stromnetzen wacht mittlerweile eine starke Behörde, die Bundesnetzagentur.[17]

Die Anlagenbetreiber sind heute zum guten Teil Hausbesitzer, Bauern, Investorengemeinschaften, Kommunen und Energiegenossenschaften. Aus der Nischenenergie ist so eine Bürgerenergie, eine Mitmachenergie geworden. Die ehemaligen Energiemonopolisten stecken mit ihren nicht nachhaltigen Geschäftsmodellen auf fossil-nuklearer Basis in einer tiefen Krise und versuchen verzweifelt, in den Strudeln der Energiewende nicht unterzugehen. Ob ihre derzeitigen Bestrebungen, aus der dezentralen Bürgerenergie wieder eine zentralistische Konzernenergie zu machen, Erfolg haben werden, hängt ganz entscheidend davon ab, wie sich die politischen Rahmenbedingungen für erneuerbare Energien in Zukunft darstellen werden.

Agrarwende: Viel guter Wille, aber wenig Fortschritt

Auf Platz zwei der ökologischen Wenden liegt für die meisten wohl die Agrarwende, von manchen auch als Ernährungswende bezeichnet. Bei ihr geht es nicht besonders zügig voran, vor allem, weil die Agrarpolitik nach wie vor nicht so stark an Nachhaltigkeitszielen orientiert ist wie die Energiepolitik, eher im Gegenteil. Lag der Anteil der nach den Prinzipien des ökologischen Landbaus bewirtschafteten Flächen an der gesamten landwirtschaftlichen Nutzfläche in den neunziger Jahren noch bei zwei Prozent, stieg er bis heute auf gut sechs Prozent. Wo ehedem eher kleine Biohöfe, Bioläden und Biogenossenschaften dominierten, sind neben diesen mittlerweile auch durchaus großbetriebliche Strukturen an der Tagesordnung, insbesondere in den neuen Bundesländern.

Nicht nur in den durchschnittlichen Betriebsgrößen der Höfe zeigt sich eine Tendenz zur Konzentration, sondern auch in der Distribution und im Handel: In allen großen und vielen mittelgroßen Städten finden sich heute Biosupermärkte und selbst bei den meisten Discountern werden Bioprodukte wie selbstverständlich feilgeboten, teilweise mit sehr großem Er-

folg. Das weiter steigende Ernährungsbewusstsein lässt erwarten, dass diese Wachstumstendenz anhalten wird. Freilich
wächst die Inlandsproduktion von ökologisch erzeugten Nahrungsmitteln nicht annähernd so stark wie die Nachfrage
nach biologischen Produkten, die sich mittlerweile beim gesamten Lebensmittelumsatz auf den zweistelligen Bereich zu-
bewegt, so dass ein relevanter Teil dieser Produkte importiert
werden muss.

Etwas besser stellt sich die Bilanz der Agrarwende dar,
wenn auch die extensiv bewirtschafteten kleineren Höfe, oft
im Nebenerwerb betrieben, mit in die positive Umweltbilanz
einbezogen werden. Diese überwiegend bäuerlich-regional
orientierte Landwirtschaft mit geringem oder keinem Chemikalieneinsatz, geringer Viehdichte und extensiver Weidewirt-
schaft ist durchaus ein bedeutender Beitrag zur Bewahrung
von Landschafts- und Artenvielfalt sowie zur örtlichen Nah-
rungsmittelversorgung. Freilich sind sowohl ökologisch als
auch regional ausgerichtete Agrarbetriebe noch immer und
sogar verstärkt in eine anhaltende Tendenz zur Industrialisierung, Intensivierung und Exportorientierung der Landwirtschaft eingebettet.[18]

Dabei muss hier leider auch darauf hingewiesen werden,
dass der durch die Energiewende stimulierte Anbau von Energiepflanzen wie Mais in riesigen Monokulturen (oft in Kombination mit Massentierhaltung) sich sehr negativ auf die
Perspektiven der ökologischen Landwirtschaft, des Grund-
wasserschutzes und der biologischen Vielfalt auswirkt. Vor
allem durch die hohen Pachtpreise, welche die »Energiewirte«
zu zahlen bereit sind, kommt es zu einem Herausdrängen der
biologisch und extensiv wirtschaftenden Höfe aus dem Bo-
denmarkt. Hier muss dringend ein politisches Stoppsignal gesetzt werden.

Exkurs: Die unheilige Allianz von Massentierhaltung und
Bioenergie beenden

Was passiert da derzeit? In dem dichtbesiedelten Deutschland wird immer mehr Tiermast betrieben. Die Futtermittel dafür werden zunehmend aus Übersee importiert, vor allem aus Südamerika. Die Rinder- und Schweinehälften und das Geflügel werden dann in alle Welt exportiert, etwa nach Asien. Zugleich werden hierzulande immer mehr Wiesen und Weiden in Ackerland umgewandelt, das anschließend mit Mais bebaut und mit Gülle aus den Großställen und Gärresten aus den großen Biogasanlagen »gedüngt« wird, wobei die Grenze zwischen Düngung und Entsorgung zunehmend verschwimmt. Der Mais wiederum wird vielerorts nicht ans Vieh verfüttert, wie man annehmen könnte, sondern in hochsubventionierten Biogasanlagen in Nutzenergie umgewandelt. Der Gesellschaft und dem Steuerzahler werden gewaltige Kosten aufgebürdet und Umweltschäden hinterlassen.

Das Muster ist eindeutig und bekannt: Privatisierung der Gewinne (für den agro-industriellen Sektor) bei Abwälzung der Kosten (für Wasseraufbereitung, Natur- und Gesundheitsschutz) auf die Gesellschaft.

Es kommt einem wie blanker Hohn vor, wenn die betroffenen Gebiete von interessierter Seite als »Veredelungsregionen« bezeichnet werden, obwohl die Grundwasserkarten hier nur noch die Farbe Rot kennen und die Roten Listen der gefährdeten Tier- und Pflanzenarten immer länger werden.

Es erstaunt, dass viele Umwelt- und Energiewissenschaftler sich in dieser Frage so unkritisch geben und die harmonische These vertreten, der Anbau und Einsatz von Energiepflanzen sei gut für den Klimaschutz und könne weiter stark wachsen, ohne dass es zu einer Konkurrenz mit der Nahrungsmittelproduktion, dem Naturschutz oder der biologischen Vielfalt kommen müsse.

Man möchte das gerne glauben, aber wer mit offenen Augen durch die Landschaft geht, ob im Münsterland oder im Oldenburgischen, am Niederrhein oder in der Magdeburger Börde, kann die These nicht bestätigen. Im Gegenteil: Die Nutzungsintensität der Landschaft steigt überall gewaltig an. Vielerorts ist es gerechtfertigt, von reinen Produktionslandschaften zu sprechen. Mehr und mehr Mastfabriken und Biogasanlagen, die wie Staubsauger auf die landwirtschaftliche Biomasse der sie umgebenden Regionen wirken, sprießen aus dem Boden. Über allem hängt der penetrante Geruch von Ammoniak. Und ja, auf den Dächern der riesigen Schweineställe finden sich flächendeckend Photovoltaikanlagen, und am Rande der Maisäcker reiht sich Windrad an Windrad. Aber sind solche Energielandschaften wirklich erstrebenswert? Ich meine nein!

Wenn wir diese Entwicklungen als Gesellschaft nicht wollen, weil uns das Grundwasser, die Landschaft, die biologische Vielfalt, das Tierwohl und nicht zuletzt unsere Gesundheit am Herzen liegen, dann müssen wir bei aller Liebe zur Energiewende politische Korrekturen vornehmen.

Die Idee der Agrarwende braucht mehr politische Unterstützung. Dazu gehört auch die Einsicht, dass die Gesellschaft den anständig wirtschaftenden Bauern etwas verdankt und damit auch schuldet. Wer gesunde Nahrungsmittel produziert und dabei Leistungen wie den Erhalt landschaftlicher Vielfalt, den Schutz des Wassers sowie der Tier- und Pflanzenwelt erbringt, der sollte vom Bürger, Verbraucher und Steuerzahler dafür auch angemessen honoriert werden. Im Gegenzug muss sich die Landwirtschaft für eine solche Honorierung auch gesellschaftliche Anforderungen gefallen lassen.

Verkehrswende: Nur im Schneckentempo voran

Aus dem Bereich der Verkehrs- oder Mobilitätswende lässt sich als positive Entwicklung vor allem die Verbreitung des Radfahrens in fast allen großen Städten Europas anführen, vorneweg Oldenburg (43 % Anteil am gesamtstädtischen Verkehr), Münster (38 %) Kopenhagen (37 %), Groningen (31 %) und Bremen (27 %), und wo der Radverkehr politisch starke Unterstützung findet.[19]

Schaut man sich die Ursachen für die vergleichsweise hohen Radverkehrsanteile am Gesamtverkehr in solchen verkehrspolitisch progressiven Städten an, die überdies ein weiteres Wachstum besagten Prozentsatzes anstreben (Kopenhagen plant in wenigen Jahren 50 Prozent), so wird deutlich, dass hier neben einer Politik der Attraktivitätssteigerung (Radwege, Ampelschaltungen, Fahrradstraßen etc.) auch eine Politik der aktiven Zurückdrängung des motorisierten Individualverkehrs (Fahrspurreduzierung für Autos, Parkraumverknappung, Tempolimits etc.) betrieben wurde und für weitere Erfolge auch notwendig ist. Solche Strategien erfordern von den Verantwortlichen politischen Mut, weil sie mit oft hasserfüllten Kampagnen der Autofahrerlobby und der jeweiligen Lokalpresse konfrontiert sind. Je positiver die Einstellung der städtischen Bevölkerung zum Radfahren ist und je stärker die Verbesserung der Lebensqualität hierdurch empfunden wird, desto leichter sind solche Widerstände überwindbar. Es ist ein hoffnungsfroh stimmendes Zeichen, dass die öffentliche Meinung in vielen Städten während der letzten Jahre zugunsten des Radverkehrs »gekippt« ist. Vielerorts ist Radfahren heute nicht mehr vorrangig ein ökologisches Statement, sondern einfach der angenehmere Weg, sich fortzubewegen.

Ein anderer, (noch) nicht so sehr im Zentrum der verkehrs-

politischen Debatte stehender Nachhaltigkeitstrend ist das
Carsharing, die gemeinschaftliche Nutzung von Automobilen. Es zeigt ein ganz ähnliches Diffusionsmuster wie die Tendenz zu erneuerbaren Energien, biologischen Nahrungsmitteln und zur Nutzung des Fahrrades. Auch hier standen am
Anfang Pioniere und Vorreiter, die von der Innovationsfor-
schung gern als »First Mover« bezeichnet werden. Auch hier
war der Ausgangspunkt die Einschätzung, dass der Status quo
(die »autogerechte Stadt«) nicht der Weisheit letzter Schluss
sein kann und es Alternativen zu entwickeln gilt. Wenn Autos
gemeinschaftlich genutzt werden, so die plausible Annahme,
braucht man weniger von ihnen, geht der Bedarf an Parkplät-
zen zurück, bleibt mehr Raum für Mensch und Natur in der
Stadt. Und nicht zuletzt sinken für die Teilnehmer die Mobi-
litätskosten, weil sie ja nur noch für die Nutzung des Fahr-
zeugs zahlen müssen und nicht mehr für den Besitz. Die eher
idealistischen Motive »Umweltschutz« und »Befreiung von
Wohlstandsballast« und die eher materiellen Motive »Kostensenkung« und »Einkommensverwendung für andere Zwecke« konnten in dieser Idee also eine fruchtbare Beziehung
eingehen.[20]

Die absoluten Zahlen bei der Entwicklung des Carsharing
sind denn auch durchaus beeindruckend. Lag die Anzahl der
Nutzer solcher Angebote in den neunziger Jahren nur bei wenigen Tausend, so ist die Marke von einer Million Nutzern in
Deutschland gerade überschritten worden. Die Anbieter sind
längst nicht mehr nur örtliche Idealisten, die etwas für die Lebensqualität in ihrer Stadt tun möchten, sondern auch Automobilkonzerne, die vor allem das jüngere Segment der Gesellschaft im Auge haben, in dem zwar Mobilität hochgeschätzt
wird, aber der Besitz eines Fahrzeuges als Statussymbol stark
an Bedeutung verloren hat. Die »First Mover« haben sich zum

Teil selbst zu leistungsfähigen Anbietern in Deutschland oder sogar darüber hinaus weiterentwickelt, sehen sich aber in hohem Maße auch rein kommerziell motivierten Anbietern gegenüber, für die nicht mehr Verkehrsvermeidung im Vordergrund steht, sondern Optionserweiterung, nicht Substitution von motorisiertem Individualverkehr durch Gemeinschaftsnutzung, sondern das Schmackhaft-Machen des Autofahrens für jedermann zu jeder Zeit an jedem Ort. Auf das Problem der feindlichen Übernahme von Sharingmodellen wird im folgenden Kapitel zurückzukommen sein.

Auch beim Carsharing ist darauf hinzuweisen, dass es sich trotz der gewaltigen Wachstumsraten einbettet in eine nach wie vor stark am individuellen Automobilbesitz ausgerichtete Gesellschafts- und Wirtschaftsstruktur. Dazu nur eine Zahl: Der knappen Million an Carsharing-Nutzern stehen in Deutschland etwa 50 Millionen angemeldete Automobile gegenüber.

Überhaupt lässt sich ohne Übertreibung sagen, dass die erfreulichen Veränderungen in Sachen sozial-ökologischer Wandel im Verhältnis zu den Erfordernissen, die uns die Umweltwissenschaft immer wieder vor Augen führt, durchaus bescheiden, um nicht zu sagen kläglich wirken. In einigen Ländern lassen sich in einzelnen Bereichen durchaus große Erfolge vorzeigen, etwa das vorbildliche Bahnsystem in der Schweiz mit seiner enormen Taktdichte, die ausgeprägte Fahrradkultur in den Niederlanden mit ihrem leistungsfähigen Radwegenetz, der hohe Anteil der biologischen Betriebe an der Agrarproduktion in Österreich oder der zügige Ausbau der erneuerbaren Energien in Deutschland. Aber wo es um eine schnellstmögliche Reduktion der klimaverändernden Spurengasemissionen um 90 Prozent geht, um eine Verkleinerung unseres gesamten »ökologischen Fußabdrucks« um

zwei Drittel und um eine Verbesserung der Ressourceneffizienz um einen Faktor 10, wirkt vieles von dem, was wir heute
tun, doch eher als symbolische Politik. Mein früherer Kollege
Friedrich Schmidt-Bleek hat in seinem jüngst erschienenen
Buch *Grüne Lügen* noch einmal in dankenswerter Klarheit
auf diesen Sachverhalt hingewiesen, auch wenn er hier und da
etwas überzeichnet haben mag.[21]

Diffusionsmuster: Aus der Nische in die Mitte der Gesellschaft

Belassen wir es zunächst bei der kurzen, überblicksartigen und
keineswegs vollständigen Betrachtung der ausgewählten Wenden und stellen uns nun die Frage, welche Muster beim Her-
auswachsen sozial und ökologisch wünschenswerter Praktiken
aus der Nische in den gesellschaftlichen Hauptstrom zu erkennen sind. Fünf solcher Muster scheinen offenkundig:

Muster 1: Die Negation des Falschen

Der Wille zum sozial-ökologischen Wandel erwächst zumeist aus der Negation des Falschen oder des als falsch Empfundenen. Aus der Ablehnung von Atomkraftgefahren und
Waldsterben, Kohlebergbau und Klimawandel, monopolisti-
scher Machtballung und staatlicher Verfilzung mit der großen
Energiewirtschaft entstand die Energiewende; aus der Kritik
an Massentierhaltung und Tierquälerei, Grundwasserbelas-
tung und Landschaftszerstörung, Höfe-Sterben und Wachs-
tumspolitik die Agrarwende; aus der Kritik an Pestizidrück-
ständen in pflanzlichen Nahrungsmitteln und Antibiotika
in der Tiermast, Ozonloch und Grundwasserkontamination,
Wegwerfkultur und Müllverbrennung die Chemiewende. Es

ist töricht, wenn manchmal festgestellt wird, das »Dagegen-Sein« sei keine Lösung der Probleme. Nein, eine Lösung ist es nicht. Aber die Negation und das Leiden an den Verhältnissen sind ganz offensichtlich Voraussetzungen für die Bereitschaft zum Umdenken und Umlenken. Und es muss hinzugefügt werden, dass Großkatastrophen offenbar als Beschleuniger des Wandels wirken: Tschernobyl und Fukushima für die Energiewende, BSE-Krise und Ekelfleischskandale für die Agrarwende, die Giftkatastrophen von Basel, Seveso und Bhopal für die Chemiewende.

Muster 2: Die Entwicklung von Alternativen in der Nische

Wahr ist aber auch, dass das bloße »Dagegen-Sein« noch keine transformative Kraft entwickelt. Es braucht mutige Pioniere und Vorreiter, die das Alte in Frage stellen und Alternativen entwickeln, sei es in der Theorie oder in der Praxis, im Labor oder im Feld, in Forschungsprogrammen oder Lehrplänen, im eigenen Leben oder in der Politik, allein oder in der Gemeinschaft mit anderen. Man kann es bezogen auf die Energiewende vielleicht so ausdrücken: Ohne die Freaks, Tüftler und Landkommunarden, ohne die Pioniere in Forschung, Handwerk und Industrie, ohne visionäre Politiker oder Parteien wären die Alternativen nicht verfügbar gewesen, als sich das Fenster der Möglichkeiten für eine Energiewende in Deutschland öffnete, zuerst einen Spaltbreit (nach Tschernobyl 1986), dann ein wenig mehr (nach dem Regierungswechsel zu Rot-Grün 1998) und schließlich sperrangelweit (nach Fukushima 2011). Die Lehre lautet eindeutig: Ohne das über drei Jahrzehnte währende Vordenken, Vorarbeiten und Vorbereiten wäre die Energiewende im Wollen hängengeblieben. Es geht aber ebenso sehr um das Können.

Muster 3: Wandel braucht Pioniere, Ausbreitung braucht Reformpolitik

Zivilgesellschaftliches Engagement und das Setzen von staatlichen Rahmenbedingungen können sich wechselseitig befruchten und ergänzen. Für die Energiewende etwa gilt: Ohne Pioniere und ihre Erfolge keine politische Bereitschaft zur Einführung des Stromeinspeisungsgesetzes (1991) und des Erneuerbare-Energien-Gesetzes, EEG (1999); ohne EEG und seine sehr attraktiven Bedingungen kein massenhafter Umstieg auf erneuerbare Energien. Es ist also falsch, das vor allem auf der politischen Linken populäre Weltbild zu kultivieren, Lebensstilwandel und Wertewandel seien bürgerlicher Voluntarismus, der nichts ändere, es gehe vielmehr und einzig um Politikwandel.[22] Und ebenso falsch ist die irrigerweise als liberal bezeichnete Haltung, die Politik solle sich aus all dem heraushalten und die Entwicklung dem Markt überlassen, der es schon richten werde. Nein, die Lehre aus der Analyse der verschiedenen Wenden ist eindeutig: Bewusstseinswandel in einem hinreichend großen Segment der Gesellschaft ist die Voraussetzung für politische Handlungsbereitschaft, und Politikwandel ist die Voraussetzung dafür, dass es zu einem Herausführen ökologisch erwünschter Praktiken aus der Nische in die Mitte der Gesellschaft kommen kann.

Blockadekonstellationen (»Deadlocks«), in denen Bürger allzu gern behaupten, sie würden ja gerne handeln, aber die Politik tue einfach nichts, oder Politiker trotzig feststellen, sie würden ja gerne im Sinne der Nachhaltigkeit handeln, aber wenn sie es täten, würden sie vom Bürger bei den nächsten Wahlen abgestraft, können überwunden werden durch besser organisierte Dialoge, mehr Transparenz und dadurch, dass politischer Mut vom Wähler auch tatsächlich einmal honoriert und nicht nur als verrückt oder unzureichend kritisiert wird. Allerdings gilt auch: Politik kann nicht nur richtig, sondern auch falsch eingreifen, nicht nur zu spät, sondern auch zu früh. Auch hier bietet die Energiepolitik wieder Anschauungsmaterial: Als der Ausbau der erneuerbaren Energien in den späten siebziger und frühen achtziger Jahren noch in den Kinderschuhen steckte, man auf der Lernkurve also noch ganz unten war und es politisch eher um die Förderung von möglichst breitangelegter Forschung, allmählicher Diffusion und wechselseitigem Lernen gegangen wäre, glaubte der Staat – in diesem Fall die Bundesregierung –, ganz groß einsteigen zu müssen, und finanzierte den Bau einer für die damalige Zeit riesigen Windkraftanlage im Kaiser-Wilhelm-Koog nahe der Elbmündung in die Nordsee bei Marne. Als der »Growian« (Große Windenergieanlage) 1983 seinen Betrieb aufnahm (Planungsbeginn war 1976 gewesen), war angesichts der technischen Daten (100 m Nabenhöhe; 100 m Flügeldurchmesser; 3 Megawatt Leistung) schnell von Weltrekord und Zukunftshoffnung die Rede.

Es kam freilich ganz anders: Growian musste wegen permanenter technischer Probleme sehr bald wieder abgebaut werden und galt als teurer Flop. Im Rückblick lässt sich sagen: Growian, eines der Lieblingsprojekte sozialdemokratischer Industriepolitik der siebziger Jahre, das ganz und gar im zentralistischen Steuerungsoptimismus wurzelte, hat die Entwicklung der erneuerbaren Energien nicht vorangebracht, sondern eher zurückgeworfen, auch wenn selbst aus diesem Scheitern produktive Lernerfahrungen gezogen werden konnten.[23] Heute wissen wir: »Think big« ist bei Technologien, Verfahren und Institutionen der Nachhaltigkeit ganz sicher nicht die richtige Denkweise. Bei seinen späteren Interventionen, vor allem beim EEG, hat der Staat dies denn auch eingesehen und sich beim Marktdesign für die erneuerbaren

Energien eher an den Prinzipien Dezentralität, Teilhabe, Zugang und Vernetzung ausgerichtet. Diese Orientierung ist aber gegenwärtig wieder Gegenstand von politischen Kontroversen, und es scheint keineswegs ausgeschlossen, dass sich beim Ausbau der erneuerbaren Energien wieder industriepolitische Motive in den Vordergrund drängen.

Muster 4: Soziale Bewegungen als treibende Kraft

Ganz wichtig für den Erfolg der verschiedenen Wenden ist, dass sie von sozialen Bewegungen getragen werden, die eine (zumindest ungefähre) gemeinsame Vorstellung und Vision von nachhaltiger Energieversorgung, nachhaltiger Landwirtschaft oder nachhaltiger Verkehrsentwicklung haben. Sicher, es kann unterschiedliche Motivlagen geben. Wer die Energiewende will, kann über die Energieautonomie, das Energiesparen, die erneuerbaren Energien oder den Klimaschutz kommen. Wer die Agrarwende will, kann vom Wunsch nach gesunder Ernährung, Natur- oder Tierschutz angetrieben sein. Und wer sich für die Verkehrswende einsetzt, kann dafür vom Lärmschutz über den Klimaschutz bis zur Verkehrsberuhigung unterschiedlichste Motive haben. Unverzichtbar ist aber, dass es ein einigendes Band gibt und gemeinsame Grundorientierungen. Dabei schließen sich (relative) Homogenität in den Zielen und Heterogenität in den Motivlagen keineswegs aus. Am stärksten sind die Wenden dort, wo sich idealistische Motive (»Das Klima für zukünftige Generationen schützen!«) mit sozialen (»Gemeinsam für das Richtige streiten!«) und ökonomischen Motiven (»Neue Geschäftsfelder durch Energiewende und Klimaschutz«) verbinden können, wo den ökonomischen Verursacherinteressen (»Zur konventionellen Landwirtschaft gibt es keine Alternative!«)

nicht nur primär moralische Betroffeneninteressen (Vermeidung von Umweltbelastung), sondern auch materielle Helferinteressen (ökologischer Landbau, Gesundheitsbewusstsein, Esskultur) gegenüberstehen,[24] wo es nicht nur um Wollen (»Schluss mit der Atomkraft!«), sondern auch um Können (»Her mit Einspartechnik, Sonnen- und Windkraft!«) geht.

Muster 5: Erfolgreiche Diffusion bei Substanzverlust durch Mainstreaming

Dass die Ursprungsideen der Pioniere und Vorreiter der diversen Wendekonzepte von möglichst vielen aufgegriffen und umgesetzt werden, ist das erklärte Ziel der Wendeprotagonisten. Wahr ist aber auch, dass die Ideen und ihre Umsetzung sich im Prozess des Herauswachsens aus der Nische in den Mainstream ändern können. Das ist so lange nicht kritisch, wie es nicht zu Umdeutungen, Usurpationen oder gar Perversionen kommt. Schaut man sich die meisten der hier diskutierten Wenden an, so lässt sich ziemlich klar nachzeichnen, dass sie primär sozial-ökologisch inspiriert sind, dass es zwar in erster Linie um ökologische Ziele geht, aber auch um Fragen der sozialen und politischen Teilhabe und der Einbettung der Ökonomie in gesellschaftliche Ziele. Es handelt sich also um eine Ganzheit. Diese auseinanderzureißen und einzelne Aspekte zu isolieren und anschließend zu überhöhen sollte mit äußerstem Argwohn betrachtet werden. Als solche »Vereinseitigungen« müssen vor allem das Beschwören von »grünem Kapitalismus« und »grünem Wachstum« gelten, die die Frage nach sozialer Einbettung der Ökonomie systematisch ausblenden. Sicher, der Kapitalismus ist ein intelligentes Biest, und über seine Anpassungs- und Transformationsfähigkeit ist noch nicht endgültig entschieden, aber die Gesellschaft sollte schon darauf achten, dass die sozial-ökologischen Wendekon-

zepte nicht gekapert werden und unter der Hand zur bloßen
Frischzellenkur für die überkommene Wachstumsideologie
mutieren.

Versucht man die Diffusionsmuster zu strukturieren und
chronologisch abzubilden, so ergibt sich in etwa folgendes
Bild:

– Gesellschaftlicher Bewusstseinswandel aus dem Geiste der
  Kritik am Bestehenden (»Negation des Falschen bzw. als
  falsch Empfundenen«) →

– Entwicklung von alternativer Pionierpraxis durch sozial-
  ökologische Innovatoren in der Nische (»First Mover«) →

– Langsame Diffusion der neuen Praxis und wechselseitiges
  Lernen (»Early Follower«) →

– Schaffung politisch förderlicher Rahmenbedingungen zur
  Verbreitung der erwünschten Praxis (»Political Framework«) →

– Massenhafte Diffusion der neuen Praxis in unterschied-
  licher Geschwindigkeit (»Early Adapter« und »Late Adapter«) →

– Veränderte Praxis als neuer Mainstream.

Betrachtet man dieses Diffusionsmuster, so wird in der Rückschau leicht erkennbar, dass es sich fast immer um eine Mischung aus Wertewandel, politischer Rahmensetzung, staatlichem Handeln, technischen Innovationen, neuer sozialer
Praxis, Lebensstil- und Kulturwandel handelt.[25] Das eine geht

oft nicht ohne das andere. Wer sich dieses Wechselspiel vor Augen führt, wird verstehen, dass ökologische Fragen stets aufs Engste mit (zivil-)gesellschaftlichen Aspekten, Wirtschaftsfragen und vor allem mit politischen Gestaltungsfragen verknüpft sind. Nur eine holistische Herangehensweise an die notwendigen Veränderungen in Richtung Nachhaltigkeit kann deshalb als vielversprechend gelten, während eine Verengung auf Einzelaspekte (nur Technik oder nur Lebensstil- und Kulturwandel) meines Erachtens zum Scheitern verurteilt ist. Diese Lehre sollten sich alle vor Augen führen, die zukünftig an Strategien der Nachhaltigkeit arbeiten.

Gerade bei der nachhaltigen Entwicklung ist das Ganze mehr als die Summe seiner Teile. Sie ist ein interdependenter Ansatz, unter gegebenen Bedingungen vielleicht auch ein »wicked problem«, ein Problem, das aufgrund seiner enormen Schwierigkeit möglicherweise unlösbar ist, dessen Lösung aber dennoch immer wieder versucht werden muss, weil sich die Dinge nur so überhaupt zum Besseren wenden lassen.

Den einen großen und vernünftigen Nachhaltigkeits-Masterplan, der alles einschließt, alles löst, alles erklären kann, so wie ihn politische Beratungsgremien gelegentlich zu präsentieren pflegen, gibt es nicht. Den Protagonisten solch vermeintlich großer Würfe möchte man mit Bertolt Brechts klarer Einsicht aus seiner *Dreigroschenoper* entgegenhalten: »Ja, mach nur einen Plan; sei nur ein großes Licht! Und mach dann noch 'nen zweiten Plan – gehn tun sie beide nicht.«

Es ist kein Fatalismus, an den großen und mechanistischen Masterplan nicht mehr zu glauben. Im Gegenteil: Die Erfahrung der vergangenen Dekaden lehrt, dass (selbst bescheidenste) Fortschritte hin zu einer nachhaltigen Entwicklung nur im Dialog, in der (durchaus harten) Auseinandersetzung und letztlich in dem Zusammenspiel der verschiedenen ge-

sellschaftlichen, politischen und ökonomischen Akteure gelingen können und reduktionistische Alleinvertretungsan-
sprüche nur scheitern können.

Beginnen wir also mit den Verknüpfungen der Ökologiefrage mit anderen relevanten Menschheitsfragen und beginnen mit der Wirtschaftsfrage.

4 Politische Rahmenbedingungen für nachhaltiges Wirtschaften: Über die Wiedereinbettung der Ökonomie in Natur und Gesellschaft

Was ist nachhaltige Ökonomie?

An der Frage, was eine nachhaltige Ökonomie ist und was sie auszeichnet, scheiden sich weltweit die Geister.[1] Das hat verschiedene Ursachen. Zunächst einmal ist der Nachhaltigkeitsbegriff selbst ein unbestimmter. Die Weltkommission für Umwelt und Entwicklung, nach ihrer Vorsitzenden häufig Brundtland-Kommission genannt, hat den Begriff in seiner modernen Variante 1987 in die internationale Politikwelt eingeführt. Im Abschlussbericht der Kommission heißt es sehr allgemein, dass nur eine ökonomische und gesellschaftliche Entwicklung das Prädikat »nachhaltig« (»sustainable«) verdiene, die den Bedürfnissen der heute lebenden Menschen entspreche, ohne die Möglichkeiten künftiger Generationen zu gefährden, ihre Bedürfnisse zu befriedigen.[2] Im Zentrum steht hier ganz offenkundig die intergenerative Betrachtungsweise. Freilich kann die Betonung der Bedürfnisbefriedigung aller heute Lebenden auch als globaler Gerechtigkeitsimperativ und als Aufruf zu Armutsbekämpfung und »nachhaltigem Wachstum« gedeutet werden, was ja auch geschieht.[3] Schon früh hat der britische Ökonom David W. Pearce in seinem bahnbrechenden Werk *Blueprint for a Green Economy* (1989) auf die drohende Gefahr der Beliebigkeit und der inhaltlichen Entkernung des Nachhaltigkeitsbegriffs hingewiesen und dafür eine Fülle von Beispielen angeführt.[4]

Das Leitplanken-Konzept: Nur im »grünen Bereich« operieren

Nimmt man sich die verschiedenen Nachhaltigkeitsdefinitionen einmal systematisch vor, so lassen sich im Wesentlichen zwei Typen erkennen: die starke und die schwache Nachhaltigkeit. Im ersten Fall wird betont, die ökologischen Grenzen – also die Ressourcenverfügbarkeit und die Belastbarkeit von Natur und Umwelt – seien der limitierende Faktor für jedwede Form ökonomischer und sozialer Entwicklung.[5] Diese müsse sich stets innerhalb der Naturgrenzen (»planetary boundaries«) bewegen, dürfe »rote Linien« nicht überschreiten beziehungsweise müsse in den »grünen Bereich« zurückkehren.[6] In der Welt der starken Nachhaltigkeit wird deshalb viel von ökologischen Leitplanken, ökologischen Fußabdrücken und zur Verfügung stehenden Umwelträumen gesprochen. Als Hauptprotagonisten dieser Denkschule können Ökologiebewegte und Umweltforscher aus der industrialisierten Welt gelten, vor allem aus Europa und den Vereinigten Staaten. Ähnlich argumentieren aber seit geraumer Zeit auch Nichtregierungsorganisationen aus der Südhemisphäre, die die Themen Umweltgerechtigkeit und Natur als Lebensgrundlage für die Armen in den Vordergrund rücken. In dieser Betrachtungsweise ist es evident, dass die Bewohnerinnen und Bewohner der Industriestaaten längst jenseits der Grenzen des Wachstums operieren und damit den zukünftigen Generationen, den Menschen in ärmeren Teilen der Welt und den natürlichen Lebensgrundlagen Schaden zufügen, während große Teile der sich entwickelnden Welt den ihnen zustehenden Umwelt-raum noch gar nicht ausschöpfen.[7] Dies gilt ganz besonders in historischer Perspektive, wenn also die seit Beginn der Indus-trialisierung kumulierten Emissionen und Rohstoffentnah-men in den Analyserahmen einbezogen werden. Geschieht dies in realistischer Weise, muss in der Sprache der Ökonomie festgestellt werden, dass die meisten Industriestaaten ihr »Umweltkonto« bereits deutlich überzogen haben und eigent-lich ihre »Umweltschulden« zu begleichen hätten.[8]

Kritisch wird zum Konzept der starken Nachhaltigkeit al-lerdings angemerkt, dass die Natur bei weitem nicht nur eine Grenze ist, sondern auch ein Faktor der Mitproduktivität, wofür »Allianztechniken« (Ernst Bloch)[9] wie die erneuerbaren Energien, die Naturstoffchemie oder die Bionik als Beispiele stehen. Auch ist die Natur gewissermaßen eine Lieferantin von Ökosystemdienstleistungen aller Art: von sauberem Wasser und guter Luft über fruchtbare Böden und biologische Vielfalt bis hin zu einem (bislang) alles in allem verlässlichen Klima.[10] Hinzu kommt, dass ein Denken in den Kategorien von Belast-barkeitsgrenzen und roten Linien bei aller sachlichen Berech-tigung quantitativ-technokratischen Steuerungsphantasien den Weg ebnen kann. Ein Faktum bleibt freilich: Wenn die Grenzen der Naturnutzung, und seien sie auch noch so schwer exakt bestimmbar, systematisch und dauerhaft überschritten werden, schwindet auch die Kraft der Natur als Faktor der Mit-produktivität und als Lieferantin von Gratisdienstleistungen.

Das Dreiecks-Konzept: Den Ausgleich suchen und Zielharmonie herstellen

Während die Leitplanke das bevorzugte Bild der Protagonis-ten starker Nachhaltigkeitskonzepte ist, operiert die Schule der schwachen Nachhaltigkeit (die sich natürlich weder so nennt noch als Schule sieht) mit dem Bild des Dreiecks: Es gelte, soziale, ökonomische und ökologische Ziele gleichermaßen zu verfolgen und diese möglichst miteinander zu versöhnen.[11] Hier wird unterstellt, drei etwa gleichstarke Zielsysteme hätten sich in einem Interessenabgleich möglichst harmonisch auf ein gemeinsames Ziel – die Nachhaltigkeit eben – zu einigen und dann entsprechend zu handeln.

Dabei wird allerdings leicht übersehen, dass Zukunftsinteressen gegenüber starken und gutorganisierten Gegenwartsinteressen keine nennenswerte Verhandlungsmacht besitzen. Schließlich sitzen weder kommende Generationen noch Arme oder nicht-menschliche Kreaturen am Verhandlungstisch. Ökologische Ziele wie die Ressourcenschonung, der Klimaschutz oder der Schutz der biologischen Vielfalt geraten gegenüber Wachstums-, Export- oder Arbeitsplatzinteressen deshalb leicht ins Hintertreffen, vor allem in ökonomischen Krisenzeiten. In der industrialisierten Welt wird das Dreiecksmodell von Wirtschaftsverbänden, Gewerkschaften und den meisten politischen Parteien vertreten.[12] Auf dem internationalen Politikparkett, etwa bei den UN-Verhandlungen zum Klimaschutz, sind es überdies die Schwellen- und Entwicklungsländer, die vor »grünem Neokolonialismus« warnen und die Notwendigkeit von Wirtschaftswachstum und sozialem Fortschritt hervorheben. Freilich sehen sich auch die Regierungen dieser Länder zunehmend selbstbewusster werdenden Zivilgesellschaften gegenüber, die gegen Umweltzerstörung protestieren und für ein anderes Verständnis von sozialer und ökonomischer Entwicklung eintreten.

Nachhaltiges Wirtschaften: Grüne Ökonomie oder Postwachstumsökonomie?

Noch breiter als zu der Frage, was denn Nachhaltigkeit nun genau sei, ist das Meinungsspektrum hinsichtlich der Gestalt einer nachhaltigen Wirtschaft. Relativ leicht abgrenzen lassen sich die Nachhaltigkeitsansätze gegenüber der klassischen Umweltökonomie und der klassischen Ressourcenökonomie. Dort geht es im Wesentlichen um die Vermeidungskosten von Abgasen, Abwässern und Abfällen, den Nutzen vermiedener Schadstoffe oder geschützter Arten und Lebensräume oder um optimale Ressourcenausbeutungs- oder Emissionsminderungspfade, weniger um ganzheitliche Problemanalysen und Lösungsstrategien, wie sie bei aller Unterschiedlichkeit im Detail den diversen Nachhaltigkeitskonzepten doch zu eigen sind.

Auf die Frage, was eine nachhaltige Wirtschaft auszeichnet, geben Protagonisten der Grünen Ökonomie ganz andere Antworten als diejenigen der Postwachstumsökonomie.[13] Während Erstere überwiegend von grünen Märkten, grünen Jobs, grünen Technologien, grünem Wachstum und hohen Innovationspotentialen schwärmen, um so an die politischen Hauptdiskurse anschlussfähig zu werden, sprechen Letztere eher von Dematerialisierung, Entschleunigung, Entrümpelung, Produktlanglebigkeit und einer Kultur des Teilens und Tauschens, Leihens und Schenkens, Reparierens und Kooperierens. Die Frage ist nun, ob sich Grüne Ökonomie und Postwachstumsökonomie ausschließen oder doch ergänzen und wechselseitig befruchten können. Zu dieser Frage soll im hinteren Teil dieses Kapitels eine Antwort versucht werden.

Momentan lässt sich in dieser Diskussion faktisch ein Schisma beobachten.[14] Nicht untypisch für solche Schismakonstruktionen oder -situationen ist der fehlende Blick der

Akteure für das Dritte oder Vierte, für das dialektisch Aufgehobene. Lieber beäugt man sich mit großer Skepsis und verwendet große Mühe darauf, die Konzepte der jeweils anderen Community zu dekonstruieren. Die Wachstumskritiker und ihre Konzepte gelten den Freunden des grünen Wachstums als rückständig, realitätsfern, übertrieben technikkritisch und realpolitisch untauglich. Sie würden einfach nicht wahrhaben wollen, dass uns der Rückweg in Suffizienz, Subsistenz und Regionalorientierung versperrt sei, weil Arbeitsteilung, Wettbewerb, Globalisierung und nun auch die digitale Revolution dies unmöglich machten. Und umgekehrt schauen die Protagonisten der Postwachstumsgesellschaft mal mitleidig, mal fassungslos auf die grünen Technikoptimisten und Fortschrittsprediger, weil diese aus ihrer Sicht nicht zur Kenntnis nehmen, dass Entlastungseffekte durch technische Innovationen von wachsender Produktion und wachsendem Konsum aufgezehrt oder gar überkompensiert würden und somit letztlich wirkungslos seien. Was nützt es, so fragen sie, wenn Geräte, Maschinen, Gebäude oder Fahrzeuge immer effizienter werden, es von ihnen zugleich aber immer mehr gibt. Die Kritik an diesem sogenannten Rebound-Effekt kann mittlerweile als Hauptwesenszug der wachstumsskeptischen Gemeinde gelten.[15]

Auch darüber, wie Zukunftsinteressen in Gegenwartshandeln einbezogen werden können, um ökologischen gegenüber ökonomischen Interessen ein stärkeres Gewicht zu verleihen, gehen die Meinungen im Diskurs über nachhaltiges Wirtschaften durchaus weit auseinander: Plädieren die einen eher für anspruchsvolle Umweltgesetze, setzen andere eher auf die Internalisierung externer Effekte und sehen ökonomische Instrumente wie den Emissionshandel, Umweltsteuern oder Haftungsregelungen als Mittel der Wahl. Vertrauen die einen auf die Regulationskraft des Staates, setzen die anderen auf die Innovationskraft des Marktes. Plädieren die einen eher für Wertewandel und maßvolle Lebensstile, setzen die anderen eher auf technologische Durchbrüche mit hohem Umweltentlastungspotential. Für all dies und noch viel mehr ist Platz im Diskurs über nachhaltiges Wirtschaften.[16]

Zwar gibt es mittlerweile eine ganze Reihe von verdienstvollen Anstrengungen, nachhaltiges Wirtschaften als eigenständige Disziplin zu etablieren oder gar zu »kanonisieren«, dass dies aber zu einem einheitlichen Verständnis des neuen Faches geführt hätte, lässt sich beim besten Willen nicht sagen.[17]

Erkennbare Cluster in Theorie und Praxis des nachhaltigen Wirtschaftens

Hier soll dafür geworben werden, die Ansätze zum nachhaltigen Wirtschaften entlang der Oberbegriffe Effizienz, Substitution, Suffizienz, Subsistenz und Kooperation zu gliedern, um sie forschungs- und gesellschaftspolitisch besser fassen und operationalisieren zu können. Durch welche ökonomischen Strategien wird nun also versucht, ökologische Ziele zu erreichen? Und wo liegen die vielversprechendsten Potentiale für eine Integration von Umwelt-, Wirtschafts- und Sozialzielen?

Effizienzstrategien: Weniger Ressourcenverbrauch durch intelligentere Ressourcennutzung

Effizienzstrategien bilden derzeit den Hauptstrom des Diskurses über nachhaltiges Wirtschaften. Von den Vereinten Nationen bis zur OECD, von der EU bis zur Bundesregierung, überall wird betont, dass sich durch eine Verbesserung der

Energie- und Ressourcenproduktivität enorme Umweltent-
lastungs- und Klimaschutzpotentiale erschließen lassen. Ergänzt wird dieses umweltpolitische Argument häufig durch
ökonomische Hilfsargumente *(co-benefits)* aller Art, wobei
Arbeitsplätze, Wettbewerbsvorsprünge, Innovationsdynamik,
mittelfristige Kostensenkung und Energiesicherheit am häu-
figsten ins Feld geführt werden. Wie groß das technische
Potential von Effizienzkonzepten ist, haben zahlreiche inge-
nieurwissenschaftliche Studien und populärwissenschaftliche
Bücher einer breiten Öffentlichkeit zugänglich gemacht.[18] So
gehört etwa der Begriff der »Effizienzrevolution« in politischen Reden zur Energiewende mittlerweile fast schon zum
Standardkanon.

Und in der Tat ist es ein weites Feld der Möglichkeiten, welches vor uns liegt, wenn wir denn das Konzept der Energie-
und Ressourceneffizienz endlich ernst nehmen: das Gebäude,
das nur sehr wenig Energie verbraucht oder selbige gar erzeugt; das Auto, das nur einen Liter Kraftstoff für die Überwindung von 100 Kilometern Distanz benötigt; die Fabrik, in
der Energieverschwendung ein Fremdwort ist; das Gerät und
der Gebrauchsgegenstand, die in Erzeugung und Nutzung mit
sehr wenig Material- und Energieverbrauch auskommen; die
Infrastruktur, die ressourcenschlank errichtet und betrieben
werden kann; die Kreislaufwirtschaft, in der es kaum Abfälle
gibt oder diese wieder zu Bestandteilen neuer Produktions-
zyklen werden[19] – all das gibt es bereits und wird in Hoch-
glanzbroschüren von Ministerien und Unternehmen über die
Innovationskraft unserer Wirtschaft gern gezeigt. Zu Recht,
auch wenn die Möglichkeit und Existenz dieses ressourcen-
leichten Neuen noch nichts darüber aussagt, wie denn die
Energie- und Ressourceneffizienz der vorhandenen Gebäude,
Fahrzeuge, Fabriken, Gebrauchsgegenstände und Infrastruk-

turen mit ihren teils sehr langen Kapitalbindungszeiten und Umschlagsfristen von zehn (Autos), fünfzig (Kraftwerke) oder gar hundert Jahren (Kanalnetze) verbessert werden kann. Energie- und Ressourceneffizienz ist nämlich heute überwiegend »Schwarzbrot« und weniger »Croissant«, überwiegend individuelle, technische und kaufmännische Vernunft und nur zum Teil Hi-Technology.

Zwei Problemkreise sind bei den Effizienzkonzepten nicht zu unterschätzen und werden viel zu wenig beachtet und erforscht.

Erstens: Ob die gewaltigen technischen Effizienzpotentiale auch tatsächlich ökonomisch gehoben werden, hängt stark von den Energie- und Ressourcenpreisen ab. Solange diese wie heute vergleichsweise niedrig sind, sind die Anreize zur Effizienzverbesserung nicht sonderlich hoch. Wenn hinzukommt, was häufig der Fall ist, dass die Energiekosten nur einen vergleichsweise geringen Anteil an den gesamten Produktionskosten eines Unternehmens, einer Branche oder einer ganzen Volkswirtschaft ausmachen, wird oft auch nur ein geringes Gewicht auf Energiesparinvestitionen gelegt. Der Rationalisierungsdruck liegt eher auf dem kostenintensiven Faktor Arbeit als auf dem Faktor Energie, was dazu führt, dass eher Menschen als Kilowattstunden »arbeitslos« gemacht werden. Ökonomische Instrumente, die gegen das Effizienzmanko zu niedriger Energiepreise eingesetzt werden können, etwa eine ökologische Steuerreform oder ein anspruchsvoller Emissionshandel, werden aber vor allem von der Industrie und ihren Verbänden bekämpft. Zu einer echten Internalisierung der bislang auf die Gesellschaft abgewälzten (externen) Umweltkosten in die Marktpreise kommt es bislang nur in seltenen Fällen.

Zweitens: Da, wo die technischen Effizienzpotentiale tatsächlich ausgeschöpft werden, stellen sich häufig die bereits erwähnten Rebound-Effekte ein, die das Auffressen oder gar Überkompensieren von Effizienzgewinnen durch Wachstumseffekte beschreiben. Die Frage steht im Raum: Was geschieht mit den durch bessere Technik eingesparten Energie- und Ressourcenkosten und den so frei gewordenen Finanzmitteln? Fließen sie in neue, möglicherweise gar umweltschädlichere Konsumoptionen? Reist, wer bei der Heizenergie oder dem Kraftstoffverbrauch spart, häufiger mit dem Flugzeug in ferne Urlaubsregionen? Der Antwort darauf, wie solche Effekte einzudämmen sind, damit der technische Fortschritt sein umweltentlastendes Potential auch tatsächlich entfalten kann, hat sich die wirtschaftswissenschaftliche Forschung, von Ausnahmen abgesehen, bislang kaum zugewandt. Genau das wäre aber dringend nötig, wenn die Effizienzstrategien umweltpolitisch erfolgreich sein sollen.

Substitutionsstrategien: Gehe von nicht-erneuerbar zu erneuerbar

Dass Energie effizienter »erzeugt«[20] und in Haushalten, Autos, Fabriken und Büros effizienter und sparsamer genutzt werden muss, ist das eine – und aus Sicht der Nachhaltigkeit wohl das Wichtigste. Das andere ist die Umstellung der Energieerzeugung von nicht-erneuerbaren auf erneuerbare Quellen, also von Kohle, Öl, Gas und Uran auf Sonne, Wind, Wasser, Biomasse und Erdwärme. Dieser Übergang ist nicht primär aus Gründen der Endlichkeit fossiler Energieträger zwingend. Wäre es so, würde sich so manch einer wundern, wie sehr Peak Oil und Peak Gas durch Fördertechniken wie das ökologisch hochproblematische Fracking noch hinausgeschoben werden können. Notwendig ist dieser Übergang vor allem aus Gründen des Klimaschutzes. Die Aufnahmefähig-

keit der natürlichen Senken (der Böden, Pflanzen und Meere)
für energiebedingte Treibhausgase wie das Kohlendioxid ist
der limitierende Faktor, den es ins Zentrum zu rücken gilt.[21]
Auf das Herausholen von Kohle, Öl und Gas aus der Erdrinde
müssen wir also nicht deshalb verzichten, weil sie uns bald
ausgehen, sondern weil wir sie nicht verbrennen dürfen, wenn
der Klimawandel in Grenzen gehalten werden soll.

Eine solche Herausforderung, der Verzicht aus Verantwortung, ist für die Ökonomik eher ungewöhnlich. Sie befasst
sich bevorzugt mit Knappheit und kosteneffizienter Ressourcennutzung. Wenn aber (noch) keine grundsätzliche Knappheit vorliegt und es nicht um das Nutzen, sondern das Unterlassen geht, ist die Wirtschaftswissenschaft mit ihrem Latein
heute schnell am Ende. Sie muss sich deshalb auf politisch ge-
setzte Nutzungsgrenzen ebenso einlassen wie auf demokratisch legitimierte Leitziele wie die Verbesserung der Energieeffizienz oder die Substitution nicht-erneuerbarer Ressourcen
durch erneuerbare. Tut sie das nicht, droht ihr politische Irre-
levanz. Tut sie es, kann sie einen wichtigen Beitrag zur Entwicklung gesellschaftlich vorteilhafter Umweltkonzepte leisten.

Der Beitrag erneuerbarer Energien zum Klima- und Umweltschutz ist hoch und wird von der Mehrheit der Bevölkerung auch hochgeschätzt, gelegentlich sogar überschätzt.
Aufgabe einer kritischen Ökonomik ist es deshalb durchaus,
hier den Realitätssinn zu schärfen und auf ein paar basale
Wahrheiten hinzuweisen. Zu diesen gehört etwa die Tatsache,
dass ein in Energieeinsparung investierter Euro im Regelfall
einen ungleich höheren Nutzen für den Klimaschutz stiftet
als ein zur Subventionierung der erneuerbaren Energien ein-
gesetzter. Zwar sollte das Konzept der optimalen Grenzver-
meidungskosten nicht auf die Spitze getrieben werden, weil

es beim Ausbau der erneuerbaren Energien ja nicht nur um Kosteneffizienz, sondern auch um Aspekte wie Technologieführerschaft, Dezentralisierung oder Bürgerbeteiligung an der Energieerzeugung geht. Aber wenn die Außerachtlassung von Kosten zum gesellschaftlichen Akzeptanzverlust der erneuerbaren Energien führen würde, wäre ihnen nun wirklich nicht gedient.

Die Ökonomie kann dabei helfen, die besten Instrumente zur Erreichung von schneller Diffusion, schnellen Kostendegressionen und schneller Reduzierung des Subventionsbedarfs bei den erneuerbaren Energien zu identifizieren. Die bei liberalen Ökonomen oft vorzufindende Präferenz für Quoten-, Ausschreibungs- oder Bietermodelle mag hier theoretische Vorzüge aufweisen. Aber der politisch breit getragenen Entscheidung für das Erneuerbare-Energien-Gesetz mit seinem Umlagemechanismus stets nur obsessiv das eigene Ideal entgegenzuhalten, erhöht nicht gerade die politische und gesellschaftliche Relevanz der wirtschaftswissenschaftlichen Forschung, sondern wird eher von einem fundamentalistischen Hauch umweht. Das EEG korrespondiert aufs Engste mit der Idee der Bürgerenergie, die ja gerade gegen die in den neunziger Jahren noch vorherrschende monopolistische und zentralistische »Konzernenergie« entwickelt wurde.[22] Das gilt es auch seitens der Ökonomenzunft anzuerkennen.

Sinnvoll scheint es dagegen zu sein, nach einem kohärenten Policy-Mix Ausschau zu halten, der demokratische Entscheidungen akzeptiert, aber auch auf die ökonomische Ratio pocht. Warum etwa, so lässt sich aus volkswirtschaftlicher Perspektive mit hoher Plausibilität fragen, wird nicht das »Falsche« (etwa kohlenstoffintensive Energieträger wie die Kohle) durch Privilegienabbau, Steuern oder Abgaben verteuert, sondern das »Richtige« (kohlenstofffreie Energieformen wie Windkraft und Photovoltaik) subventioniert? Warum wird so wenig zu der Fragestellung der Internalisierung externer Kosten in die Marktpreisbildung geforscht und beraten, wenn doch gerade hier die Wirtschaftswissenschaft spezifische Kompetenz vorweisen könnte?

Nicht zuletzt sollte die Ökonomik in Kooperation mit anderen Disziplinen nach neuen Fragestellungen zum Ressourcenthema Ausschau halten. Eine solche ist etwa diejenige nach der Tragfähigkeit einer Ökonomie, die vollständig auf erneuerbaren Energie- und Ressourcenquellen basiert. Wenn fossile durch erneuerbare Energiequellen oder synthetische Stoffe durch Naturstoffe substituiert werden sollen, was heißt das dann für die Nutzungsintensität der landwirtschaftlichen Flächen im Inland und die Inanspruchnahme von Flächen in andern Teilen der Welt? Wollen wir wirklich Landschaften, in denen jeder Hektar intensiv bewirtschaftet wird, um an die notwendigen Bioressourcen zu kommen? Was hieße das für Landwirtschaft, Ernährung, Grundwasser, biologische Vielfalt und Landschaftsästhetik? Und muss nicht der stoffliche und energetische Grundumsatz unserer Volkswirtschaften erst einmal deutlich zurückgehen, bevor ein Konzept wie die Bioökonomie[23] ernsthaft ins Auge gefasst werden kann? Viel spricht dafür, dass es so ist und die Bioökonomie so lange keinen Beitrag zur nachhaltigen Entwicklung darstellt, wie sie in einen Expansionismus eingebettet ist, der die ganze Welt in nichts anderes als eine Ressource verwandeln will.

Suffizienzstrategien: Nichts im Übermaß

Während Effizienz- und Substitutionsstrategien sehr politik- und technologieaffin sind, erwachsen Suffizienzstrategien eher aus Werthaltungen – teils neuen, teils alten.[24] Die Frage nach dem rechten Maß, also im Grunde danach, was und wie viel der Mensch braucht, um glücklich und zufrieden zu sein, ist dabei wahrlich keine neue Frage. Im Gegenteil durchzieht sie die Religionen und Philosophien unserer Zeit und wird häufig so beantwortet, dass es so etwas wie ein »Zu wenig« und ein »Zu viel« gibt, also weder Armut noch übermäßiger Reichtum gut für die Menschen ist.[25] Lange als konservativ eingestufte Tugenden wie die Genügsamkeit und das Maßhalten, oder Fähigkeiten wie diejenige, aus kleinen Dingen großes Glück zu ziehen, bieten für den Gedanken der Nachhaltigkeit natürlich ein sehr großes theoretisches Anknüpfungspotential.[26] Wer es sich leisten kann, sein Haupt selbstbewusst über die Warenflut zu erheben, und das »Genug« als bereichernd empfindet, der ist natürlich für die neoklassische Ökonomie mit ihren diversen Postulaten eher ein Problemfall. Vom *homo oeconomicus* und seiner rationalen Wahl ist jedenfalls im Modell kaum zu erwarten, dass er Verzicht übt und für das »Genug« oder gar das »Weniger« votiert. Ob die Modelle der heute so vielgepriesenen Verhaltensökonomik das vorherrschende Menschenbild der neoklassischen Ökonomie grundsätzlich revidieren werden, bleibt abzuwarten.[27]

Alternativökonomische Ansätze, die sich auch Menschen vorstellen können, die bei Konsumentscheidungen aus ökologischer Einsicht oder sozialer Präferenz für die Verzichtsvariante votieren oder sich Konsumverzicht gar als Befreiung vom Überfluss vorstellen können, werden bislang im Hauptstrom der Ökonomik als bizarr oder mindestens abseitig beurteilt. Zwar gibt es gelegentlich Diskussionen zwischen Vertretern der ökologisch orientierten Ökonomik hier und der »Mainstream«-Ökonomie dort, von einem systematischen Dialog oder gar dem Abgleichen von Modellannahmen kann aber keineswegs gesprochen werden. Eine Ausnahme hiervon bilden Forschungsansätze zu neuen Indikatoren und Konzepten der Wohlstandsmessung, die mittlerweile auch eine gewisse Akzeptanz im Hauptstrom der Disziplin erfahren.[28] Die von Wachstumskritikern vertretene Position, ab einem bestimmten materiellen Wohlstandsniveau bestehe keine signifikante Korrelation zwischen Bruttoinlandsprodukt (BIP) und Lebenszufriedenheit mehr, findet dort aber keine Akzeptanz. Am BIP und seinem Wachstum wird als zentralem Wohlstands- und Erfolgsindikator festgehalten, bestenfalls wird ein Set an komplementären sozialen und ökologischen Indikatoren für sinnvoll oder akzeptabel gehalten.[29]

Man kann durchaus ein gewisses Verständnis dafür aufbringen, dass sich die neoklassische Ökonomie mit normativen Setzungen schwertut, vor allem mit solchen, die (im Sinne von Popper und Hayek) als freiheitsbeschränkend oder gar potentiell totalitär empfunden werden und in der »Straße zur Knechtschaft«[30] münden könnten. Allerdings sollte ihr die tragende Rolle der normativen Säulen des eigenen Ideengebäudes für dessen Statik in gleicher Weise bewusst sein. Die Annahme, wir seien lediglich auf den eigenen Vorteil bedachte Nutzenmaximierer, die stets unbeeinflussbar entlang der eigenen Präferenzen agieren und in Gruppenkonstellationen zu egoistischem Trittbrettfahrerverhalten neigen, ist natürlich selbst eine sehr starke normative Setzung. Wir sind sicher alle keine Engel, aber bloße Egomanen eben auch nicht. Die Intensivierung der Forschung über das Menschenbild der Ökonomie – wie sie etwa der noch junge Zweig der »Humanomics«[31] verfolgt – ist deshalb dringend geboten.

Subsistenzstrategien: Selber machen statt auf den Markt gehen

Subsistenzwirtschaften, also Wirtschaften, in denen für den Eigenbedarf und nicht für den Markt produziert wird, werden vom Hauptstrom der Wirtschaftsforschung weitgehend ignoriert oder als vernachlässigbare Residualgröße gesehen, obwohl sie doch in vielen Gesellschaften eine gewisse Rolle spielen und ihren Unterbau bilden. Das Augenmerk der modernen Volkswirtschaftslehre gilt der Marktwirtschaft, in der über Geldbeziehungen vermitteltes Erwerbsstreben herrscht und die insofern als Gegenteil der Subsistenz- bzw. Bedarfswirtschaft zu begreifen ist.[32] Letztere wird als rückständig und zu überwinden eingeschätzt, weshalb Fortschritte in den sogenannten Entwicklungsländern oft daran gemessen werden, wie schnell der Subsistenz- gegenüber dem Marktsektor bzw. der informelle gegenüber dem formellen Sektor der Volkswirtschaft zurückgeht.[33] Kurzum: Erwerbsarbeit, Warenproduktion und Marktaktivität gelten als positiv und fortschrittlich, Eigenarbeit, Selbstversorgung und nicht-kommerzialisierter Tausch als negativ und rückständig.

Es ist vielleicht bezeichnend, dass sich die kleine Fraktion derjenigen, die systematisch und wissenschaftlich zu Fragen der Subsistenzwirtschaft arbeiten, vor allem aus Frauen zusammensetzt, die überdies nur in den seltensten Fällen Ökonominnen sind.[34] Offenbar ist hier noch am ehesten ein Gespür dafür vorhanden, was es für die Gesellschaft bedeuten würde, stellten wir uns die gesamte informelle oder reproduktive Arbeit, von der Kindererziehung bis zur Altenpflege, von der Haus- bis zur Gartenarbeit, von der Nachbarschaftshilfe bis zum Ehrenamt, gegenseitig in Rechnung. Die ökonomische Kolonisierung auch noch der letzten nicht-geldvermittelten Bereiche zwischenmenschlicher Beziehungen wäre dann zwar ein »Fortschritt« für das BIP und sein Wachstum, aber wohl kaum für das Gemeinwohl, das Gemeinwesen und die gesellschaftliche Grundstimmung.

Die – man muss es leider so hart sagen – Ignoranz sowohl der neoklassischen wie der keynesianischen Ökonomie[35] gegenüber der Rolle von Subsistenzwirtschaft und informellem Sektor könnte sich für die gesellschaftspolitische Bedeutung des Faches aus zwei Gründen schon bald als schwerwiegendes Defizit erweisen: Zum einen wird gerade in der Entwicklungsforschung immer offenkundiger, wie wichtig der bedarfsorientierte Subsistenzsektor für die Armutsbekämpfung, den Schutz vor weltmarktbedingten Turbulenzen und den Erhalt der Naturgüter ist.[36] Zum anderen gewinnen vor allem in den Industriestaaten soziale Aktivitäten an Bedeutung, die man systematisch der Subsistenzwirtschaft zurechnen kann. Dazu zählen etwa städtische Gemeinschaftsgärten, Reparaturcafés, Tauschringe oder Freiwilligendienste. Die Erforschung dieser sozial-ökologischen Innovationen, die teils das Ergebnis von Wertewandel und politischer Förderung, teils aber auch aus der Not geboren sind, erlebt derzeit einen regelrechten Boom und sollte nicht nur für Soziologen, sondern auch für Ökonomen ein lohnendes Forschungsfeld sein.[37] Hier haben wir es mit sozialem Lernen und gesellschaftlicher Transformation von unten par excellence zu tun.

Von besonderem Interesse ist dabei die Frage, ob in Zukunft eine friedliche Koexistenz von Marktwirtschaft und Subsistenzwirtschaft möglich sein wird oder ob der Kapitalismus mit seinen Expansionsinteressen gar nicht anders kann, als immer wieder die Landnahme von allen noch nicht eroberten Territorien anzustreben, also Subsistenzstrukturen prinzipiell in Marktstrukturen transformieren zu müssen. Umgekehrt gefragt: Wenn sich der Kapitalismus in Zukunft die Bühne mehr und mehr mit den Akteuren der nicht-kommerziellen Subsistenzwirtschaft teilen muss, kann er dann so bleiben, wie er heute ist? Oder stehen wir vor einem »Ende des Kapitalismus, wie wir ihn kennen«,[38] und am Anfang einer »Mixed Economy«, eines »Dritten Weges«, der als Ergebnis von Kulturwandel, digitaler Revolution und erhöhter sozial-ökologischer Sensibilität in Zukunft nicht mehr nur auf Wettbewerb, sondern mindestens ebenso sehr auf Kooperation basiert?

Kooperationsstrategien: Gemeinsam und gemeinwohlorientiert wirtschaften

Kooperative und gemeinwohlorientierte Wirtschaftsformen haben das Potential, einen sehr großen Beitrag zur nachhaltigen Entwicklung zu leisten. In unserer wettbewerbsorientierten Wirtschaftsordnung wird oft vergessen, dass nicht nur die Konkurrenz, sondern auch die Kooperation ein konstitutives Element jedweden Wirtschaftens ist. Freiheit ist eben nicht nur die Möglichkeit, den eigenen Interessen zu folgen, sondern auch die Chance, das eigene wirtschaftliche Handeln aus Einsicht heraus in gesellschaftliche Ziele einzubetten, etwa in soziale oder ökologische, und auf entsprechende Kooperationen mit anderen zu setzen.[39] Aus dieser Perspektive geraten

– das Teilen,

– das Prosumieren (eine Wortkombination aus Produzieren und Konsumieren),

– die regionale Vernetzung und die Stärkung lokaler Resilienz,

– das Reparieren sowie

– die geregelte Nutzung von Allmende- oder Gemeingütern

in den Blick, wobei die entsprechenden Aktivitäten oft miteinander verwoben sind. Ein kurzer Überblick über die diversen
kooperativen Wirtschaftsformen mag ihre Nachhaltigkeits-
potentiale verdeutlichen.

Die Ökonomie des Teilens und die Notwendigkeit ihrer Regulierung

Die Ökonomie des Teilens, für die sich in der öffentlichen Debatte auch in Deutschland mittlerweile der angelsächsische
Begriff der »Sharing Economy« etabliert hat, gilt heute vielen
ökologisch motivierten Menschen als Hoffnungsträgerin für
eine nachhaltige Entwicklung. Werden Räume, Autos, Geräte,
Maschinen, Nahrungsmittel oder Kleidungsstücke gemeinschaftlich genutzt – also geteilt, getauscht, verliehen oder verschenkt –, braucht man in aller Regel deutlich weniger Material, Energie und Fläche. Es wird weniger verschwendet, und
es muss weniger Neues nachproduziert werden.[40]
    Mitfahr- oder Mitwohnmöglichkeiten, Car- oder Foodshar-
ing, Couchsurfing oder Gemeinschaftsgärten, Tauschringe
oder Verleihstationen für Werk- und Spielzeuge können die
gesamtwirtschaftliche Ressourcenauslastung und damit die
Umweltbilanz deutlich verbessern.[41] Dabei wird das Zusammenbringen von Angebot und Nachfrage durch die digitale
Revolution und ihre Vernetzungsmöglichkeiten enorm erleichtert und beschleunigt.
    Gelebt wird die Ökonomie des Teilens und Tauschens, Lei-
hens und Schenkens bis heute vor allem zwischen Personen,

die sich kennen: in Familie, Freundeskreis, Nachbarschaft, lokaler oder Gesinnungsgemeinschaft. Zugleich aber werden immer größere Teile der Sharing Economy auch zu attraktiven Geschäftsfeldern für Unternehmen und zu preisgünstigen Beschaffungsmöglichkeiten für Konsumenten.[42] Haupttreiber hinter dieser Entwicklung ist neben den Möglichkeiten des Internets der Bedeutungsverlust von Eigentum als Statussymbol in Teilen der Gesellschaft, vor allem bei jungen Menschen, die Gebrauchsgegenstände zwar nutzen, aber nicht zwingend besitzen wollen.[43]

Weil die Sharing Economy aber neben den ökologisch positiven Effekten (»Gemeinschaftlich nutzen statt individuell besitzen«) über die sinkenden Preise auch konsumstimulierende Prozesse (»Multioptionaler Konsum«) auslösen kann und dies auch heute schon tut, ist hier durchaus mit Rebound-Effekten zu rechnen, so dass sich ein abschließendes Urteil hinsichtlich der Nachhaltigkeit dieses wirtschaftlichen Modells noch nicht fällen lässt.[44] Hier besteht großer empirischer Forschungsbedarf. In Zukunft wird viel stärker unterschieden werden müssen zwischen dem eher gemeinwohlorientierten Teil der Sharing Economy und dem eher kommerziell ausgerichteten Segment, wobei es sicher Übergänge und Grauzonen geben wird.[45]

Grundsätzlich lassen sich nämlich zwei durchaus sehr verschiedene Perspektiven auf die neue Kultur des Teilens einnehmen: Sehen die einen den tendenziellen Übergang vom Besitz auf die Nutzung von Gütern als teilweise oder vollständige Ablösung des Kapitalismus durch sozial-ökologisch motivierte Formen der Vergemeinschaftung, glauben andere eher, dass die Sharing Economy die allgegenwärtige Vermarktungslogik nicht nur nicht aufhebt, sondern sogar auf die Spitze treibt, denn wer glaubt, immer das Neueste, Modernste und technisch Innovativste haben zu müssen und nicht auf dem schnell veralteten Kram (Geräte, Autos, Kleider etc.) sitzenbleiben will, für den ist dauerhafter Besitz nur noch Ballast und Sharing das Beste, um in der Beschleunigungskultur stets ganz vorn mitzumischen. In dieser Logik wären Sharing und Beschleunigung dann zwei Seiten einer Medaille. Mit Nachhaltigkeit hätte das rein gar nichts mehr zu tun, eher im Gegenteil.

Viel wird davon abhängen, ob es zu einer angemessenen Regulierung der Ökonomie des Teilens kommt. Dabei sollte sich die Politik von der Grundeinsicht leiten lassen, dass das Teilen und Tauschen eine nicht zurückzuschraubende säkulare Tendenz ist, die im Grundsatz das Potential hat, für Gesellschaft, Gesamtwirtschaft und Natur Positives zu bewirken, dies aber nicht von selbst geschieht, sondern der politischen Gestaltung und Rahmensetzung bedarf, etwa im Wettbewerbs-, Steuer-, Vereins- und Gemeinnützigkeitsrecht sowie in der Wirtschaftsförderung. Wenn nichts unternommen wird, kann sicher davon ausgegangen werden, dass die US-amerikanischen (und vielleicht demnächst auch chinesischen) Internetgiganten und ihre Geldgeber die Spielregeln einer dann weitgehend kommerzialisierten Sharing Economy ganz allein bestimmen werden.[46]

Die Ökonomie des Prosumierens und die Rückgewinnung von Transparenz

Die Trennung von Produktion und Konsum und deren Entfremdung voneinander sind bestimmende Merkmale der modernen Ökonomie. Der Schlüsselbegriff ist hier die Arbeitsteilung: Alle Prozesse werden in Teilzuständigkeiten zergliedert, und die Verantwortung wird nur für den jeweils eigenen »Zuständigkeitsbereich« übernommen, nicht aber für das Ganze. Die ökonomische Globalisierung ist so gesehen mehr als alles andere eine »Entbettung« der Ökonomie aus ihren regionalen Sozial- und Naturbezügen, eine Durchtrennung von Rückkopplungsschleifen (wie wird wo und von wem zu welchen Bedingungen produziert?) sowie eine Entfremdungsbeschleunigung zwischen Produzierenden und Konsumierenden. Der Prozess der nunmehr weltweit vertieften Arbeitsteilung mag für die entwickelten Staaten aus gesamtwirtschaftlicher Produktivitäts- und Wachstumsperspektive derzeit von Vorteil sein, etwa durch Spezialisierungseffekte und steigende Skalenerträge. Aus einer Nachhaltigkeitsperspektive fällt die Bilanz von permanent vertiefter Arbeitsteilung, beschleunigter Globalisierung und wachsenden Verkehrs- und Güterströmen aber klar negativ aus.

Die Tendenz zum Prosumieren, also zur Reintegration von Produktion und Konsum im Nahraum, kann als Gegenbewegung zur Globalisierung gedeutet werden. Ob bei Energiegenossenschaften, landwirtschaftlichen Erzeuger-Verbrauchergemeinschaften oder ethisch orientierten Banken, überall speist sich die Motivation, dort mitzumachen, aus dem Wunsch nach Rückbindung und Transparenzverbesserung. Man will wissen, woher die Energie kommt, die man verbraucht, und wie sie erzeugt wird, wie die Pflanzen angebaut und die Tiere gehalten werden, die man isst, was die Bank mit dem Geld macht, das man ihr anvertraut. Die eigene Verantwortung soll nicht an der Steckdose, der Supermarktkasse oder dem Bankschalter abgegeben werden.[47]

Viele Menschen beteiligen sich aus dieser Motivation heraus an der Erzeugung erneuerbarer Energien, dem Anbau biologischer Nahrungsmittel oder der ethischen Geldanlage und begreifen sich immer weniger nur als passive Konsumenten, sondern als aktive Gestalter und Produzenten von Gütern und Diensten. Wenn, wie in Deutschland durch das Erneuerbare-Energien-Gesetz, förderliche politische und rechtliche Rahmenbedingungen für die dezentrale Eigenerzeugung von erneuerbarer Energie hinzukommen, kann aus dem Nischen-schnell ein Massenphänomen werden.

Es stellt sich allerdings die interessante politische und Forschungsfrage, ob die ihrem Wesen nach dezentralen Prosumtionsstrukturen, die in kleinen Gemeinschaften gut funktionieren, sich auch auf größere Einheiten wie Staaten oder Staatengemeinschaften übertragen lassen. Gibt es für einen solchen Weg möglicherweise kritische Obergrenzen?[48] Ist das »Lob der kleinen Einheit« und die Entflechtung des »Übergroßen« die Antwort auf die Herausforderungen unserer Zeit?[49]

Die Ökonomie des Regionalen und die Stärkung der Resilienz

Es liegt auf der Hand, dass die Tendenz zum Prosumieren im Regelfall mit Effekten der Re-Regionalisierung einhergeht, was wiederum positive Umweltauswirkungen nach sich ziehen kann. Der Gütertransport geht zurück, weil die intraregionale Produktionsverflechtung zu- und die interregionale abnimmt. Der Ausbaubedarf für Infrastrukturen wie Stromnetze wird geringer, weil die dezentralen Versorgungsstrukturen überregionalen Stromtransport zu einem guten Teil überflüssig machen. Lokale Ressourcen wie das Grundwasser oder die Landschaftsvielfalt werden besser geschont, weil die landwirtschaftliche Produktion vor Ort rückgekoppelt ist. Wer Luft, Wasser oder Boden belastet oder soziale Ziele missachtet, muss damit rechnen, dafür von aufmerksamen lokalen Öffentlichkeiten zur Rechenschaft gezogen zu werden.

Analog zum Subsidiaritätsprinzip in der Politik, welches
besagt, dass der Regelung auf höherer Ebene nicht bedarf, was
auf unterer Ebene gleich gut oder besser geregelt werden
kann, gälte es mithin eine Theorie der ökonomischen Subsidiarität zu entwickeln, die sich an dem Prinzip orientiert: »Regionalisierung und Selbermachen so weit wie möglich, Globalisierung und Arbeitsteilung so weit wie nötig.« Man kann
es auch in den Worten des großen Ökonomen John Maynard
Keynes ausdrücken, der schon 1933 in seinem berühmten
Aufsatz über »Nationale Selbstgenügsamkeit« (»National
Self-Sufficiency«) in bemerkenswerter Klarheit formulierte:
»Ideen, Wissen, Kunst, Gastfreundschaft, Reisen – das sind
Dinge, die ihrer Natur nach international sein sollten, aber
lasst Güter in der Heimat herstellen, wenn immer es sinnvoll und praktisch möglich ist, […] Ich bin nicht überzeugt,
dass die wirtschaftlichen Erfolge der internationalen Arbeitsteilung heute noch irgendwie mit den früheren vergleichbar
sind.«[50]

Bei den Strategien des Prosumierens und der Re-Regionalisierung geht es, anders als oft unterstellt, also nicht um Ab-
kopplung vom Weltgeschehen oder die prinzipielle Rückkehr
zur Subsistenz, sondern um die Wiedergewinnung von regionaler Handlungsautonomie und die Stärkung der Resilienz,
also der Fähigkeit, mit extern induzierten Krisen oder Schocks
umgehen und sie aus eigener Kraft bewältigen zu können.
Wer zu stark von externer Güterzufuhr über Weltmärkte abhängig ist, der ist im Krisenfall ebenso wenig resilient wie
derjenige, dessen wirtschaftliches Wohlergehen zu stark vom
Export auf ebenjene Weltmärkte abhängt. Die Ölpreiskrisen
der siebziger Jahre haben dies ebenso deutlich gemacht wie
die Finanz- und Wirtschaftskrise der Jahre 2008 und folgende.
Die Erhöhung intraregionaler Produktionsverflechtung und

Wertschöpfung ist mithin vor allem eine Versicherung gegen weltmarktinduzierte Wirtschaftskrisen und somit eine Kräftigung der Robustheit von Städten, Regionen und Staaten.

Zur Wahrheit über Strategien der Re-Regionalisierung gehört freilich auch der Hinweis, dass die globalen Transportpreise für Schiffs- und Luftverkehre derzeit keinerlei nennenswerten Anreiz bieten, um in Richtung De-Globalisierung umzusteuern. Solange die Kraftstoffpreise für die Ikonen der Globalisierung, das Containerschiff und das Frachtflugzeug, nicht auch die externen Kosten spiegeln und so die ökologische Wahrheit sagen, stehen sie Konzepten der wirtschaftlichen Regionalisierung diametral entgegen. Gegen niedrigste Löhne in Kambodscha oder Bangladesch bei gleichzeitig niedrigen Transportpreisen für die Containergiganten der Ozeane kann kein nachhaltig produzierendes Textilunternehmen im Münsterland oder am Niederrhein konkurrieren, jedenfalls nicht auf den Massenmärkten.

Die Ökonomie der Langlebigkeit und die Renaissance des Reparierens

Dass neben der funktionalen Tauglichkeit von Gebrauchsgegenständen auch ihre Langlebigkeit, Wartungs- und Reparaturfreundlichkeit darüber bestimmt, ob man es mit einem guten oder einem schlechten Produkt zu tun hat, gehörte lange Zeit zu den absoluten Selbstverständlichkeiten unserer Produktions- und Konsumkultur. Dieses Empfinden für die Werthaltigkeit von »guten Dingen« ist der Konsum- und Wegwerfgesellschaft gründlich abhandengekommen. Zwar gibt es gerade im hochpreisigen Qualitätssegment der Wirtschaft auch gegenläufige Entwicklungen, in denen »Retro« und »Nostalgie« zur Marke geworden sind, an der generellen

Tendenz zur Kurzlebigkeit der Warenwelt ändert das jedoch nur wenig.

Diese Fehlentwicklung ist ein gewaltiger Treiber der Ressourcenvergeudung. Sie speist sich aus drei Quellen gleichermaßen: dem Interesse von Teilen der Wirtschaft, Produkte schnell veralten und verschleißen zu lassen (»geplante Obsoleszenz«); der immer stärkeren Beschleunigung von Modewellen, die von vermeintlich veränderten Geschmäckern und technischen Fortschritten befeuert werden, wofür mit Hilfe von Werbung und willfährigen Medien alles Mögliche getan wird; der abnehmenden Fähigkeit oder Bereitschaft vieler Menschen, ihre Gebrauchsgegenstände so zu pflegen, zu warten und zu reparieren, dass diese ein langes und nutzenstiftendes Leben haben.

Eine Strategie des nachhaltigen Wirtschaftens muss an allen drei Ursachenbündeln gleichermaßen ansetzen, wenn sie erfolgreich sein will: Gegen schlechte und auf schnellen Verschleiß ausgelegte Produkte helfen neben einem Produktionsethos der Qualität verlängerte Garantiezeiten, anspruchsvolle Produktkennzeichnungsregeln und verbesserte Verbraucherinformation. Gegen überschnelle Modezyklen helfen neben dem Wertewandel »ökologisch wahre« Preise und Regelungen zu Produktlanglebigkeit und Kreislaufwirtschaft. Gegen das Verlernen von handwerklichen Reparaturfähigkeiten hilft neben verpflichtend beigepackten und verständlichen Reparaturanleitungen für Gebrauchsgegenstände das »Reskilling«[51], also die Wiederbefähigung zum Reparieren von Dingen in Schulen, Volkshochschulen und sogenannten Repair Cafés.[52] All das sind auch Themen der Ökonomie, die aber im Hauptstrom der Disziplin bislang praktisch nicht bearbeitet werden.

Dabei ist es für die Zukunft durchaus eine entscheidende Frage, wie sich Dienst- oder Eigenleistungen wie das Pflegen,

Warten, Reparieren, Demontieren und Rezyklieren von Produkten auf die gesamtwirtschaftliche Wertschöpfung und den Produktionssektor auswirken. In einer verengten Perspektive bedeuten Produktlanglebigkeit und das Reparieren von Produkten nur Produktionsschrumpfung, Umsatzausfall und Arbeitsplatzverluste. Das ist zwar ein in der Sache wenig überzeugendes, doch oft zu hörendes Argument. In einer erweiterten Perspektive lässt sich aber glaubhaft eine andere These belegen: Ein an Beständigkeit und Produktverantwortung ausgerichtetes Produktionssystem bringt ökonomische Vorteile mit sich. Einerseits spart es auf Dauer Ressourcen und Kosten. Und wenn der Anteil der wenig werthaltigen Wegwerfprodukte sinkt und der Anteil von hochwertigen Pflege-, Wartungs- und Reparaturdienstleistungen steigt, muss dies alles in allem keineswegs zu Lasten von Wertschöpfung und Beschäftigung gehen.[53]

Wie erheblich der Paradigmenwechsel von der Wegwerf- zur Reparaturgesellschaft, von einer Kultur der Kurzlebigkeit zu einer der Langlebigkeit sein müsste, lässt sich wohl am ehesten anhand der Informations- und Kommunikationstechnologien sowie der Unterhaltungselektronik zeigen, wo marginalste Neuerungen die Geräte im Jahresrhythmus veralten lassen und entwerten. An diesem Beispiel wird offenkundig, dass die wettbewerbsgetriebene Innovationsbeschleunigung auf der Angebotsseite und der Hunger auf Neues auf der Nachfrageseite sehr eng verwoben sind. Die Brücke zwischen diesen beiden Welten bildet die allgegenwärtige Werbung, deren Ziel immer weniger die Produktinformation ist und immer mehr die Stimulierung von Konsum und das Schüren von Illusionen. Man mag darüber streiten, ob die Werbung stärker reglementiert werden muss oder die Wareninszenierung sich zumindest näher an den Fakten zu bewegen hat.[54]

Mir scheint beides notwendig. Aber unzweifelhaft dürfte sein, dass die permanente Überhöhung von Neuem mit den Zielen einer an Dauerhaftigkeit ausgerichteten Entwicklung nur sehr bedingt vereinbar ist. Es muss in der Produktion wieder mehr um das Gute und weniger um das stets Neue gehen.

Die Ökonomie der Gemeingüter

Seit die US-amerikanische Politikwissenschaftlerin Elinor Ostrom 2009 für ihre Arbeiten zur Bewirtschaftung von gemeinschaftlichem Eigentum durch Nutzerorganisationen den Nobelpreis für Wirtschaftswissenschaften erhalten hat,[55] erlebt die Erforschung und Diskussion der Allmende- bzw. Gemeingüter (commons) einen deutlichen Zulauf. Vor allem in der sozial-ökologisch orientierten Forschungscommunity sind Ostroms Arbeiten zur Gestaltung von kooperativen Systemen der Fischerei-, Wald-, Weide- und Wasserwirtschaft sowie des Wissens und des geistigen Eigentums auf große Resonanz gestoßen. Ostroms zentrale These, dass eine kooperative und regelbasierte Bewirtschaftung von lokalen Ressourcen durch lokale Nutzergemeinschaften im Sinne der Nachhaltigkeit klare Vorzüge gegenüber rein marktwirtschaftlichen oder rein staatlichen Formen aufweist, findet in der ökologischen wie der globalisierungskritischen Bewegung naturgemäß starken Widerhall. Zentral sind dabei die Annahmen, die für das Funktionieren kooperativer und nachhaltiger Systeme der Ressourcennutzung getroffen werden: lokale Orientierung, Ausschluss von Nichtberechtigten, Subsidiarität, Partizipation, Regeleinhaltung und -überprüfung durch die Nutzergemeinschaft inklusive Sanktionsmöglichkeiten.

Man muss realistisch feststellen, dass sich Formen der Allmendewirtschaft in den kapitalistischen Industriegesellschaften nur noch in kleinen Nischen gehalten haben, auch wenn es hier und da erfreuliche Neubelebungen gibt. Das sieht in Ländern der Südhemisphäre zum Teil noch anders aus, weshalb Konzepte für gemeinschaftsorientierte Nutzungsregime hier auch politisch am ehesten zum Tragen kommen dürften. Der Versuch der »Commons«-Protagonisten, möglichst viele Ressourcen der Gesellschaft, von der Luft und dem Wasser bis zur Zeit und dem Wissen, in der begrifflichen Kategorie der Allmende zu fassen und so einen Allerklärungsanspruch zu erheben,[56] muss allerdings einstweilen mit Skepsis begleitet werden.[57] So fruchtbar und notwendig es ist, nach »Dritten Wegen jenseits von Markt und Staat« Ausschau zu halten, so sehr muss sich doch auch dieser Denkansatz Fragen nach der Anschlussfähigkeit an die Realitäten moderner Gesellschaft stellen lassen. Wie bei den Prosumtionsregimen steht auch hier die Frage im Raum: Lassen sich Allmenderegime über lokale Einheiten hinaus auch in größeren Handlungsräumen erfolgreich zur Anwendung bringen? Vielleicht können zukünftige Forschungsaktivitäten mehr zur Klärung dieser Fragen beitragen.

Ambiguitätstoleranz:
Pluralität in der Debatte über nachhaltiges Wirtschaften

Kehren wir zurück zu der anfangs gestellten Frage, ob sich die unter dem Dach der Nachhaltigkeitsdebatte geführte Kontroverse zwischen Strategien der eher technikzentrierten Grünen Ökonomie und der eher sozial-ökologisch orientierten Postwachstumsökonomie auflösen lässt oder ob wir es hier mit echten Inkompatibilitäten zu tun haben. Fakt ist, dass es zwischen den Effizienz- und Substitutionsansätzen hier und

den Suffizienz- und Subsistenzansätzen dort ein Spannungsfeld gibt. Während Erstere eher technologiegetrieben, politik-
oder marktinduziert sind und das ökonomische Wachstums-
paradigma nicht grundsätzlich in Frage stellen, sind Letztere
eher durch Werte-, Kultur- und Lebensstilwandel geprägt und
gegenüber Ökonomisierungsstrategien generell skeptisch.

Freilich sind die Scheidelinien in der Realität keineswegs
immer klar zu ziehen: Die Bereitschaft zur Energieeinsparung
oder zur Umstellung auf erneuerbare Energiequellen erfordert durchaus einen Bewusstseinswandel in Richtung Klimaschutz und Eigenverantwortung, auch wenn es letztlich »nur«
um technische Maßnahmen geht. Umgekehrt erfordern nachhaltige Lebensstile nicht selten auch neue Technologien, die
das neue Bewusstsein überhaupt erst in der Realität umsetz-
bar machen. Zu nennen wäre hier etwa das schnelle Zusammenbringen von Angebot und Nachfrage in der Ökonomie
des Teilens durch die Möglichkeiten des Internets.

Die Gegenüberstellung von Technologie- und Politikwandel hier sowie Werte- und Lebensstilwandel dort kann durchaus als unterkomplex gelten, zumal dann, wenn die Protagonisten der jeweiligen Denkrichtungen sich wechselseitig als
irregeleitet kritisieren. Oft, wenn auch nicht immer, können
die diversen Nachhaltigkeitsstrategien Hand in Hand gehen.
In den kooperativen Formen des nachhaltigen Wirtschaftens,
die auf gemeinschaftliche Produktions- und Nutzungsformen
setzen, ist die vermeintliche Dichotomie zwischen Technisch-
Politischem und Sozio-Kulturellem weniger relevant. Hier
geht es um Carsharing mit solar betriebenen Elektroautos,
Gütertausch im Internet, Energiegenossenschaften auf der
Basis von Windkraft, Erzeuger-Verbrauchergemeinschaften
im ökologischen Landbau, Reparatur- oder Verleihstationen
für hochwertige und langlebige Gebrauchsgegenstände und

so weiter. Hier wird ganz offensichtlich beides gebraucht: intelligente Technologien, Verfahren und Dienstleistungen ebenso wie neue Werthaltungen, der Wille zum politischen Wandel und die Bereitschaft, das eigene Handeln an Nachhaltigkeitszielen auszurichten.

Ob die heutige Trias aus parlamentarischer Demokratie, Marktwirtschaft und Rechtsstaat dazu in der Lage ist, die notwendigen Schritte in Richtung Nachhaltigkeit zu tun, darüber ist das letzte Wort noch nicht gesprochen. Zweifel sind erlaubt und Alternativen zu entwickeln. Die Größe der ökologischen Herausforderungen, vor allem des Klimaschutzes und der Bewahrung der biologischen Vielfalt, sollte es aber verbieten, dass die diversen Schulen nachhaltigen Wirtschaftens sich regelrecht bekämpfen und darüber die Hauptkonfliktlinie vergessen. Den zahlreichen Gegnern nachhaltigen Denkens, die wohlorganisiert ihre einflussreichen Bahnen ziehen, jagt man so gewiss keinen Schrecken ein. Plurale Nachhaltigkeitsökonomik kommt einstweilen ohne eine gesunde Portion Ambiguitätstoleranz nicht aus.

Die Dualökonomie als Überwindung der Effizienz-/Suffizienz-Konfrontation?

Ein interessanter Ansatz zur Überwindung der mindestens einstweilen recht unfruchtbaren Konfrontation zwischen technisch-produktivitätsorientierten Ansätzen auf der einen Seite und sozial-ökologischen Ansätzen auf der anderen Seite ist die Idee der Dualökonomie. Hier wird zwischen dem formellen und dem informellen Sektor der Ökonomie unterschieden, wobei Ersterer die Sphäre von Marktwirtschaft und öffentlichem Sektor umfasst, während Letzterer an Bedarfsorientierung, Selbstbestimmung und Selbstverwaltung orientiert ist. Gelegentlich wird die Unterscheidung der beiden Sektoren auch entlang der Begriffe produktiver und reproduktiver Sektor oder Gelderwerbswirtschaft und Subsistenzwirtschaft vorgenommen.

Von Vordenkern einer sozial-ökologischen »Alternativökonomie«[58] wurde seit den frühen achtziger Jahren argumentiert, es gehe darum, die erheblichen Produktivitätsgewinne und technischen Fortschritte des formellen Sektors, vor allem der Industrie, nicht allein in Form höherer Löhne an die arbeitende Bevölkerung weiterzugeben, sondern auch in Form reduzierter Arbeitszeiten, verbesserter Arbeitsbedingungen und eines bedingungslosen Grundeinkommens, das alle Bürgerinnen und Bürger am gemeinsam erwirtschafteten Sozialprodukt teilhaben lässt. Dieser Mechanismus ermögliche es, so die These, die Bedeutung des formellen Sektors für den Alltag der Menschen Schritt für Schritt zurückzuführen und diejenige des informellen Sektors entsprechend zu erhöhen. Jede Bürgerin und jeder Bürger könne sich dann den ihr oder ihm gemäß erscheinenden Mix aus Erwerbsarbeit, Eigenarbeit, Familienarbeit, Nachbarschaftshilfe, sozialem Engagement oder kulturellem Schaffen selbst zusammenstellen, was die gesellschaftlichen Freiheitsgrade insgesamt erhöhe.

Die beiden Sektoren werden also einerseits als Gegensätze begriffen, die gänzlich unterschiedlichen Werten folgen, andererseits wird die hohe und wachsende Produktivität des formellen Sektors aber als Voraussetzung dafür gesehen, dass die Bedeutung des informellen Sektors und der selbstbestimmten Zeit Schritt für Schritt anwachsen kann. Weil die Maschinen uns immer mehr Arbeit abnehmen, können wir die so gewonnene Zeit vermehrt dazu nutzen, uns den wirklich wichtigen Dingen des Lebens zuzuwenden. In Marx'scher Terminologie geht es also gewissermaßen darum, das »Reich der Notwendigkeit« zu begrenzen und zu humanisieren und das »Reich der Freiheit« zu erweitern und zu fördern.

Anders ausgedrückt: Während der säkulare Trend bislang derjenige war, dass der informelle Sektor der Ökonomie zunehmend kolonisiert und den Gesetzen der Gelderwerbswirtschaft unterworfen wurde, geht es nunmehr um eine neue Form des Antikolonialismus, der auf die Eigenständigkeit der sozialen Sphäre pocht und Produktivitätsgewinne in der formellen Ökonomie nicht in mehr Geld, sondern in mehr Zeit umsetzt. Das soziale Leitbild hieße dementsprechend nicht mehr »Sozial ist, was Arbeit schafft« (Edmund Stoiber), sondern: Sozial ist, was Einkommen und Selbstbestimmung für jeden bei weniger Erwerbsarbeit für alle ermöglicht.

An dieser Sichtweise ist bereits zu ihrer Hochzeit in den achtziger Jahren durchaus Kritik geübt worden. Vor allem von feministischer Seite wurde vor einer Idealisierung des informellen bzw. reproduktiven Sektors gewarnt. Dass sich Männer bei reduzierter Erwerbsarbeitszeit fortan freudvoll der Eigen- oder Familienarbeit (Kinderbetreuung, Altenpflege, Hausarbeit, Gartenbau, Einkäufe etc.), neuerdings auch gern als Sorgearbeit *(care economy)* beschrieben, widmen würden, sei reines Wunschdenken und empirisch in keiner Weise belegt. Überdies sei der nostalgische Blick auf die reproduktive Arbeit, so eine anderslautende und vor allem von der politischen Linken vorgebrachte Kritik, eine Flucht in die Heimeligkeit, die aus Angst vor den Zumutungen der Moderne erwachse.

Nicht gesehen wurde hingegen, dass die Reproduktionssphäre selbst eine bedeutende Gegenwelt darstellte und darstellt, in der sich andere menschliche Ausdrucksformen als bloß ökonomisch motivierte entfalten können und einüben lassen. Richtig war und ist sicher die Forderung, alle Formen von Arbeit zwischen den Geschlechtern gerechter zu verteilen. Falsch und nachgerade irreführend ist aber zum einen die Beschreibung von Familienarbeit als bloßem Frondienst, den es möglichst zu minimieren oder zu delegieren gilt, und zum anderen die starke Fixierung auf eine volle Erwerbstätigkeit für alle. Sie wirkt Ökonomisierungstendenzen in der Gesellschaft nicht entgegen, sondern fördert diese sogar eher.[59]

Letztlich war es aber nicht die feministische oder traditionell linke Kritik, die dazu geführt hat, dass es seit Anfang der neunziger Jahre um die Idee der Dualwirtschaft merklich ruhiger geworden ist, sondern die Veränderung der weltweiten politischen und ökonomischen Rahmenbedingungen. Das Ende der Systemkonkurrenz, die politisch vorangetriebene Liberalisierung des Welthandels und der Aufstieg der Schwellenländer haben den globalen Wettbewerbsdruck gewaltig erhöht und Strategien zur Durchsetzung von Arbeitszeitverkürzungen ebenso geschwächt wie Ideen zur Entkopplung von Erwerbsarbeit und sozialer Grundsicherung (Grundeinkommen). Zum erhofften »Ende der Arbeitsgesellschaft« (André Gorz) ist es nicht gekommen, im Gegenteil drängen heute immer mehr Bevölkerungsgruppen auf den Arbeitsmarkt, teils weil sie müssen, teils weil sie wollen.

In seltener Eintracht streiten mittlerweile Politik, Industrie und viele Feministinnen dafür, dass sich nun auch die Frauen mit Haut und Haaren der Erwerbsarbeit hingeben und ihre Kinder möglichst früh und lange in Betreuungseinrichtungen geben. Männer in Teilzeit oder längerer Elternzeit sind dagegen noch immer die Ausnahme. Zusätzlich muss der demographische Wandel als zentrales Argument dafür herhalten, dass es keineswegs mehr um (Erwerbs-)Arbeitszeitverkür-

zung gehen könne, sondern eher um deren Verlängerung gehen müsse. Der »aktivierende Sozialstaat« soll, so ein fakti-
scher Konsens zwischen den allermeisten Parteien, dem
Erwerbsarbeitsmarkt möglichst viele Menschen möglichst
umfassend durch Fördern und Fordern zuführen. Alternative
Sozialstaatsmodelle wie die Idee des bedingungslosen Grundeinkommens finden in der Gesellschaft zwar immer mehr
Anhänger, stoßen im politischen Raum aber einstweilen nur
auf geringen Widerhall.[60]

Schaut man sich diese Entwicklungen nüchtern an, so kann
der vorausgesagte oder herbeigesehnte Bedeutungstransfer
vom formellen zum informellen Sektor bislang nicht konsta-
tiert werden. Zugleich aber wächst im Kleinen wie im Großen
der Widerstand gegen die allgemeine Tendenz zur De-Auto-
nomisierung und keimen neue Formen der »Vergemeinschaftung«, von denen hier einige beschrieben worden sind. Die
Wertschätzung für selbstbestimmte Eigenzeiten, weniger Pro-
duktions- und Produktivitätsstress und mehr Zeit mit Kindern, Familie und Freunden wächst in großen Teilen der Gesellschaft.

Der Wunsch, dass an die Stelle einer Arbeitswelt, in der die
einen an Überarbeitung und Erschöpfung leiden, während die
anderen gänzlich ausgeschlossen sind, ein ganzheitliches Verständnis von Arbeit und Tätigkeit tritt, in dem alle Formen
menschlichen Wirkens Wertschätzung erfahren, angemessen
zur Geltung kommen und ausbalanciert werden können, be-
seelt mittlerweile viele Menschen. Es ist deshalb sinnvoll, die
Idee der Dualwirtschaft unter den heutigen Bedingungen noch
einmal neu zu durchdenken und über ihre politische Förderung in einen Dialog einzutreten. In einer gelungenen Balance
zwischen Erwerbstätigkeit und selbstbestimmter Zeit liegt einer der wichtigsten Faktoren für eine nachhaltige Gesellschaft.

Zwischenfazit: Klar dürfte geworden sein, dass das öko-
nomisch-technische System der kapitalistischen Industriegesellschaften aus sich selbst heraus keine hinreichenden
Nachhaltigkeitsstrategien hervorzubringen vermag. Es darf
angenommen werden, dass sein systemspezifischer Vorzug,
die Sicherstellung von größtmöglicher Markteffizienz, bei
richtiger Rahmensetzung (wie ökologisch motivierten Preis-
signalen) auch zu einer verbesserten Nutzungseffizienz der
Naturgüter führen kann. Doch sorgt die immanente Wachs-
tumslogik im Kapitalismus zugleich eben stets dafür, dass die
Effizienzgewinne durch Expansion wieder aufgefressen werden und für die Natur letztlich wenig gewonnen ist. Es ist
also nach politischen Rahmenbedingungen Ausschau zu halten, die einen Dreiklang aus besser (Effizienz), anders (Substitution und Kooperation) und weniger (Subsistenz und Suffizienz) ermöglichen.

Kommen wir zu der Frage, welches politische Design eine
nachhaltige Ökonomie braucht, welcher ökologisch-soziale
Ordnungsrahmen der angemessene ist.

Ökologisch wahre Preise und nachhaltige Staatsausgaben

Die Antwort auf die Frage, warum in Sachen Steigerung der
Energie- und Ressourceneffizienz so wenig passiert, warum
sie sich trotz der gewaltigen technischen Potentiale jährlich
nicht um drei oder gar fünf Prozent verbessert, sondern nur
um ein bis zwei, liegt in einem marktwirtschaftlichen System
wie dem unseren ziemlich klar auf der Hand: weil die Ener-
gie- und Rohstoffpreise relativ niedrig sind, jedenfalls zu
niedrig, um klare Energiespar-, Ressourceneffizienz- und Kli-
maschutzsignale auszusenden, weil sie zu stark schwanken

und eine verlässliche Planung erschweren, weil die Aufmerksamkeit der meisten Unternehmen und Konsumenten nicht oder nur unzureichend auf dem Kostenblock »Energiekosten« liegt, der ja im Regelfall nur einen sehr kleinen Anteil der Kosten eines Unternehmens oder eines Haushalts ausmacht.

Besonders Marktliberale argumentieren gern, die relativ niedrigen Preise brächten lediglich die Tatsache zum Ausdruck, dass eben keine Knappheit herrsche, also noch genügend fossile Energieträger zur Verfügung stünden. Würden diese wirklich knapp, so das Argument, steige der Preis und werde dann wie von selbst Anreize zum sparsamen Umgang mit ihnen geben. Diese Argumentation ist nicht nur naiv, weil der Ölpreis aus geopolitischen Interessen regelmäßig manipuliert wird, sondern aus einer Nachhaltigkeitsperspektive auch vollkommen unakzeptabel – und zwar aus zwei Gründen, einem ökologischen und einem ökonomischen:

1. Wie gezeigt, ist bei vielen Ressourcen, etwa der Kohle oder dem Erdöl, nicht so sehr ihre Verfügbarkeit der kritische Faktor, auch wenn bei Öl und Gas wegen steigender Explorations- und Förderkosten in Zukunft wieder mit Preisanstiegen zu rechnen ist. Die Verfügbarkeit reicht durchaus noch weit in die Zukunft und wird durch neue Fördertechniken wie das sogenannte Fracking (bei Gas und Öl) vielleicht noch weiter in die Zukunft verschoben, wenn auch um den Preis sehr hoher Umweltbelastungen. Unabhängig von der Frage, ob das Fördermaximum etwa beim Öl (Peak Oil) oder beim Gas (Peak Gas) bereits erreicht ist oder nicht, gilt doch aus Klimaschutz- und Nachhaltigkeitsperspektive ein ganz anderer Zusammenhang: Die bekannten Vorräte an Kohle, Öl und Gas dürfen nur noch zu einem geringen Teil überhaupt verbrannt werden. Achtzig Prozent der

heute bekannten Vorräte müssen ungenutzt im Boden bleiben, weil ansonsten mit einem sehr gefährlichen Klimawandel gerechnet werden muss, der uns auch ökonomisch
und gesellschaftlich teuer zu stehen kommen würde. Mit
anderen Worten: Darauf, dass die Energie- und Ressour-
cenpreise als Knappheitsanzeiger so stark steigen werden,
dass sie zu einem wirklichen Klimaschutzimpuls führen,
können wir wahrscheinlich noch lange warten.

Der limitierende Faktor aus Nachhaltigkeitsperspektive ist
nicht so sehr die Ressourcenverfügbarkeit, sondern der Klimaschutz, also die Aufnahmefähigkeit der Böden, Meere
und Pflanzen für klimaverändernde Spurengase aller Art,
die als Ergebnis eines sehr energie- und ressourcenintensiven Entwicklungsmodells bald erschöpft sein könnte. Die
Grenze unseres Entwicklungsmodells liegt also eher am
Himmel als am Boden, eher in der atmosphärischen Spu-
rengaskonzentration als in der Ressourcenreichdauer.

2. Aus ökonomischer Perspektive ist für viele Unternehmen
(Ausnahme: energie- und rohstoffintensive Unternehmen)
nicht so sehr die Höhe der Energie- oder Rohstoffpreise
ein Problem, sondern die starke Schwankung derselben.
Wenn das Fass Öl im einen Jahr einhundertfünfzig und im
anderen fünfzig Dollar kostet, sind Energiesparinvestitionen und ihre Amortisationsdauer kaum kalkulierbar. Wenn
Rohstoffpreise auf den Weltmärkten heute explodieren und
morgen einbrechen, wird es sehr schwer, planvolle Strategien der gesteigerten Rohstoffeffizienz zu entwickeln. Im
Übrigen ist dieses Auf und Ab der Preise auch für die ex-
portierenden Förderländer wenig erfreulich, weil auch sie
für ihre Steuereinnahmen und Staatshaushalte größtmögliche Planungssicherheit wünschen.

Auch aus einer Perspektive der ökonomischen Kalkulier-

barkeit lässt sich also durchaus ein Plädoyer dafür herlei-
ten, die Preise schrittweise an ein Niveau heranzuführen,
das die »ökologische Wahrheit« sagt, also externe Kosten
wie Klimaschäden, Gesundheitsschäden, Landschaftsschä-
den, Waldschäden, Gewässerbelastungen oder Infrastruk-
turschäden internalisiert und zukünftige Knappheiten so
gewissermaßen vorwegnimmt.

Dass ökonomische Instrumente sehr effektiv sein können, haben gerade in der jüngeren Vergangenheit zahlreiche Studien
gezeigt. Da, wo Ökosteuern und ein schlüssig ausgestalteter
Emissionshandel eingeführt wurden, lassen sich ökologische
Lenkungseffekte eindeutig nachweisen. Dennoch ist die politische Durchsetzbarkeit von Ökosteuern in vielen Ländern
kritisch. In Deutschland gehörte die ab 1999 in fünf Schritten
eingeführte Ökosteuer neben dem Atomausstieg und dem Erneuerbare-Energien-Gesetz zu den umstrittensten rot-grünen Projekten zwischen 1998 und 2005 überhaupt. Die Wucht
der Kampagnen von Boulevardpresse und Industrieverbän-
den, Auto- und Autofahrerlobby, Konservativen und Liberalen hat in der damaligen Regierung nicht wenige verzagen
lassen. Obwohl das rot-grüne Ökosteuerprogramm, das auf
die schrittweise Erhöhung der Energiesteuern bei gleichzeitiger Verwendung des Aufkommens für die Absenkung der
Lohnnebenkosten (Rentenversicherungsbeiträge) gesetzt
hatte, nachweislich sowohl zur CO_2-Vermeidung als auch zur
Arbeitsplatzschaffung beitrug,[61] wurde es ab 2003 nicht fortgeschrieben, sondern eingefroren. »Autokanzler« Gerhard
Schröder sprach ein Machtwort – und man konzentrierte sich
lieber auf die Subventionierung der erneuerbaren Energien
über das Erneuerbare-Energien-Gesetz, weil Geben bekanntermaßen seliger ist denn Nehmen.

Das Projekt »CO_2-Vermeidung« wäre für die Gesellschaft insgesamt aller Voraussicht nach wesentlich kostengünstiger gewesen, wenn man von Anfang an auf die richtige Mischung aus ökonomischen Instrumenten wie der Ökosteuer und dem Emissionshandel, spezifischen Förderinstrumenten wie dem Erneuerbare-Energien-Gesetz, dem Gesetz zur Förderung der Kraft-Wärme-Kopplung oder dem Altbausanierungsprogramm und der Vorgabe von ordnungsrechtlichen Standards für Fahrzeug- und Geräteeffizienz oder Wärmestandards für Gebäude gesetzt hätte. Aber realistischerweise muss man auch sagen: Ein Fördergesetz wie das EEG, von dem viele profitieren, hat politisch für Geber (Parlament und Regierung) wie Nehmer (Anlagenbetreiber und Industrie) natürlich wesentlich mehr Sexappeal als Vorschriften oder Steuern, auch wenn die Energieverbraucher das »Geschenk« EEG letztlich selbst bezahlen, nur dass der finanzielle Beitrag nicht Steuer oder Abgabe heißt, sondern Umlage, weil die Kosten für den Ausbau der erneuerbaren Energien ja über den Strompreis von (fast) allen getragen werden.

Damit kein Missverständnis aufkommt: Das EEG war und ist ein Gesetz, das im Ergebnis zu einem rasanten Wachstum des Einsatzes erneuerbarer Energien geführt hat. Es belohnt alle, die sich aufmachen, ihre Energieerzeugung in die eigenen Hände zu nehmen und Strom aus Sonne, Wind, Wasser, Biomasse und Erdwärme in das Stromnetz einzuspeisen. Vor allem der Einspeisungsvorrang für grünen Strom im Stromnetz sowie die Stimulierung von dezentralen und somit demokratiekompatiblen Erzeugungsstrukturen (»Bürgerenergie« statt »Konzernenergie«) waren und sind grandiose Ideen, für die man ihren politischen Erfindern wie Hermann Scheer gar nicht dankbar genug sein kann. Dennoch: Die sehr hohen Fördersätze (aktuell gut 6 Cent pro Kilowattstunde bei einem durchschnittlichen Strompreis von 27 ct/kwh, das entspricht mehr als einem Fünftel des Gesamtpreises) und die sehr hohen Förderdauern (20 Jahre!) wären nicht notwendig gewesen, wenn die Preise für die fossilen Brennstoffe Kohle und Öl durch adäquate Verteuerung über den Emissionshandel oder eine Ökosteuer höher gelegen hätten. Durch politische Konfliktscheu gegenüber den großen Energiemonopolen und wenig anspruchsvolle Klimaschutzziele in Europa ist die Förderung der erneuerbaren Energien in Deutschland unnötig teuer geworden.

Aber woher rührt der Widerstand gegen ökonomische Instrumente wie den Emissionshandel und vor allem die Ökosteuer? Meine These: Weil große Teile der Industrie argumentieren, sie stünden im internationalen Wettbewerb und könnten sich höhere Energiepreise deshalb nicht leisten, und aus sozialer Perspektive nicht wenige argumentieren, höhere Energiepreise träfen vor allem die »kleinen Leute« und trieben sie in die Energiearmut, entsteht eine faktische Allianz aus Industrie- und Sozialinteressen, die vermeintlich gleiche Ziele hat, nämlich die Verhinderung höherer Energiepreise.

Zu fragen ist nun, ob sich diese »Verhinderungsallianz« knacken lässt. Meines Erachtens besteht nämlich mitnichten eine Interessenidentität. Es lassen sich im Gegenteil Verbindungen von ökologischen, sozialen und ökonomischen Interessen finden, wenn der politische Wille dazu vorhanden ist. Wie könnte das aussehen?

Abbau umweltschädlicher Subventionen und Nachhaltigkeitsausrichtung öffentlicher Haushalte

Die Frage, wie der Staat sein Geld einnimmt und wofür er es ausgibt, ist für die Nachhaltigkeit einer Gesellschaft und ihrer

Wirtschaft von essentieller Bedeutung. Wie besteuert er Einkommen aus Arbeit und wie Kapitalerträge, wie den Ressourcenverbrauch und den Landbesitz und wie den allgemeinen und spezifischen Konsum, wie Vermögen und wie Erbschaften, wie große und wie kleine Unternehmen, wie Personengesellschaften und Genossenschaften und wie Kapitalgesellschaften? Dass heute Arbeitseinkommen sowie Erträge aus unternehmerischem Handeln in Personengesellschaften eher hoch, Kapitaleinkünfte und Konsum eher moderat und Ressourcenverbräuche eher niedrig besteuert (oder mit Abgaben belegt) werden, hat natürlich erhebliche Auswirkungen auf die Ressourcenallokation der Gesellschaft. Aus Nachhaltigkeitsperspektive müsste die notwendige Erzielung von Staatseinnahmen deutlich anders erfolgen: Höhere Steuern und Abgaben auf Ressourcenverbrauch, Konsum und leistungslose Kapitaleinkünfte und Vermögen (bei angemessenen Freibeträgen, besonders für mittelständische Unternehmen) sowie niedrigere Steuern und Abgaben auf produktive Arbeit und gemeinwohldienliches unternehmerisches Handeln in Genossenschaften, Familien- und Stiftungsunternehmen. Im Ergebnis würde dies idealerweise zu ressourcenschonenderen und arbeitsintensiveren Produktionsprozessen und überlegteren Konsummustern führen sowie mehr Geld in gemeinwohlorientierte Wirtschaftsformen statt in bloße Renditeorientierung fließen lassen.

Schaut man aus einer Nachhaltigkeitsperspektive auf die Ausgabenseite des Staates, so geht es um zwei Ziele: Es sollte auf Dauer nicht mehr Geld ausgegeben als eingenommen werden, weshalb es auch richtig war und ist, die »Schuldenbremse« zu einem Leitbild der europäischen und deutschen Politik zu machen, auch wenn dies zu akuten »Anpassungsschmerzen« führen mag. Bei »Entzugsmaßnahmen« ist das nun einmal üblich, wobei aus sozialpolitischer Perspektive freilich darauf zu achten ist, dass die notwendigen Maßnahmen nicht die Schwachen und Schwächsten treffen. Das wäre zynisch.

Davongaloppierende öffentliche Haushalte, in denen die Ausgaben permanent über den Einnahmen liegen, sind in Wahrheit nichts anderes als Wechsel auf die Zukunft, die nur dann gedeckt wären, wenn es zu gewaltigen Wachstumsraten des Sozialprodukts kommen würde – Wachstumsraten, die man sich aus einer ökologischen Perspektive beim besten Willen nicht wünschen kann. Moderate Schulden sind nur in dem Maße vertretbar, in dem auch reale und nachhaltige Werte für die Zukunft geschaffen werden.

Zum zweiten: Mit der Art und Weise, wie und wofür der Staat Geld ausgibt, prägt er in hohem Maße die Nachhaltigkeit oder eben Nicht-Nachhaltigkeit der Gesellschaft. Es beginnt beim öffentlichen Beschaffungswesen und geht bis zu der Frage, in welche Infrastrukturen investiert und welche Forschung gefördert wird. Ob ein Staat etwa in den Erhalt und die Pflege vorhandener Brücken und Straßen investiert oder glaubt, stets neue Autobahnen in die Landschaft gießen zu müssen und die alten gleichzeitig verlottern zu lassen, ob er die Energieeinsparung und die erneuerbaren Energien finanziell fördert oder an der offenen und verdeckten Subventionierung der Kohle festhält, ob er den naturverträglichen Landbau unterstützt oder die Agroindustrie päppelt, ob er im Rahmen der Wirtschaftsförderung neue Formen kooperativen und regionalen Wirtschaftens unterstützt oder Wachstums- und Exportstrategien, ob er auch sozial-ökologische Grundlagenforschung fördert oder nur anwendungsorientierte Technologieforschung – all das macht einen großen Unterschied. Wenn das Haushaltsrecht das Königsrecht des Parlaments ist, dann sind die meisten Parlamente der Welt heute aus Nachhaltigkeitssicht keine guten Könige. Im Gegenteil, noch immer fließen Unsummen in Aktivitäten, die Nachhaltigkeitszielen diametral zuwiderlaufen. Wer ein nachhaltiger König sein will, und ich denke, das sollte die Ambition der Parlamente sein, der muss heute nicht unbedingt mehr Geld ausgeben, sondern das Eingenommene für bessere Zwecke verwenden.

Kommen wir deshalb nun zu einem Punkt, den nicht jeder sofort unter der Kategorie »ökonomisches Instrument im Dienste der Umwelt« abbuchen wird: dem Abbau umweltschädlicher Subventionen.

Geht man die öffentlichen Haushalte der Staaten einmal systematisch durch, so findet sich dort eine Fülle von Subventionen, die mehr oder weniger sinnvoll sind und meist in Subventionsberichten der Regierung ausgewiesen werden. Die Empfänger dieser Subventionen sind im Regelfall bestimmte Branchen oder bestimmte Bevölkerungsgruppen, wobei die terminologische Klärung des Subventionsbegriffs und dessen systematische Abgrenzung gegenüber anderen Staatsausgaben nicht immer leicht ist. Wer bestimmte staatliche Begünstigungen rechtfertigen will, etwa für die heimische Stahl- oder Automobilindustrie, spricht lieber von Zukunftssicherung oder Strukturpolitik. Wer eine bestimmte Förderung durch den Staat ablehnt, etwa für bestimmte Formen der Landwirtschaft oder der Energieerzeugung, spricht hingegen lieber von Subventionen. Da ist viel sprachliche Verlogenheit im Spiel. Insgesamt hat der Begriff aber keine positive Konnotation.

Marktwirtschaftlich orientierten Ökonomen und Politikern sind Subventionen im Regelfall ein Dorn im Auge, weshalb sie darauf drängen, diese degressiv zu gestalten, zeitlich zu befristen und regelmäßig zu überprüfen. Sie sollen nicht wettbewerbsverzerrend wirken und transparent gemacht werden. In Europa hat sich vor allem die EU-Kommission zur Wächterin über die Subventionspraxis der Staaten gemacht und drängt auf den Abbau der Subsidien. Von »gestaltungsfreudigen« Politikern auf nationalstaatlicher Ebene wird die Skepsis gegenüber Subventionen oft eher nicht geteilt, weil sie die Vergabe von »Geschenken« erschwert. Dennoch setzt sich in den nationalen Parlamenten und Regierungen allmählich die Einsicht durch, dass Subventionsabbau angesichts von erforderlicher Haushaltsdisziplin und Wettbewerbsfairness ein sinnvolles, wenn auch gelegentlich schwer zu akzeptierendes Ziel ist.

Dieser allmähliche Einstellungswandel gegenüber Subventionen ist für die Erreichung ökologischer Ziele bislang noch nicht hinreichend nutzbar gemacht worden. Bis heute nämlich liegen die direkt umweltschädlichen Subventionen für Schwerindustrie, Energiewirtschaft, Automobilindustrie und Autoverkehr, Bauwirtschaft, industrielle Landwirtschaft und Hochseefischerei sehr hoch. Hinzu kommen Schattensubventionen aller Art, etwa Steuerbefreiungen für die Industrie oder bestimmte Bevölkerungsgruppen. Die OECD schätzt, dass weltweit jährlich mindestens 400 Milliarden US-Dollar in direkt umweltschädigende Subventionen fließen.[62] Das ist das Vierfache der Summe, die die Industriestaaten den Entwicklungsländern an Klimaschutzunterstützung im Rahmen des sogenannten Green Climate Fund zugesagt haben.[63]

Dabei hätte der Abbau umweltschädlicher Subventionen wie der Pendlerpauschale, der Ökosteuerprivilegien der Industrie oder der Kerosinsteuerbefreiung für die Luftfahrt eine Fülle von ökologischen, sozialen und ökonomischen Vorteilen: Umweltbelastung würde verteuert und dadurch zurückgehen; die »Quersubventionierung« von Reichen durch Normalverdiener (wie etwa beim Dienstwagenprivileg, wo vom normalen Steuerzahler zum Fahrer schwerer Limousinen umverteilt wird) oder von Industriebetrieben durch Mittelständler (wie bei den Ökosteuerausnahmen für die Industrie, die letztlich vom Rest der Wirtschaft getragen werden) würde abgebaut; die frei werdenden Mittel könnten für Zukunftsinvestitionen wie Bildung, Forschung oder Infrastrukturerhaltung sowie für die Verbesserung der sozialen Bedingungen von Einkommensschwachen frei gemacht werden. Das Ganze wäre also gleichermaßen ökologisch und sozial. Und im Weltmaßstab wäre die radikale Kürzung der EU-Agrarsubventionen sowie ihre Umstellung auf regionale Nachhaltigkeitsziele sogar ein Segen. Afrikas Kleinbauern etwa dürften dankbar dafür sein, wenn heruntersubventioniertes Rindfleisch aus Europa nicht mehr ihre Märkte fluten würde und sie so selbst wettbewerbsfähig wirtschaften könnten.[64]

Es spricht einiges dafür, dass sich die Umweltschützer und die Hüter der öffentlichen Haushalte mindestens in der Frage des Abbaus ökologisch kontraproduktiver Subventionen zu einer wirkungsmächtigen Allianz zusammenschließen. Es gibt beim Abbau umweltschädlicher Subventionen noch vieles, das für Haushaltskonsolidierung und Naturhaushalt gleichermaßen positiv ist. Dort, wo beim Subventionsabbau vor allem die sozial Schwachen getroffen werden, sollte man aber besonders als Umweltbewegter sensibel und auf Ausgleich bedacht sein, denn nichts wäre schlimmer als das Klischee einer kalten Öko-Bourgeoisie, die die »kleinen Leute« in Energiearmut treibt. Soziale Sensibilität ist auch beim Abbau umweltschädlicher Subventionen ein Muss![65]

Ökosteuern und ökologisches Grundeinkommen

Kommen wir nun zur ökologischen Steuerreform beziehungsweise einer besonderen Variante derselben, für die ich hier plädieren will: den Ökobonus-Ansatz, der im Ergebnis gewissermaßen einem ökologischen Grundeinkommen gleichkommt.[66]

Der Ökobonus ist ein Konzept, das den Anspruch erhebt, ökologische Ziele und Gerechtigkeitsziele in sich zu vereinen. Dabei werden die ökologischen Lenkungsziele über die Seite der Steuererhebung erreicht, die Gerechtigkeits- und Verteilungsziele über die Seite der Aufkommensverwendung.

Es werden Ökosteuern erhoben mit dem Ziel, Anreize zu schaffen für die sparsamere und intelligentere Verwendung von Energie und Rohstoffen sowie die Reduzierung von Emissionen. Externe Umweltkosten (Klimaschäden, Schäden am Naturhaushalt, Gesundheitsschäden oder Schäden für zukünftige Generationen) sollen sich in den Preisen spiegeln, diese sollen die »ökologische Wahrheit« sagen oder ihr zumindest näherkommen. Das ist das Primärziel von Umweltsteuern aller Art.[67] Das Richtige soll relativ zum Falschen preisgünstiger werden. Vor allem diese Lenkungswirkung ist das Ökologische an der Ökologischen Steuerreform. Wo Ökosteuern konsequent eingeführt wurden, waren sie fast durchweg erfolgreich: Sie haben ökologische Entlastungswirkungen erzielt und den ökonomischen Strukturwandel in Richtung der Energie- und Ressourceneffizienz umgelenkt.[68]

Was die Verwendungsseite der eingenommenen Ökosteuern anlangt, so sind im Grundsatz verschiedene Wege denkbar:

— Staaten können das Aufkommen aus Ökosteuern im allgemeinen Staatshaushalt untergehen lassen, was mit dem Prinzip der Haushaltssouveränität der Parlamente, für die das Budgetrecht bekanntermaßen das »Königsrecht« ist, am besten zusammenpasst.

– Staaten können das Aufkommen aus Ökosteuern gezielt in Klimaschutz- oder Energiesparprojekte fließen lassen, so dass nicht nur auf der Lenkungsseite, sondern auch auf der Verwendungsseite ein positiver Umwelteffekt erzielt wird. Industriestaaten können das entsprechende Aufkommen auch für Klimaschutzprojekte in Entwicklungsländern einsetzen, um ihre historischen Klimaschulden zu begleichen und zur Klimagerechtigkeit beizutragen.

– Staaten können das Aufkommen aus Ökosteuern verwenden, um im Gegenzug andere Steuern oder Abgaben zu senken, wie es die deutsche Bundesregierung um 2000 getan hat, als sie im Gegenzug zur Ökosteuereinführung die Rentenversicherungsbeiträge für Arbeitnehmer und Arbeitgeber deutlich reduzierte. Bei dieser aufkommensneutralen Variante stand das Ziel im Vordergrund, zwei Fliegen mit einer Klappe zu schlagen, nämlich durch höhere Energiepreise Anreize zur Verbesserung der Energieeffizienz zu geben und durch sinkende Lohnzusatzkosten Beschäftigung zu stimulieren, was auch beides gelungen ist.

Für all diese Konzepte der Aufkommensverwendung gibt es durchaus gute Argumente, allerdings sind ihre sozialen Verteilungswirkungen nicht unkritisch, weil Einkommensschwache im Regelfall nicht oder nur geringfügig profitieren.

Das Ökobonus-Konzept geht hier einen anderen Weg: Das Aufkommen der Ökosteuern soll zu gleichen Teilen an alle Bürgerinnen und Bürger zurückgegeben werden, vernünftigerweise rücklaufend und auf Jahresbasis. Denkbar ist aber auch der Vorgriff auf erwartete Einnahmen, etwa eine Ausschüttung Mitte des Jahres, was v.a. Einkommensschwachen helfen würde. Die Formel lautet also: Gesamtaufkommen der Steuer pro Jahr dividiert durch die Anzahl der Bürger gleich jährliche Pro-Kopf-Erstattung für jede und jeden. Dieser Erstattungsbetrag ist mit dem Begriff »Ökobonus« oder (bei Energiesteuern) »Energiegeld« gut beschrieben. Im umfassenderen Sinne ließe sich auch von einem »ökologischen Grundeinkommen« für alle reden.[69]

Die Begriffe »Ökobonus«, »Energiegeld« oder »Grundeinkommen« haben – anders als der Begriff »Ökosteuer« selbst – einen positiven Klang. Jede Bürgerin und jeder Bürger bekäme also einmal im Jahr vom Finanzamt einen »Ökoscheck« oder »Energiescheck« zugestellt bzw. ein »ökologisches Grundeinkommen« überwiesen. In einem weitergehenden Sinne ließe sich dieser Ökobonus auch als Teil eines einzuführenden bedingungslosen Grundeinkommens verstehen, das die soziale Sicherung von der Erwerbstätigkeit zu einem guten Teil entkoppelt und die sozialen Sicherungssysteme schrittweise von einer Beitragsfinanzierung auf eine Steuerfinanzierung umstellt.[70]

Die Verteilungswirkung einer so gestalteten Kombination aus Ökosteuer und Ökobonus käme in der Summe einer Umverteilung zugunsten von einkommensschwachen Gruppen, Familien mit Kindern und Energiesparern gleich. Während die Ökosteuer selbst tendenziell regressiv wirkt, also einkommensschwache Gruppen relativ stärker belastet als einkommensstarke, wirkt der Ökobonus genau umgekehrt – und das deutlich stärker: Wer ein niedriges Einkommen hat und wenig Energie verbraucht, bekommt durch den Ökobonus relativ viel zurück (im Verhältnis zu seinem Einkommen); wer ein hohes Einkommen hat und viel Energie verbraucht, bekommt relativ wenig zurück.[71]

Um das Ganze anschaulich und vergleichbar zu machen, sollte der Blick zurück gerichtet werden auf die ja eher moderate rot-grüne Ökosteuer, die zwischen 1999 und 2003 in mehreren Stufen für Kraftstoffe, Strom, Erdgas und Heizöl eingeführt wurde und noch heute gilt. Das jährliche Gesamtaufkommen lag in der Endstufe bei etwa 18 Milliarden Euro und wird bis heute fast vollständig in die Rentenkasse geleitet, wo es zu einer deutlichen Verminderung der Rentenversicherungsbeiträge für Arbeitgeber und Arbeitnehmer gegenüber dem Trend führt. Profiteure dieses Rückgabemodells sind also die Arbeitgeber und die sozialversicherungspflichtig Beschäftigten. Die energieintensive Industrie profitiert sogar überproportional, weil sie (durch zahlreiche Ausnahme- und Ermäßigungstatbestände) kaum Ökosteuer zahlt, aber voll in den Genuss der reduzierten Rentenversicherungsbeiträge kommt. Das ist eine faktische Quersubventionierung der Schwerindustrie durch Bürger und mittelständische Wirtschaft, weshalb dies auch im Subventionsbericht der Bundesregierung ausgewiesen werden muss.[72]

Wäre das Aufkommen aus der rot-grünen Ökosteuer über das skizzierte Ökobonusmodell zurückgegeben worden und nicht über die Reduzierung der Rentenversicherungsbeiträge, sähe die Verteilungswirkung wie folgt aus: 18 Milliarden. Euro dividiert durch rund 82 Millionen Bürger gleich jährlicher Ökobonus pro Kopf von 220 Euro. Für eine vierköpfige Familie hätte das also einen Ökobonus von 880 Euro pro Jahr bedeutet. Bei einem jährlichen Familieneinkommen von 30 000 Euro netto wäre das ein Anteil von 3 Prozent, bei einem Familieneinkommen von 60 000 wären es 1,5 Prozent, bei einem Familieneinkommen von 100 000 weniger als ein Prozent.

Es lässt sich also festhalten, dass das Ökobonusmodell die soziale Gerechtigkeit von Ökosteuern deutlich erhöht. Mit anderen Worten: Der Ökobonus ist ein sehr gut geeigneter Ansatz, um die ökologische und die soziale Frage besser zu verknüpfen.

Gegenüber dem bisherigen Ökosteuermodell »Energiesteuern rauf, Lohnnebenkosten runter« hat er folgende Vorzüge:

– Profiteure sind nicht nur die Arbeitgeber und die sozialversicherungspflichtig Beschäftigten, sondern alle Bürgerinnen und Bürger;

– es findet keine Diskriminierung von Nicht-Erwerbstätigen statt (Voraussetzung ist allerdings, dass der Ökobonus nicht auf das Arbeitslosengeld II angerechnet wird);

– Einkommensschwache und Familien mit Kindern profitieren in besonderer Weise;

– Energiesparer werden doppelt belohnt: Sie zahlen weniger Steuern und erhalten den Bonus.

Es gilt jedoch auch, mögliche Nachteile und Probleme zu reflektieren. Wichtig ist vor allem, dass unmäßige Bürokratie vermieden wird, weil sonst Aufwand und Ertrag in keinem guten Verhältnis zueinander stünden und die Angreifbarkeit des Konzepts stiege. Auch muss man sich bei einem Pro-Kopf-Rückgabemechanismus darüber klar sein, dass spezifische Anreize wie Beschäftigungsförderung – immerhin eines der Hauptargumente für die rot-grüne Ökosteuer in ihrer bisherigen Form[73] – oder die gezielte Entlastung niedriger Lohngruppen über diesen Mechanismus nicht mehr möglich sind.

Es existiert ein Spannungsfeld: Wenn der Ökobonus hoch sein soll, was zur Erreichung des Gerechtigkeitsziels geboten ist, sind deutlich höhere Ökosteuern notwendig, die ja auch von der Sache des Klimaschutzes her erforderlich sind. Wenn zusätzliche Ökosteuern nicht durchgesetzt werden können, gibt es auch keinen Ökobonus und damit keine Einkommensumverteilung. Kurz: Obwohl das Ökosteuer-Ökobonus-Modell in toto aufkommensneutral ist, weil sämtliche Einnahmen zurückgegeben werden, sind zunächst weitere Ökosteuererhöhungen erforderlich.

Man muss sich also entscheiden: Wer für das Ökobonus-Modell ist, muss auch für zusätzliche Ökosteuern in relevanter Größenordnung sein. Wer glaubt, Ökosteuern seien nicht wünschbar oder derzeit nicht durchsetzbar, kann redlicherweise nicht für einen Ökobonus eintreten.

Für mich resultiert aus den angestellten Überlegungen folgender Schluss:

Die Ökosteuer muss dringend weiterentwickelt werden. Zentral ist dabei, dass dies über einen längeren Zeitraum und in verlässlichen Schritten geschieht, damit die Wirtschaftssubjekte, also Unternehmen und Verbraucher, sich bei ihren Investitions- und Konsumentscheidungen auf steigende Energiepreise einstellen können. Auch sollte das Ziel der Aufkommensneutralität verfolgt werden, das heißt, dass die aus Nachhaltigkeits- und Klimaschutzsicht notwendige Erhöhung von Ökosteuern nicht zu einer Erhöhung der Gesamtsteuerlast führen darf, sondern das Aufkommen an die Bürgerinnen und Bürger zurückgegeben wird. Es geht also nicht um mehr Steuern, sondern um andere Steuern, nicht um eine höhere Staatsquote, sondern um ökologische Lenkungseffekte. Die Steuerbasis sollte aber nicht so eng sein wie bei der »alten« Ökosteuer, die sich im Wesentlichen auf die Mineralöl-

und Stromsteuer konzentrierte. Erforderlich ist vielmehr eine Mischung aus verschiedenen Elementen wie

– der Einbeziehung von nicht-energetischer Erdölverwendung in der Industrie in die Ökosteuer,

– der Besteuerung von Mineralien, Erzen und seltenen Erden,

– dem Abschmelzen der Sonderregelungen für die Industrie und deren Begrenzung auf wirklich »berechtigte« Branchen,

– der stärkeren Belastung schwerer Fahrzeuge (SUVs),

– der Abschaffung des Dienstwagenprivilegs für schwere Limousinen,

– der adäquaten Besteuerung des Luft- und Schiffsverkehrs,

– der Besteuerung von Flächenversiegelung, Flächenverbrauch und Flächenzerschneidung,

– der Besteuerung von landwirtschaftlichen Inputs wie Gülle, Mineraldünger und Pestiziden,

– der intelligenten Weiterentwicklung der vorhandenen Ökosteuer auf Strom, Kraft- und Heizstoffe bei gleichzeitig stärkerer Berücksichtigung der CO_2-Komponente der eingesetzten Energieträger,

– der steuerlichen Gleichbehandlung von Otto- und Dieselkraftstoffen.

Ein solches Maßnahmenbündel hätte enorme ökologische Lenkungseffekte zum Wohle des Klimaschutzes, der biologischen Vielfalt und der Ressourcenschonung zur Folge. Für die Industrie würde das Ganze wie eine »Innovationspeitsche« wirken, weil der Rationalisierungsdruck vom Faktor Arbeit auf den Faktor Energie- und Ressourcenverbrauch umgelenkt würde. Und viele dieser Steuern würden nicht regressiv, zu Lasten der »kleinen Leute« wirken, sondern eher progressiv, also zu Lasten der Einkommensstarken, v. a. die Abschaffung des Dienstwagenprivilegs und der Industrieprivilegien sowie die stärkere Besteuerung von schweren Limousinen und Flügen. Im Ergebnis dürfte sich ein erkleckliches Aufkommen ergeben, das für die Ausschüttung eines angemessen hohen »ökologischen Grundeinkommens« bereitstünde. Manche dieser Maßnahmen wären allerdings nur im europäischen Geleitzug möglich. Dafür, wie die Steuermehrbelastung genau aufzuteilen ist, wären umfassende Studien und Abschätzungen und politische Aushandlungsprozesse in Deutschland und der EU erforderlich.

Im Rahmen eines solchen Pakets ließen sich auch sozial innovative Ansätze verfolgen. So sollte jedem Bürger das Angebot unterbreitet werden, auf den Ökobonus zu verzichten und die Mittel dem Klimaschutz in Entwicklungsländern zur Verfügung zu stellen, etwa für Aufforstungsprogramme, Kraftwerksmodernisierung oder Elektrifizierung auf der Basis erneuerbarer Energien. Eine kurze Erklärung gegenüber dem Finanzamt würde genügen. Es ist durchaus vorstellbar, dass einkommensstarke Gruppen und »Überzeugungstäter« von einem solchen Angebot in größerem Umfang Gebrauch machen würden. Im Gegenzug müsste der Staat garantieren, dass die Mittel auch wirklich für zusätzlichen Klimaschutz eingesetzt werden und im regulären Haushalt keine analogen

Kürzungen vorgenommen werden. Eine solche »Public-Private-Partnership« der anderen Art würde die internationale Glaubwürdigkeit der Bundesrepublik in Sachen Klimaschutz und Entwicklungszusammenarbeit stärken und überdies Klimaschutz zur Bürgersache machen.

Es stellt sich natürlich die Frage nach der Durchsetzbarkeit eines solchen Konzeptes.

Auch hier sollte der Blick zurück auf die Ökosteuerreform 1999–2003 gerichtet werden. Diese Reform hatte einen enormen Vorlauf: Im wissenschaftlichen Umfeld wurde das Ökosteuerkonzept seit Anfang der neunziger Jahre intensiv diskutiert und vorbereitet.[74] Sämtliche Umweltverbände haben das Konzept unterstützt, Studien vergeben und Kampagnen gestartet. In den Gewerkschaften wurde der Ansatz wegen seiner Verknüpfung von Umwelt und Arbeit im Grundsatz unterstützt. In progressiven Unternehmenskreisen bestand zumindest eine gewisse Offenheit für die Ökosteuer, vor allem im technologie- und effizienzaffinen Teil der Unternehmenswelt, dem ökologisch wahre Preise Rückenwind und Wettbewerbsvorteile verschaffen. Und in praktisch allen Parteien wurde über die Ökosteuer diskutiert, wobei Grüne und SPD, die späteren Koalitionspartner, als stärkste Verfechter des Konzepts gelten konnten, wenn auch aus unterschiedlichen Motiven.[75] Hilfreich war sicher auch, dass die EU-Kommission im gleichen Zeitraum über die Einführung einer kombinierten Energie-/CO_2-Steuer auf europäischer Ebene nachdachte, diese aber auf Grund des notwendigen Einstimmigkeitsprinzips in Steuerfragen nicht durchsetzen konnte. Und erleichternd kam hinzu, dass die Energiepreise zwischen Mitte und Ende der neunziger Jahre im historischen Tief lagen.[76]

Derartig günstige Bedingungen sind heute nicht gegeben. Die Energiepreise sind zwar nicht hoch genug, um relevante

Energiespar- und Klimaschutzeffekte zu bewirken, werden aber von der Politik und vielen Bürgerinnen und Bürgern als »gefühlt« zu hoch betrachtet.[77] Für ein Konzept wie das hier skizzierte müsste also geworben und politisch gekämpft werden. Es gibt nämlich ein starkes Argument für das Ökobonus-konzept: Gerade für einkommensschwache Bevölkerungs-gruppen sind steigende Preise, mit denen über kurz oder lang wieder zu rechnen ist, potentiell eine große Belastung. Die Reaktionen der traditionellen Politik auf die Herausforderung drohender Energiearmut sind zumeist hilflos und kurzsich-tig.[78] Dabei wissen alle, dass »Billigenergie-Populismus« eher Volksverdummung als Politik ist und weder der ökologischen noch der energiepolitischen Realität gerecht wird.

Wer die soziale Dimension von Energiepolitik und Klima-schutz außen vor lässt, wird scheitern, weil die Akzeptanz fehlt. Mit einer politischen Dividende wird aber rechnen dür-fen, wer die soziale Dimension einbezieht, ohne an den ökolo-gischen Zielen Abstriche zu machen. Dies könnte mit dem Ökobonuskonzept gelingen, wenn es gut vorbereitet, gut kommuniziert und gut implementiert wird.

Der Emissionshandel: Deckel drauf und fertig!

Da, wo Millionen von Akteuren im Alltag Millionen von Konsumentscheidungen treffen, in den Privathaushalten, im Verkehr und im gewerblichen Sektor, ist die ökologische Steu-erreform das Mittel der Wahl, um finanzielle Anreize zu umweltgerechtem und klimafreundlichem Verhalten zu ge-ben. Einfluss genommen wird mit diesem Instrument auf die Preishöhe. Die Auswirkungen auf die Menge (an verbrauch-ten Ressourcen oder freigesetzten Emissionen) ergeben sich aus dem so induzierten Verhalten, also etwa dem Verzicht auf die besteuerte Ressource, deren Einsparung, effizientere Nutzung oder Substitution durch andere (weniger oder nicht besteuerte) Ressourcen.

Genau andersherum, im Idealfall aber mit dem gleichen Resultat, verhält es sich bei Mengenlösungen wie Ressourcenquoten oder dem Emissionshandel. Anders als bei der Umweltsteuer, bei welcher der Preis beeinflusst wird und die Menge sich ergibt, wird hier die Menge (etwa der Emissionsausstoß) festgelegt, und der Preis ergibt sich. Was die ökologische Treffsicherheit anlangt, also die sichere Erreichung des festgelegten Mengenziels (Emissionsziels), so bietet der Emissionshandel gegenüber der Ökosteuer einen theoretischen Vorzug, weil bei der Steuer die Preiselastizitäten eine Rolle spielen, also die Mengenreaktionen auf die Preiserhöhung, die nicht exakt vorherbestimmbar sind. Im Englischen wird das Emissionshandelskonzept – wie ich meine präziser – unter dem Namen »Cap and trade« diskutiert. »Cap« steht hier für die Deckelung der Menge an Emissionen, die erreicht werden soll, und »trade« für die Flexibilität bei der Zielerreichung. Das einzelne Unternehmen kann sich also die Frage vorlegen, ob es die ihm auferlegte Minderungspflicht selbst (etwa durch energetische Verbesserungen im Produktionsprozess) erfüllen oder gar übererfüllen will oder ob es günstiger ist, sich auf dem Emissionshandelsmarkt Emissionsrechte zuzukaufen, statt im eigenen Unternehmen in Emissionsminderungen zu investieren. Wer mehr tut als vorgeschrieben, kann Zertifikate verkaufen, wer weniger tut, muss zukaufen.

Man kann das »Cap-and-trade«-System auch als eine gelungene Synthese aus dem notwendigen Primat der Politik (über die Ökonomie) und dem leider vorherrschenden Primat der Ökonomie (über die Politik) deuten: Der Primat der Politik wird über die politische (und wissenschaftsbasierte) Zielfestlegung garantiert, der Primat der Ökonomie über die kostengünstigste Zielerreichung.

Eine Scheidelinie zwischen Ökosteuer und Emissionshandel lässt sich vernünftigerweise wie folgt ziehen: Während Ökosteuern in Bereichen mit relativ vielen Akteuren, in denen überwiegend Konsumentscheidungen getroffen werden, das bessere Steuerungsinstrument sind, also insbesondere in Privathaushalten, Verkehr und Gewerbe, überwiegen die Vorzüge des Emissionshandels in Bereichen mit wenigen Akteuren, in denen überwiegend Investitionsentscheidungen getroffen werden, also in Energiewirtschaft und Industrie. Zwar ist auch eine Ausdehnung des Emissionshandels auf sämtliche Bereiche des Lebens theoretisch vorstellbar, jeder erhielte dann ein jährliches Pro-Kopf-Emissionsrecht, über dessen Verwendung er frei verfügen könnte, jedoch ließe sich ein solches Konzept leicht als »Zuteilungs-« oder »Bezugsscheinwirtschaft« denunzieren, was seine politische Durchsetzbarkeit kaum erhöhen dürfte. Das heißt freilich nicht, dass an Pro-Kopf-Ansätzen oder emissionsbezogenen »Alternativwährungen« nicht weiter geforscht werden sollte. Als Mittel der Illustration und des Aufzeigens von dem, was eigentlich notwendig wäre, taugen sie auf alle Fälle.

Zur Verdeutlichung vielleicht ein kleines Rechenmodell: Wenn die Naturgrenzen (hier: die jährliche CO_2-Absorptionskraft von Böden, Meeren und grünen Pflanzen) eingehalten würden und zugleich jede Erdenbürgerin und jeder Erdenbürger das gleiche Recht hätte, die Atmosphäre als CO_2-Deponie zu nutzen, dürfte jeder Mensch zwei Tonnen Kohlendioxid pro Jahr ausstoßen, erhielte also ein entsprechendes CO_2-Emissionsrecht bzw. -zertifikat. Nehmen wir nun an, dieses Recht sei handelbar: Wer weniger als zwei Tonnen im Jahr verbraucht, kann Zertifikate verkaufen, wer mehr verbraucht, muss Zertifikate zukaufen. Wer, wie ein durchschnittlicher Nordamerikaner (20 t/Kopf/Jahr) oder Deutscher (10 t) wesentlich mehr Emissionen verursacht als ihm zustehen, käme mit seinem Emissionsrecht nicht weit und müsste entsprechend in erheblichem Umfang zukaufen, und zwar von denjenigen, die deutlich weniger als zwei Tonnen im Jahr verursachen, etwa die allermeisten Bewohnerinnen und Bewohner Afrikas, Lateinamerikas oder Indiens. Im Ergebnis käme es also zu einem deutlichen Finanztransfer von Reich zu Arm bzw. von Nord nach Süd. Das ist genau das, worum es im Sinne der Klimagerechtigkeit geht.

Nimmt man die einzelstaatliche Perspektive ein, so ist der Staat ein eindeutiger Profiteur des Emissionshandels, jedenfalls dann, wenn die Emissionszertifikate nicht zugeteilt, sondern versteigert werden. Er erzielt je nach klimapolitischem Ziel erhebliche Einnahmen, die er – wie bei den Ökosteuereinnahmen – auf verschiedenerlei Weise verwenden kann: zur Finanzierung von allgemeinen Aufgaben, für den Klimaschutz oder für die Haushaltsrestrukturierung. Naheliegend ist allerdings bei diesen neuen Einnahmen, dass sie vollständig für Klimaschutzziele im In- und Ausland verwendet werden, zumal der Finanzierungsbedarf für Themen wie Gebäudemodernisierung, nachhaltige Infrastrukturen, Forschung und Entwicklung für den Klimaschutz oder Klimaschutz-Kooperation mit Entwicklungsländern (z.B. Waldschutz, Aufforstung, Elektrifizierung mit erneuerbaren Energiequellen oder Kraftwerksmodernisierung) erheblich ist.

Trotz der sehr hohen Plausibilität des Emissionshandels und seiner offenkundigen Vorzüge gibt es in Teilen der Ökologiebewegung starke Vorbehalte gegen das Instrument, die sich sowohl gegen das theoretische Konstrukt als auch gegen die Praxiserfahrungen richten. Was die Theorie anlangt – so wird häufig argumentiert –, legitimiere man die Emissionen faktisch, indem man ihnen einen Preis gebe, obwohl es doch darum gehe, sie zu verhindern. Im Übrigen, heißt es weiter, bette sich der Emissionshandel ein in eine Tendenz zur Kommerzialisierung und Inwertsetzung der Natur und ihrer Gratisleistungen und komme so einer Privatisierung der globalen Gemeinschaftsgüter, der globalen Allmende, gleich.[79]

Obwohl ich diese theoretische Argumentationsfigur nachvollziehen kann, so halte ich sie dennoch nicht für stichhaltig. Allgemein gesprochen: Sobald Menschen Land- und Forstwirtschaft betreiben, Stoffströme in Bewegung setzen und fossile Energieträger wie Kohle, Öl und Gas oder nachwachsende Energieträger wie Holz verbrennen, nutzen sie die Erdatmosphäre als Deponieraum für Kohlendioxid, Methan, Lachgas und andere Spurengase. Das ist – wenn man so will – unser »Vergehen« gegenüber dem Gemeinschaftsgut Klimastabilität, nicht die Art und Weise, wie wir versuchen, die »Deponie(über)nutzung« zu begrenzen: durch Grenzwerte, Steuern, Mengenlösungen, freiwillige Vereinbarungen oder gemeinsame Bewirtschaftungsregeln. Darüber kann politisch verhandelt werden.

Im Idealfall kann es gelingen, dass sich die Menschheit[80] oder die Staatenwelt politisch darauf einigt, den Ausstoß klimaverändernder Spurengase auf ein Niveau zu reduzieren, welches einen gefährlichen menschgemachten Klimawandel verhindert. Um dieses politische Ziel zu erreichen, steht uns prinzipiell eine Fülle von Instrumenten zur Verfügung. Im Grunde bewegen sich diese auf einem Kontinuum zwischen den beiden Polen ordnungsrechtlicher Detailregulierung *(command & control)* und freiwilliger Selbstverpflichtung.

Im ersten Fall sind die Freiheitsgrade für den Einzelnen sehr niedrig, aber die ökologische Effektivität ist sehr hoch, die

Zielerreichung also mehr oder weniger garantiert; im zweiten sind die Freiheitsgrade für den Einzelnen sehr hoch, aber die ökologische Effektivität ist sehr niedrig. Der Emissionshandel, also die Verteuerung »falschen« Verhaltens durch Emissionsdeckelung und freie Preisbildung, beschreitet in Hinblick auf die Freiheitsgrade des Einzelnen einen Mittelweg: Er ist nicht frei darin, *dass* er seine Pflichten erfüllen muss, sehr wohl aber darin, *wie* er sie erfüllt. Und in Hinblick auf die ökologische Effektivität ist das »Cap and trade« genauso treffsicher wie das Ordnungsrecht. Ergo: Mehr Freiheit der Entscheidung als beim Ordnungsrecht bei gleicher ökologischer Treffsicherheit und zusätzlichen Einnahmen für die öffentlichen Haushalte, die für den Klimaschutz eingesetzt werden können. Für mich ist das schlüssiger als der abstrakte Hinweis, die Bepreisung von menschlich verursachten Klimagasen komme einer Ökonomisierung des Gemeinschaftsgutes Klimastabilität gleich.

Gewichtiger als der Vorwurf der Ökonomisierung des Klimaschutzes sind die praktischen Einwände gegen den Emissionshandel, wie er in Europa heute ausgestaltet ist.

Seine mangelnde Wirksamkeit hat im Wesentlichen zwei Ursachen. Zum einen: Statt die Emissionszertifikate für Energiewirtschaft und Industrie komplett zu versteigern, wird ein Teil von ihnen nach wie vor gratis zugeteilt, vom Staat an die Industrie also quasi verschenkt, wobei als Begründung die internationale Wettbewerbsfähigkeit der Unternehmen herangezogen wird, die nur durch eine faktische Freistellung von den Wirkmechanismen des Emissionshandels zu erreichen sei. Noch wichtiger jedoch: Weil die Klimaschutzziele Europas sehr schwach sind, herrscht keine Knappheit an Emissionsrechten, und es bilden sich entsprechend am Markt auch keine hohen Preise, die starke Anreize zur Emissionsminderung geben. Faktisch wird das Instrument Emissionshandel also für Schwächen verantwortlich gemacht, die gar nicht in ihm selbst begründet liegen, sondern das Ergebnis von Lobbyeinflüssen (weitgehende Freistellung der Industrie) und mangelnder klimapolitischer Ambition (schwache Ziele seitens der EU-Mitgliedsstaaten) sind.

So wie die Ökosteuer braucht auch der Emissionshandel einen Neustart, eine 2.0-Variante, die die erkannten Schwächen behebt. Vor allem müssen in Zukunft sämtliche Emissionszertifikate versteigert werden, um Lenkungseffekte zu erzeugen und Aufkommen zu generieren. Natürlich wäre es am besten, wenn sowohl die Ökosteuer als auch der Emissionshandel international harmonisiert eingeführt würden, mindestens in allen Industrie- und großen Schwellenländern. Da eine solche Übereinkunft zwischen allen relevanten Staaten im Moment aber weder beim einen noch beim anderen Instrument wahrscheinlich ist, geht es nunmehr darum, »Koalitionen der Willigen« zu schmieden und »Klimaschutz-Clubs« zu etablieren, die gleichgerichtet handeln und sich wechselseitig fördern und unterstützen.[81] So wichtig die Vertragsstaatenkonferenzen der Klimakonvention sein mögen, und so wichtig es zweifellos ist, das Völkerrecht in Sachen Nachhaltigkeit voranzubringen, so klar ist doch auch, dass hier immer der langsamste Vertragsstaat das Gesamttempo des Prozesses bestimmt.

Wir brauchen neben der Langsam-Fahrspur des Klimaschutzes, dem Völkerrecht, das im Ergebnis einem Tempolimit gleichkommt, eine Schnell-Fahrspur, auf der sich willige Staaten, Industrien oder ganze Gesellschaften mit höherer Geschwindigkeit bewegen können, wo sie weitergehende Gesetze, bessere Technologien und sozial-ökologische Innovationen zügiger in die Tat umsetzen können. Hier werden sich all jene bewegen, die Klimaschutz nicht als Bürde oder Last begreifen, welche es möglichst abzuwenden gilt, sondern als Chance und attraktive Handlungsoption, die nicht zu nutzen fahrlässig wäre. Auf dieser Fahrspur – entschuldigen Sie diese ökologisch fragwürdige Analogie – sollte kein Tempolimit gelten.

Brauchen Effizienzstrategien nur die richtigen Preissignale und kein Ordnungsrecht?

Manchmal wird gegen die starke Betonung von ökonomischen Instrumenten zur Erreichung von Ressourceneffizienzzielen das Argument ins Feld geführt, das Vertrauen in den Marktmechanismus sei zu gutgläubig, vielmehr bedürfe es klarer ordnungsrechtlicher Vorgaben, um den Primat der (Nachhaltigkeits-)Politik sicherzustellen, mindestens als Flankierung. Dieses Argument soll hier nicht vom Tisch gewischt werden, CO_2-Grenzwerte für Autos, Wärmedämmstandards für Häuser oder Effizienzvorschriften für Elektrogeräte haben ja durchaus ihren Sinn. Und die Denunziation solcher Vorschriften als unzumutbare Eingriffe in individuelle Freiheitsrechte ist maßlos übertrieben.

Aber umgekehrt soll hier doch die Frage gestellt werden, ob es wirklich möglich und sinnvoll ist, ständig Heerscharen von Technikexperten mit der Frage zu beschäftigen, welchen Effizienzstandard man für welches Gerät und welche Maschine für welchen Zeitraum festlegen muss. Sicher, man kann innovative Instrumente einsetzen wie den »Top-Runner«-Ansatz, bei dem sich die Standards dynamisch an dem besten verfügbaren Marktprodukt orientieren und alle Anbieter innerhalb eines bestimmten Zeitraums nachziehen müssen oder aus dem Markt fliegen.[82] Aber dennoch ist die Behauptung nicht gewagt, dass in der Breite wirkende Preissignale eine größere Effizienzdynamik auslösen als staatliche Vorschriften, die permanent auf den neuesten Stand gebracht werden müssen.

Ein paar kleine Beispiele mögen das verdeutlichen:

Ein anspruchsvoller Emissionshandel inklusive der vollen Versteigerung aller Emissionszertifikate wird in der Zementindustrie auf Dauer wahrscheinlich einen stärkeren CO_2-Minderungseffekt zur Folge haben als eine »Drehrohrofeneffizienzverordnung« nebst »Verordnung zur Vermeidung von Abwärme in Zementwerken«.

Eine angemessen hohe Ökosteuer auf Heizöl wird die durchschnittliche Energieeffizienz von Heizungsanlagen in Privathäusern wahrscheinlich schneller verbessern als die x-te Novelle der Kleinfeuerungsanlagenverordnung. Wenn Umstellungsbeihilfen für Heizungen und Sanierungsmittel für die Wärmeisolierung hinzukommen, lässt sich mit einem deutlichen Anstieg der jährlichen Gebäudemodernisierungsrate rechnen, der in Deutschland zur Erreichung der nationalen Klimaschutzziele dringend gebraucht wird.

Ein Pfandsystem für Handys oder Elektrogräte bei gleichzeitiger Rücknahmepflicht der Geräte für die Hersteller bewirkt im Ergebnis wahrscheinlich mehr für das Recycling als eine Vorschrift, die die Verkaufsstellen solcher Produkte (ab einer bestimmten Verkaufsfläche, Umsatzstärke, Mitarbeiterzahl) zum Aufbau einer präzise definierten Rücknahmeinfrastruktur verpflichtet. Bei angemessen hohem Pfand und Rücknahmepflicht wird sich das schon selbst regeln.

Eine verschärfte Versicherungspflicht für technische Großrisiken von Industrieanlagen bewirkt im Ergebnis wahrscheinlich mehr für die Risikovermeidung und -vorsorge von Unternehmen als eine Detailregulierung von technischen

Prozessen durch Verordnungen und eine Verdichtung behördlicher Kontrollen.[83]

Eine erweiterte Produkthaftung bewirkt (in Kombination mit verlängerten Garantiezeiten und verschärften Informationspflichten) für die Produktqualität und -langlebigkeit wahrscheinlich mehr als detaillierte Vorschriften über technische Details, denen die entsprechenden Produkte zu genügen haben.

Die Crux an ökonomischen Instrumenten wie Ökosteuern, Emissionshandel, Pfandregelungen, verschärfter Risiko- oder Produkthaftung ist es gerade, dass das Eigeninteresse von Produzenten und Konsumenten adressiert wird und man die Verantwortung nicht komplett beim regulierenden Staat ablädt, der ja im Regelfall wesentlich weniger Informationen hat, als er zur adäquaten Detailregulierung aller möglichen Sachverhalte bräuchte.

Aus einer Nachhaltigkeitsperspektive kommen meines Erachtens zwei gewichtige Argumente für die tendenzielle Überlegenheit von ökonomischen Instrumenten gegenüber ordnungsrechtlicher Detailsteuerung hinzu, ein Innovationsargument und ein Strukturargument:

1. Das Wecken von Kreativität und Innovationskraft wird eher durch Anreize als durch Verbote gefördert, eher durch positive »Richtungssicherheit« im Großen als durch detaillierte Vorgaben im Kleinen. Klar sein muss nur der Rahmen, innerhalb dessen sich nachhaltige Innovationen entfalten können: Umweltschädliches wird nicht länger subventioniert, Preise müssen die ökologische Wahrheit sagen, Risiken der Produktionsprozesse sind angemessen zu versichern, Unternehmen haften für ihre Produkte. Wenn dieser ordnungspolitische »Nachhaltigkeitsrahmen«

stimmt, geht freies unternehmerisches Handeln auch ohne staatliche Kontrollen tendenziell eher in die richtige als in die falsche Richtung.

2. Gerade weil für Nachhaltigkeitspolitik das Konzept des »Small is beautiful« (Ernst F. Schumacher) ein wichtiges ist, kann es ihren Protagonisten nicht egal sein, welche Struktureffekte die verschiedenen Politikinstrumente haben. Große, oft global tätige Unternehmen mit professionellen Rechtsabteilungen haben im Regelfall trotz lauten Wehklagens keine Probleme mit komplexen Regulierungen durch Gesetze, Verordnungen und technische Bestimmungen. Kleine und mittlere Unternehmen hingegen, die zwar ihr Metier beherrschen, aber mit der Bürokratie große Probleme haben, leiden an dem Aufwand, den sie zur Erfüllung von Bestimmungen aller Art zu betreiben haben. Gerade für diese Unternehmen sind wenige einfache, aber wirksame Regelungen besser als Unmengen von Vorschriften. Es wäre doch ein Paradox erster Güte, wenn ausgerechnet ökologisch motivierter Übereifer bei der Regulierung zur weiteren Zentralisierung der Produktion führen würde.

Fazit: Natürlich ist klar, dass der Staat dort, wo unmittelbare Gefahr für Mensch und Umwelt im Verzug ist, auch durch Ge- und Verbote handeln kann und muss. Das ist seine Pflicht. Aber bei vielen Aufgaben der Nachhaltigkeit oder des Klimaschutzes geht es darum, transformative und dynamische Prozesse zu befördern: von der Ressourcenverschwendung zur effizienteren Ressourcennutzung, von der Wegwerfwirtschaft zur Kreislaufwirtschaft, von kohlenstoffreichen zu kohlenstoffarmen Produktionsprozessen. In diesen Transformationsprozessen ist man schlecht beraten, alles auf die Karte »Staatliche Detailregulierung« zu setzen, denn der Staat ist nicht klüger als die offene Gesellschaft mit den unterschiedlichen Talenten ihrer Bürgerinnen und Bürger. Seine Rolle bei der Förderung der Energie- und Ressourceneffizienz ist die des Rahmensetzers, der durch wenige und klare Eingriffe Richtungssicherheit für eine nachhaltige Entwicklung schafft. Dazu gehören eindeutige, gut begründete und verbindliche Ziele, die demokratisch legitimiert sind. Aber dazu gehören eben auch politische Instrumente, die ökologische Treffsicherheit und größtmögliche Freiheit bei der Wahl der Mittel sicherstellen und Kreativität belohnen. Und das sind vor allem die ökonomischen Instrumente, die uns dabei helfen, ökologisch wahre Preise zu bestimmen und so nachhaltige Produktionsweisen und Lebensstile zu befördern. Sie reichen nicht aus, das ist klar, aber sie sind eine notwendige Bedingung nachhaltigen Wirtschaftens. Wenn die Preise nicht die ökologische Wahrheit sagen, rennen wir permanent gegen eine schiefe Ebene an. Das ist auf Dauer aussichtslos.

Neue Werte, neue Wertungen

Das Wohlergehen von Gesellschaften lässt sich nicht allein mit ökonomischen Indikatoren wie dem Bruttoinlandsprodukt (BIP) messen. Wir tun aber so. Steigt das BIP, jubeln Politik, Börsen und Medien; sinkt es, klagen sie und malen nicht selten Katastrophenszenarien an die Wand. Dabei kann heute jeder wissen, dass das BIP manches falsch misst, etwa die Behebung von Schäden aller Art, die eigentlich mit einem negativen Vorzeichen in die Sozialproduktberechnung eingehen müssten, manches schlicht ignoriert, etwa Familienarbeit, die Nachbarschaftshilfe, das gesellschaftliche Engagement oder das kulturelle Schaffen, und manches auch gar nicht messen kann, etwa die Qualität der Sozialbeziehungen einer Gesellschaft oder den Zustand ihres Naturhaushalts. Robert Kennedy hat diese schlichte Tatsache 1968 auf die einprägsame Formel gebracht, dass das BIP alles messe, nur nicht das, wofür es sich zu leben lohne.[84]

Umfassendere Wohlstandsindikatoren, die auch Qualitäten wie Umwelt, Gesundheit, Bildung, soziale Teilhabe oder das Sicherheitsempfinden der Menschen messen, zeigen immer wieder, wie locker tatsächlich der Zusammenhang von BIP und Lebenszufriedenheit ist, ob sie nun »Nationaler Wohlfahrtsindex« (NWI)[85] oder »Happy Planet Index« (HPI)[86] heißen. Jenseits eines bestimmten materiellen Niveaus, das alle Menschen brauchen, um ihre Grundbedürfnisse erfüllen zu können, existiert die eindeutige Korrelation zwischen »mehr« und »besser« offenkundig keineswegs. In den westlichen Industriestaaten entkoppeln sich beide Größen seit den siebziger Jahren: Die Wirtschaft wächst, das Wohlbefinden stagniert.

Nicht wenige vertreten gar die These, dass der hohe materielle Wohlstand zunehmend zur Bürde wird, weil der Aufwand, das Erreichte zusammenzuhalten und Neues hinzuzugewinnen, immer größer wird und Stress produziert, der die Lebensfreude erstickt und zu Symptomen wie dem sogenannten »Burnout-Syndrom« führt. Dass Bücher mit programmatischen Titeln wie *Befreiung vom Überfluss* (Niko Paech)[87] hierzulande auf Resonanz treffen, ist gewiss kein Zufall. Und auch dass die These von Hartmut Rosa, wir hechelten dem Wachstumsziel nicht aus Freude am Mehr nach, sondern weil uns die Angst vor dem Absturz antreibe, viel Zuspruch findet, kann nicht wirklich erstaunen.[88] Vielleicht ist es der *Ekel vor dem Zuviel* (Ludger Lütkehaus)[89], der immer mehr Menschen in der industrialisierten Welt am Sinne permanenten Wachstums so stark zweifeln lässt.

Die Begründung, gerade einkommensschwache Bevölkerungsgruppen bräuchten hohes ökonomisches Wachstum, um ihre absolute und relative Position zu verbessern, will auch nicht mehr recht überzeugen. Die von Thomas Piketty aufgezeigte Zunahme der Auseinanderentwicklung von Reich und Arm legt eher die Deutung nahe, dass gesamtwirtschaftliches Wachstum für weite Bevölkerungskreise seit geraumer Zeit nicht nur keine Verbesserung der Lebenslage mehr bedeutet, sondern sogar eine Verschlechterung, mindestens eine relative.[90] Wer für Gerechtigkeit und sozialen Ausgleich streitet, der sollte sich von der offenkundig falschen Theorie verabschieden, wenn nur die einkommensstarken und kapitalkräftigen Reichen immer reicher würden, dann falle früher oder später auch etwas für die Einkommens- und Kapitalschwachen ab, so dass sich deren Position letztlich ebenfalls verbessere. Glaubt denn im Ernst jemand, Verteilungsfragen ließen sich auf Dauer durch unrealistische Wachstumshoffnungen von der politischen Tagesordnung fernhalten?

Die gern bemühte Floskel, verteilt werden könne nur das, was zuvor erwirtschaftet worden sei, trifft ja zu. Wer wollte das bestreiten? Keineswegs jedoch trifft zu, dass es Umverteilung zum Wohle der sozialen Gerechtigkeit und des sozialen Zusammenhaltes nur dann geben kann, wenn die Wirtschaft permanent wächst. Heute finden sich so viele Einkommen aus leistungslos erworbenen Vermögen und Erbschaften, dass man kein Linksradikaler sein muss, um zu der Einschätzung zu gelangen, Umverteilung sei auch aus dem »Bestand« möglich und geboten.

Für eine neue Wohlstandskommunikation

Bundeskanzlerin Merkel hat ihre Sicht zur Wachstumsfrage in für sie bemerkenswerter Klarheit vor wenigen Jahren zum Ausdruck gebracht. Obwohl als Physikerin normalerweise eher einer nüchternen Darstellung von Sachverhalten verpflichtet, stellt sie in ihrer Regierungserklärung von 2009 in geradezu pathetischen Worten fest, dass »ohne Wachstum alles nichts« sei: »Ohne Wachstum keine Investitionen, ohne Wachstum keine Arbeitsplätze, ohne Wachstum keine Gelder für die Bildung, ohne Wachstum keine Hilfe für die Schwachen. Und umgekehrt: Mit Wachstum Investitionen, Arbeitsplätze, Gelder für die Bildung, Hilfe für die Schwachen und – am wichtigsten – Vertrauen bei den Menschen. Das ist meine Überzeugung.«[91]

An diesen Worten wird deutlich, wie schwer die politische Klasse sich damit tut, die von ihr selbst und den Medien kultivierte Ineinssetzung von Wohlstand und Wachstum zu hinterfragen. Selbst wenn in nichtöffentlichen Gesprächen durchaus konzediert wird, alles auf die Karte Wachstum zu setzen sei hochriskant, so wird doch öffentlich kaum ein Zweifel zugelassen. Robert Kennedy war da wohl eher eine Ausnahme, zumindest rhetorisch.

Und es ist unter gegebenen Bedingungen ja auch nicht gänzlich von der Hand zu weisen, dass sich politische Konflikte besser vermeiden lassen, wenn neue öffentliche Aufgaben und Umverteilung aus dem Zuwachs des Sozialproduktes finanziert werden können und zu diesem Zweck nicht auf den gegebenen Vermögensbestand oder große Erbschaften zugegriffen werden muss. Selbst aus einer nachhaltigkeitorientierten Reformperspektive ließe sich sagen, dass ein gewisses Maß an ökonomischer und gesellschaftlicher Stabilität notwendig ist, um Veränderungsbereitschaft zu erzeugen, weil Menschen, die aus tatsächlicher oder befürchteter Not heraus nur im »Hier und Jetzt« leben, wohl kaum zu Agenten eines Wandels werden, der auch das Morgen im Auge hat und auf Nachhaltigkeit setzt.

Am ehesten lässt sich das Spannungsfeld vielleicht so beschreiben: Gesellschaften, die saturiert und selbstgefällig nach dem Motto »Keine Experimente«[92] agieren, sind wahrscheinlich ebenso wenig gewillt oder in der Lage, sich in Richtung Nachhaltigkeit zu entwickeln, wie Gesellschaften in Not es sind, deren Mitglieder stets daran denken müssen, den nächsten Tag zu überstehen. Wer für Nachhaltigkeit werben will, sollte dieses Spannungsfeld vor Augen haben: Weder ist eine Kommunikation sinnvoll, die Nachhaltigkeitsziele so darstellt, als seien sie nichts anderes als ein grünes Addendum zum vorherrschenden expansiven Wohlstandsmodell, noch kommt man mit Botschaften sonderlich weit, die nahelegen, die Menschen müssten alles, was sie erreicht haben und was sich für viele ja auch bewährt hat, hinter sich lassen. Kurzum: Euphorische grüne Wachstumsrhetorik, die niemandem etwas abverlangt, ist ebenso wenig glaubwürdig und erfolgversprechend wie reine Verzichtsrhetorik, die nichts anderes als fundamentalen Wandel gelten lässt. Weder »Paradies« noch »Büßerhemd« sind die richtigen Metaphern für das, was jetzt ansteht, nämlich eine Mischung aus Ambition, Anstrengung und anders verstandenem Wohlstand.

Wohlstand sollte in Zukunft anders definiert werden, nicht nur als Güterwohlstand, sondern auch als Zeitwohlstand, Reichtum an menschlichen Beziehungen und Intensität von Naturerfahrungen.[93] Er soll anders gemessen werden, was die Einbeziehung sozialer und ökologischer Aspekte in die Indikatoren erfordert. Und vor allem muss sich die Art und Weise ändern, wie öffentlich über Wohlstand gesprochen und kommuniziert wird. Da hat Politik durchaus Möglichkeiten. Einige Beispiele:

- Regierungen und Statistische Ämter sollten den Parlamenten in regelmäßigen Abständen alternative Wohlstandsberichte (etwa nach dem NWI oder dem HPI) vorlegen und ausführen, wie die Entwicklung der Indikatoren sich über die Zeitachse darstellt. Darüber können dann auch breite öffentliche Debatten geführt werden, wobei den Schulen, Universitäten und Medien eine wichtige Rolle zukommt.

- Die Werbeflut müsste in den öffentlich-rechtlichen Medien stark eingeschränkt und in privaten Medien und dem Internet mit angemessen hohen Steuern belegt werden. Werbung im Umfeld von Kindersendungen, die einzig dem Ziel dient, Kinder möglichst früh auf das Konsumideal zu trimmen, sollte gänzlich verboten werden. All das wäre kein Eingriff in die Freiheit der Information, sondern eine Befreiung von permanenter Belästigung durch Konsumprediger.

- Die exzessive Aktienberichterstattung in den öffentlich-rechtlichen Medien, die sich ja aus Rundfunkgebühren finanzieren, die alle zwangsweise zu bezahlen haben, sollte drastisch eingeschränkt und auf das gleiche Maß reduziert werden wie das Vermelden der Lottozahlen. Es will nicht einleuchten, dass hundert Prozent der Zuschauer im öffentlich-rechtlichen Fernsehen allabendlich ausführlich über das Auf und Ab der Aktienkurse unterrichtet werden müssen, obwohl nur sechs Prozent der Bevölkerung Aktien besitzen. Mit dem gleichen Recht könnte man jeden Abend zur

besten Sendezeit über das Wohl und Wehe von Hauskatzen
berichten, denn Katzenhalter gibt es in Deutschland etwa so
viele wie Aktienbesitzer. Statt über renditegetriebene Spe-
kulation sollte besser werktäglich vor oder in den Nach-
richten über Beispiele gelungenen Wirtschaftens berichtet
werden, ob es nun Weltkonzerne, Mittelständler oder lokale Kooperativen sind.

Die Entwicklung aussagekräftiger Wohlstandsindikatoren,
die weitgehende Befreiung vom Werbemüll und eine veränderte Berichterstattung über gelingendes Wirtschaften in seiner ganzen Breite wären wichtige Schritte, um unser Verständnis ökonomischer Beziehungen in der Gesellschaft zu
verbessern. »Die Wirtschaft«, das sind eben nicht 30 DAX-
Konzerne und ihre Gewinnaussichten, sondern Millionen von
Menschen, die tätig sind und etwas unternehmen, die produzieren, konsumieren und prosumieren.

Für ein nachhaltiges Verfassungsverständnis

In Artikel 14 Absatz 2 des Grundgesetzes heißt es: »Eigentum
verpflichtet. Sein Gebrauch soll zugleich dem Wohle der Allgemeinheit dienen.« In unserer Verfassung wird einerseits das
Recht auf Eigentum und die Verfügungsfreiheit über dasselbe
garantiert, andererseits wird dieses Recht aber auch einer Ein-
schränkung unterworfen: Die Wahrnehmung des Eigentums-
rechts soll dem Gemeinwohl dienen oder diesem mindestens
nicht zuwiderlaufen. Die Idee der Sozialpflichtigkeit des Eigentums hat im philosophischen und rechtlichen Denken eine
lange Tradition, die bis auf den römischen Philosophen Cicero
(106–43 v. Chr.) zurückgeht, der empfiehlt, beim Eigentum
»den gemeinsamen Nutzen in den Mittelpunkt (zu) stellen

und durch gegenseitige Leistungen [...] das Band der Zusammengehörigkeit der Menschen untereinander (zu) knüpfen«.[94]

In der Nachhaltigkeitsdebatte wird seit geraumer Zeit versucht, den Gedanken der Sozialpflichtigkeit des Eigentums auch auf den Aspekt der Umweltpflichtigkeit auszudehnen.[95] Politisch ist es bislang nicht gelungen, das Ziel der nachhaltigen Entwicklung und des Schutzes der natürlichen Lebensgrundlagen als einklagbares Grundrecht in unserer Verfassung zu verankern. Zwar ist der Umweltschutz in Deutschland seit Oktober 1994 als Staatsziel in Artikel 20a des Grundgesetzes festgeschrieben, allerdings sind Staatsziele rechtlich von wesentlich geringerem Gewicht als Grundrechte. So steht der Umweltschutz als Staatsziel nun zwar gleichgewichtig neben anderen Zielen wie der Wahrung des gesamtwirtschaftlichen Gleichgewichtes (eingeführt 1967) oder der Vollendung der europäischen Einigung (eingeführt 1992), was mehr als nichts ist, aber zugleich ist er weit davon entfernt, Grundrechten wie der Eigentumsfreiheit, der Berufsfreiheit oder der Forschungsfreiheit auf Augenhöhe begegnen zu können. Angesichts der existentiellen Dimension des Schutzes unserer natürlichen Lebensgrundlagen ist die Zweitrangigkeit ökologischer Ziele nicht mehr angemessen. Das Thema Nachhaltigkeit als Grundrecht für alle gehört auf die politische Tagesordnung.

Wäre Nachhaltigkeit ein Grundrecht, die Umweltpflichtigkeit des Eigentums also gegeben, idealerweise in möglichst vielen Staaten der Welt, würde dies auch die Rahmenbedingungen von Unternehmen erheblich verändern. Ihnen würde es von ebendiesen Rahmenbedingungen her nicht nur nahegelegt, sondern auch erleichtert, sich Nachhaltigkeitsziele zu setzen und diese zu erreichen. In einer solchen Umgebung nämlich würde nicht mehr nur der »Shareholdervalue« der

Unternehmen zählen, also ihre Kapitalkraft und Gewinner-
zielungsfähigkeit, sondern auch und zunehmend der »Stake-
holdervalue«, also die Fähigkeit, den Bedürfnissen von
Anteilseignern, Kunden, Partnern, Nachbarn und der natürlichen Umwelt gleichermaßen zu entsprechen. Das käme der
Idee der Gemeinwohlökonomie, wie Christian Felber sie nun
seit einigen Jahren zeitgemäß interpretiert, schon ziemlich
nahe.[96]

Wäre die Nachhaltigkeit als Grundrecht in der Verfassung
verankert, wäre es für den Gesetzgeber wesentlich leichter, die
Gesetzgebung insgesamt entlang der Harmonisierung ökologischer, sozialer und ökonomischer Ziele auszurichten. Nehmen wir als Beispiel das Stabilitäts- und Wachstumsgesetz
von 1967, das noch immer in Kraft ist, obwohl sich seither vieles geändert hat: Der undifferenzierte Wachstumsglaube des
Gesetzes ist ebenso unzeitgemäß wie sein Steuerungsoptimismus und die vollständige Außerachtlassung von Umwelt-
schutz- und Nachhaltigkeitserwägungen. Wäre ein solches
Gesetz nicht einfach abzuschaffen? Oder könnte es im Sinne
der Nachhaltigkeit verändert werden?

Für ein zeitgemäßes Stabilitäts- und Nachhaltigkeitsgesetz

Das Stabilitäts- und Wachstumsgesetz wurde 1967 parallel
zur Verankerung des Staatsziels »Wahrung des gesamtwirtschaftlichen Gleichgewichts« eingeführt, um hohe Beschäftigung, Preisstabilität, außenwirtschaftliches Gleichgewicht
und angemessenes Wirtschaftswachstum möglichst gleichzeitig zu erreichen (»Magisches Viereck«). Es war ein Kind der
ersten großen Wachstumskrise in der alten Bundesrepublik,
die es politisch geraten erscheinen ließ, sich fortan in einer
großen Koalition gemeinsam und systematisch gegen den

kontinuierlichen Rückgang der Wachstumsraten zu stemmen, der sich nach den beiden »goldenen Dekaden« der Nachkriegszeit zunehmend offenbarte. Noch mehr freilich war das Gesetz ein Kind des westdeutschen Korporatismus, also der Vorstellung, Staat, Industrie, Gewerkschaften und Bundesbank hätten sich gemeinsam um eine gute Wirtschaftsentwicklung zu kümmern. So entstand die Idee der konzertierten Aktion, bei der je nach Konjunkturlage gleichgerichtet und antizyklisch agiert werden sollte.

Ganz im Sinne von John Maynard Keynes sollte die Konjunktur in Boomzeiten gedämpft (durch Stilllegung eines Teils der Steuereinnahmen und durch Steuererhöhungen) und in Krisenzeiten stimuliert werden (durch die Auflösung der »Konjunkturrücklage« und ggfs. Steuersenkungen). Ein »Konjunkturrat« aus Bund, Ländern und Gemeinden sollte sicherstellen, dass alle politischen Ebenen entsprechend koordiniert vorgehen. Freilich hat die Politik das Gesetz nie wirklich als Ganzheit verstanden. Sie war zwar stets gewillt, während der Krise mehr Geld auszugeben, aber nicht bereit, in Zeiten guter Konjunktur zu dämpfen und zu sparen.

Obwohl das Gesetz noch in Kraft ist und sein korporatistisches Grundmuster unter Bundeskanzler Gerhard Schröder (»Deutschland AG«) ab 1998 durchaus einen zweiten Frühling erlebte, wird der Ansatz der »Globalsteuerung« mittlerweile von vielen kritisch beurteilt. Das lässt sich aus zwei Gründen gut nachvollziehen: Die Verhältnisse sind heute anders, Kapitalinteressen sind längst nicht mehr entlang nationaler oder gar »patriotischer« Interessen organisiert und lassen sich nur noch schwer in Konsense einbinden. Zum anderen: Der Korporatismus deutscher Schule, also die Absprachen zwischen Politik, Wirtschaft und Gewerkschaften, ist in der Vergangenheit oft ein Geschäft zu Lasten Dritter gewesen: zu

Lasten derjenigen, die nicht beteiligt waren, etwa der kleinen und mittleren Unternehmen oder der Arbeitslosen, oder zu Lasten der natürlichen Lebensgrundlagen. Unvergessen ist unter älteren Umweltschützern noch heute das sogenannte Gymnicher Gespräch von 1975, als der in Sachen Nachhaltigkeit alles andere als staatsmännisch handelnde Bundeskanzler Helmut Schmidt in enger Abstimmung mit großen Teilen der Industrie und der Gewerkschaften eine Pause in der Umweltpolitik einläutete, da diese angeblich die Investitionstätigkeit der Wirtschaft beeinträchtige.[97]

Wenn es aber nun gelänge, Nachhaltigkeit in den Rang eines verfassungsrechtlich garantierten Grundrechts zu erheben und entsprechend das Stabilitäts- und Wachstumsgesetz in ein Stabilitäts- und Nachhaltigkeitsgesetz zu überführen, wäre es hingegen mehr als sinnvoll, koordinierende und konzertierende Strukturen zu erhalten bzw. zu (re-)etablieren. Aus dem Konjunkturrat etwa könnte dann ein wirklicher Nachhaltigkeitsrat werden, der diesen Namen verdient und nicht nur wie heute mit Honoratioren besetzt ist, die fernab von politischen Entscheidungsprozessen agieren. Ein solches Gremium wäre pluralistisch zu besetzen, am besten gleich auf europäischer Ebene, und hätte nicht nur Vertreter aus Politik, Industrie und Gewerkschaften einzuschließen, sondern auch aus der Zivilgesellschaft, etwa Umwelt- und Verbraucherschutzverbände oder Gruppen, die sich für die Gemeinwohlökonomie und verbesserte Transparenz im Wirtschaftsleben einsetzen. Die Möglichkeit einer Wiederberufung in den Nachhaltigkeitsrat durch die Regierung sollte nicht bestehen, um die Gefahr der »Gefälligkeit« zu begrenzen. Dafür sollte die Amtszeit aber hinreichend lang sein.

Ein solches Gremium hätte den Auftrag, der Politik dabei zu helfen, die Ziele Nachhaltigkeit, Preisstabilität, Teilhabe am

Erwerbsleben für alle, die es wollen, und Sicherstellung eines außenwirtschaftlichen Gleichgewichts in reale Politik umzusetzen. Es hätte etwa nicht nur darüber nachzudenken, wie und bis wann die »schwarze Null« in den öffentlichen Haushalten erreicht werden kann, sondern auch in den CO_2-Bilanzen. Es träte natürlich nicht an die Stelle von gewählten und politisch legitimierten Institutionen, wäre aber auch mehr als das heute vor sich hin wuchernde Kommissionswesen, mit dem sich die Regierungen gern umgeben, wenn sie lästige Parlamentsdebatten abwehren wollen und nach Legitimation für ihr Handeln suchen.

Kurzum: Neue Werte und neue Wertungen in der Kommunikation über das Wirtschaften, die Verankerung der Umweltpflichtigkeit des Eigentums in den Grundrechten der Verfassung und die darauf aufbauende Schaffung eines adäquaten rechtlichen Nachhaltigkeitsrahmens sind neben zukunftsfähiger Haushaltsführung der öffentlichen Hand und ökologisch wahren Preisen weitere wichtige Bausteine einer nachhaltigen Wirtschaftspolitik.

Gute Unternehmen in der ökologisch-sozialen Marktwirtschaft

Was ist die Rolle der Unternehmen in einer nachhaltigen Wirtschaft und Gesellschaft? Und was kann und sollte Politik tun, um die Unternehmen stärker zu Akteuren der Nachhaltigkeitswende zu machen, als dies heute der Fall ist? Zunächst einmal: Diese Fragen sind gänzlich andere, als sie traditionellerweise von der politischen Linken und im liberal-konservativen Lager gestellt werden, wo jeweils weniger über die ökologischen Qualitäten der Produktionsprozesse und Produkte nachgedacht wurde und wird als vielmehr darüber, in welchem Umfang sich der Staat mit Regelsetzung und Besteuerung in den Wirtschaftsprozess einmischen soll.

Eine markante Sichtweise auf diese Frage hat Jochen Steffen (1922–1987) beigesteuert, langjähriger Vorsitzender der schleswig-holsteinischen SPD, am linken Rand seiner Partei zu Hause und ein Freund klarer Worte. Als es in der SPD Anfang der siebziger Jahre um Fragen der staatlichen Investitionslenkung und der Unternehmensbesteuerung ging, argumentierte Steffen schnörkellos, es gehe darum, »die Grenzen der Belastbarkeit der Wirtschaft zu erproben«.[98] Unternehmen werden hier quasi als Ressourcenquelle gesehen, die es für staatliche Zwecke maximal anzuzapfen gilt, wobei die politische Grenze dieser Strategie darin besteht, sicherzustellen, »dass die zu melkende Kuh auf der Weide bleibt und dass sie gesund bleibt« (Willy Brandt).

Günter Rexrodt (1941–2004), eher glückloser Wirtschaftsminister der FDP unter Helmut Kohl, auch er ein Freund klarer Worte, sah das Verhältnis von Staat und Unternehmen naturgemäß gänzlich anders. Sein Credo: »Wirtschaft findet in der Wirtschaft statt« und soll nicht von der öffentlichen Hand gesteuert werden.[99] Der Staat solle den Unternehmen durch Steuern nicht zu viel Geld wegnehmen, wenn es ihnen gutgeht, aber ihnen auch keine Subventionen geben, wenn es für sie schlecht läuft. Ansonsten solle er sich weitestgehend aus dem Marktgeschehen heraushalten, nur ein paar allgemeine Spielregeln festlegen und dem freien Spiel der Kräfte seinen Lauf lassen.

Beide Zitate zeigen aufgrund ihrer Prägnanz, auch wenn sie schon etwas weiter zurückliegen, sehr gut die Kernkonflikte zwischen eher linken und eher liberalen Positionen in Sachen »Verhältnis von Staat und Unternehmen«. Zwar wird zwischen beiden Denkrichtungen seit jeher durchaus heftig über

Steuerungs- und Besteuerungsfragen gestritten, aber deutlich weniger über die Art der Wertschöpfung und deren Nachhaltigkeit.[100] »Die Wirtschaft«, so der Konsens, muss wachsen, allein die Frage, ob das über verbesserte Angebotsbedingungen (geringere Unternehmenssteuern und mehr Deregulierung) oder über Nachfragestimulierung (Umverteilung von oben nach unten und mehr öffentliche Investitionen) geschehen soll, ist zwischen Linken und Liberalen wirklich strittig.

Eine bloße Kontroverse über Art und Umfang von staatlichen Interventionen in unternehmerisches Handeln, ohne zugleich die Nachhaltigkeitsfrage zu stellen, ist aber bestenfalls eine halbierte Debatte und gewiss nicht auf der Höhe der Zeit. Wer die Rolle von Unternehmen als zentralen Akteuren einer jeden Nachhaltigkeitsstrategie sieht, wie es der Autor tut, muss sich deshalb über die behandelten Fragen des Ordnungsrahmens (ökologisch wahre Preise, neue Wohlstandsmessung, Verankerung der Nachhaltigkeit als Grundrecht in der Verfassung) hinaus auch mit unternehmensspezifischen Aspekten beschäftigen. So rücken drei weitere Fragen ins Blickfeld: Was sind aus Nachhaltigkeitsperspektive adäquate Unternehmensgrößen und Unternehmensverfassungen, wo liegt die unternehmenseigene Verantwortung für Nachhaltigkeit, und welches Berichtswesen wird dafür gebraucht?

Marktwirtschaft statt Machtwirtschaft

Dass es im unregulierten kapitalistischen Wettbewerb unweigerlich zur ökonomischen Machtballung, zu ungesunden Unternehmensgrößen und zu Monopolen kommt, die sich dann allzu gern mit der politischen Macht verbünden und mit dieser »unheilige Allianzen« gegen das Gemeinwohl eingehen, wussten von Karl Marx bis Walter Eucken[101] alle großen Ökonomen, auch wenn sie daraus recht unterschiedliche Schlüsse gezogen haben. Gerhard Schick hat diese Gefahr in seinem lesenswerten Buch *Machtwirtschaft. Nein Danke!* noch einmal in erfreulicher Klarheit herausgearbeitet.[102] Vor allem die Freiburger Schule hat stets allergrößtes Gewicht auf Regeln gegen Wettbewerbsbeschränkungen und auf die Bekämpfung von Kartellbildungen gelegt. Nicht zuletzt die Erfahrungen aus der Nazizeit und dem politischen wie ökonomischen Totalitarismus haben die Freiburger für einen strengen Ordnungsrahmen plädieren lassen, der einen regelbasierten und nicht etwa einen ungezügelten Wettbewerb vorsah.

Mit gewissem Recht kann man sagen, dass die soziale Marktwirtschaft der alten Bundesrepublik sich im Großen und Ganzen an diesem Leitbild orientiert hat, auch wenn es immer wieder zu sogenannten Ministerentscheidungen kam, die es unter dem Dach des Kartellgesetzes erlaubten, große Fusionen von strategischer Bedeutung »politisch« zu genehmigen. Auch die EU-Kommission orientiert sich in ihrer Wettbewerbspolitik im Wesentlichen an ordo-liberalen Prinzipien, auch wenn man sich über ihren Eifer gegen das deutsche Erneuerbare-Energien-Gesetz und dessen Denunziation als wettbewerbsfeindlich manchmal wundern muss.

Im Ergebnis hat genannte Grundorientierung in Deutschland zu einer durchaus vielfältigen Wirtschaftsstruktur geführt, deren Stärke sich eben nicht allein aus der Wettbewerbsfähigkeit großer Konzerne speist, sondern mehr noch aus der Vielfalt und Vitalität der mittelständischen Betriebe in Industrie, Handwerk und Dienstleistungssektor.

Wie ist die Frage der Unternehmensgröße nun aus einer Perspektive der Nachhaltigkeit zu bewerten? Kann E. F. Schumachers Diktum, kleine und mittlere Unternehmen entsprächen eher dem menschlichen Maß als große und sehr große und seien deshalb zu fördern, als generelle Orientierung für den ökologischen Umbau der Wirtschaft dienen? Ich meine ja. Es lassen sich hinreichend viele Beispiele dafür finden, dass große Unternehmen stark dazu neigen, sich primär an Wachstums-, Gewinn- und Anlegerinteressen auszurichten und ökologische wie soziale Folgeschäden ihres Wirtschaftens so weit wie möglich zu externalisieren und auf die Gesellschaft abzuwälzen.

Ihre Potenz, Politik unter Druck zu setzen und diese durch Drohungen sowie offene und verdeckte Lobbyarbeit in ihrem Sinne zu beeinflussen, ist sehr groß. Als offenkundiges Beispiel dafür kann etwa die Art und Weise gelten, wie die großen deutschen Automobilkonzerne es immer wieder schaffen, anspruchsvolle Klimaschutzstandards für ihre Produkte in Europa zu verhindern. Auch die deutsche Chemieindustrie ließe sich nennen, der es mit großem Lobbyaufwand zumeist gelingt, in allen politischen Lagern Unterstützer für ihr Streben zu finden, nicht allzu hart an die umweltpolitische Kandare genommen zu werden. Besonders mächtig und einflussreich sind weltweit die großen Öl-, Gas- und Kohlekonzerne, ob privat oder staatlich, die es mit Hilfe von nationalen Regierungen bislang sogar hinbekommen haben, den internationalen Klimaschutzprozess zum Stillstand zu bringen.

Aber dass sich Monopolmacht politisch auch brechen lässt, wenn der Mut dazu vorhanden ist und die Umstände günstig sind, kann momentan gut am Beispiel der großen deutschen Stromkonzerne studiert werden, die lange Zeit zu Recht als Hauptblockierer des Klimaschutzes und der Energiewende galten: Durch die europäischen Wettbewerbsrichtlinien wurde die Trennung von Stromerzeugung, -transport und -verteilung erreicht, mindestens buchhalterisch, so dass das Verstecken von Monopolrenditen kaum noch möglich war. Durch die

Schaffung einer Regulierungsbehörde, der Bundesnetzagentur, wurde die Möglichkeit begrenzt, Wettbewerber im Stromnetz zu diskriminieren und unangemessen hohe Durchleitungsgebühren zu kassieren. Durch den Atomausstieg wurden die »Cash«-Kühe der Stromkonzerne von der Weide genommen. Und durch das Erneuerbare-Energien-Gesetz wurde die dezentrale Eigenerzeugung so stark stimuliert, dass sich die Marktstruktur gerade radikal transformiert: von eher zentral zu eher dezentral, von oligopolistisch zu polypolistisch, von der Erzeuger-/Verbraucher-Trennung zu Prosumentennetzwerken.

Im Ergebnis finden sich heute viele Initiativen zur Rekommunalisierung der Energieversorgung, zum Netzrückkauf durch Gemeinden oder zur Gründung von Energiegenossenschaften. Und die (noch) großen Stromkonzerne selbst beginnen allmählich, sich mehr oder weniger glaubwürdig den neuen Realitäten zu stellen, sich neu zu gliedern und auf erneuerbare Energien und Effizienzdienstleistungen umzustellen. Dieses Beispiel zeigt nicht, dass im deutschen Stromsektor bereits alles auf einem guten, einem nachhaltigen Weg ist. Vieles ist noch zu tun, und Rückschläge sind jederzeit möglich. Aber es zeigt, dass die Bekämpfung von Monopolmacht und die Neuausrichtung auf ökologische Ziele Hand in Hand gehen können. Von diesem Beispiel kann gelernt werden.

Der Bereich, in dem die Bekämpfung von bereits eingetretener oder drohender Monopolmacht heute am dringendsten ist, ist das Internet. Ob es der Menschheit gelingt, auf einen Pfad der Nachhaltigkeit einzuschwenken, wird ganz maßgeblich davon abhängen, ob das Internet eher zu einem großen Informations-, Teilhabe- und Kooperationsvehikel wird oder eher zu einem gewaltigen Konsum- und Verschwendungsstimulator, hinter dem nur Verwertungsinteressen stehen. Ob

Sharing Economy, kollaborativer Konsum oder Verbreitung des 3-D-Drucks, für all diese Ziele wird ein freies und offenes Internet gebraucht, in dem nicht einzig kommerzielle, sondern mindestens in gleicher Weise gemeinwohlorientierte Prinzipien gelten. Auch wenn die Freaks aus dem Silicon Valley nur Innovatives im Sinne gehabt haben mögen und ihre Kreationen nicht primär mit dem Ziel in die Welt gesetzt haben, ökonomische Macht oder gar Herrschaft auszuüben, so ist das Gebot der Gegenwart doch eindeutig eine Regulierung im Sinne der Monopolbekämpfung und der globalen Wettbewerbsfairness.

In der Digitalwirtschaft bestimmen heute nämlich vor allem die US-amerikanischen Internetgiganten, wo es langgeht. Nun machen sie sich auf, auch die Sharing Economy unter ihre Kontrolle zu bringen.[103] Sie nutzen ihre überragende Marktmacht missbräuchlich und sind auch in Sachen Datenschutz keine verlässlichen Zeitgenossen, was nicht zuletzt die NSA-Affäre gezeigt hat. Die EU und ihre Mitgliedstaaten müssen deshalb das europäische Kartell-, Wettbewerbs- und Datenschutzrecht konsequent anwenden, bis hin zu Unternehmensentflechtungen wie sie etwa das Europäische Parlament im November 2014 beschlossen hat. Ein Beispiel: Die Google-Suchmaschine ist konsequent von den Google-Apps zu trennen, denn wo freie Information draufsteht, darf nicht Geschäftsinteresse und Werbung drin sein.

Wenn das nicht geschieht, wird in nicht allzu ferner Zukunft eine unheimliche Allianz aus Google, Facebook, Uber, Airbnb und Co. unser gesamtes Handeln im Netz und in der realen Welt registrieren, ökonomisch ausschlachten und zu steuern versuchen. Der Weg von der digitalen Machtwirtschaft zum sanften Totalitarismus ist kein weiter. Wenn es der Bundesregierung gelungen ist, die Monopolmacht der großen

Stromkonzerne mindestens einzuhegen und den diskriminie-
rungsfreien Zugang zu den Stromnetzen zu garantieren, warum sollte es dann der EU-Kommission nicht gelingen, auch
die Monopolmacht der Internetgiganten einzudämmen und
das Netz vor interessengeleiteten Übergriffen zu schützen?

Gemeinwohlökonomie statt Wachstumsökonomie

Neben der Unternehmensgröße, die aus einer systemischen
Nachhaltigkeitsperspektive wie beschrieben eher klein oder
mittelgroß als groß oder sehr groß sein sollte, ist die Frage
nach der Unternehmensform im Prozess der ökologischen
Umorientierung von erheblicher Bedeutung.

Der Regelfall im marktwirtschaftlichen System ist, dass
private Unternehmen Gewinne machen und wachsen wollen.
Die Ursachen hierfür sind durchaus vielfältig und reichen von
dem Ziel, den eigenen Marktanteil zu erhöhen und im Wettbewerb vom Getriebenen zum Antreiber zu werden, über das
Interesse, für Kapitalgeber attraktiv zu bleiben und sich so
jederzeit die notwendigen Investitionsmittel beschaffen zu
können, bis zu dem Streben nach gesellschaftlicher Anerkennung durch unternehmerischen Erfolg. Zwar gibt es Ausnahmen vom Wachstumsstreben, die sogenannten wachstums-
neutralen Unternehmen, die oft so gut sind, dass sie es sich
leisten können, nicht wachsen zu müssen.[104] Sie gedeihen
einstweilen aber nur in der Nische.[105]

Besonders stark ist der Gewinn- und Wachstumsdrang
systembedingt in Kapitalgesellschaften, also Aktiengesellschaften (AGs) und Gesellschaften mit beschränkter Haftung
(GmbHs). Weil Großunternehmen im Regelfall Kapitalgesellschaften sind, zumeist AGs, unterliegen sie wegen der Rendite-
erwartungen der Anleger einem hohen Gewinn- und Wachs-

tumsdruck und sind täglich Gegenstand von Spekulationen an den Börsen der Welt. Winken dem Unternehmen Gewinn und Wachstum, steigen die Kurse, drohen Gewinn- und Wachstumsabschwächung, fallen oder stürzen sie gar ab. So wird Wachstum oder zumindest die Aussicht darauf zum Muss für die großen Aktiengesellschaften. Das kann durchaus auch grünes Wachstum im weiter vorne beschriebenen Sinne sein, aber es muss Wachstum sein.

Im Mittelstand, in Familienunternehmen oder in Personengesellschaften ganz allgemein ist der Wachstumsdruck im Regelfall niedriger. Die Unternehmensgrößen sind zumeist geringer. Die Bindung der Kapitaleinleger an das Unternehmen ist wesentlich kräftiger. Die Loyalitäten der Anteilseigner gegenüber dem Unternehmen sind größer. Es findet nicht eine quasi tägliche Abwägung darüber statt, ob das Kapital im Unternehmen verbleiben oder herausgezogen werden soll. Phasen der Umsatzschwäche, der moderaten Gewinne oder des Umbaus werden hier leichter überstanden als in Kapitalgesellschaften mit ihren flexiblen und volatilen Anteilseignern. Hinzu kommt, dass Personengesellschaften häufig eher auf lokale oder regionale Märkte fokussiert sind, was man durchaus als einen – zumindest potentiellen – Vorteil in Sachen Nachhaltigkeit verbuchen kann, zum Beispiel weil die Transportwege geringer ausfallen oder regionale Stoffkreisläufe leichter geschlossen werden können.

Genossenschaften oder Stiftungsunternehmen wiederum bieten aufgrund ihrer Einbettung in bestimmte Gemeinschaftsziele und ihrer Langzeitorientierung die Möglichkeit, das Gewinnerwirtschaftungs-, vor allem aber das Wachstumsziel zu relativieren und abzuschwächen. Im Vordergrund steht der genossenschaftliche Zweck (etwa die Versorgung der Genossen mit gesunden Nahrungsmitteln in Agrargenossenschaften oder die Versorgung der Genossen mit gutem und günstigem Wohnraum in Wohnungsgenossenschaften) oder der Stiftungszweck (etwa die Förderung der Bildung und Forschung). Trotz der Tatsache, dass es auch bei Genossenschaften wie Stiftungsunternehmen durchaus Skandale, Fehlschläge und Missbräuche gegeben hat und gibt, erfreuen sich beide Unternehmensformen doch aufgrund ihrer Gemeinwohlorientierung eines großen gesellschaftlichen Ansehens.[106] Auch deshalb sind sie potentielle Verbündete im Prozess der nachhaltigen Entwicklung von Wirtschaft und Gesellschaft. Viele der weiter oben beschriebenen Formen des kooperativen Wirtschaftens lassen sich, sofern sie überhaupt unternehmerisch verfasst werden sollen, sehr gut in Genossenschafts- oder Stiftungsunternehmen realisieren. Dabei käme ihnen zugute, dass sie steuerlich gegenüber Kapital- und Personengesellschaften deutlich bessergestellt wären.

Am unmittelbarsten können natürlich kommunale Unternehmen im Dienste der Nachhaltigkeit wirken. Sie sind es, die vielerorts Energie erzeugen, transportieren und verteilen, den öffentlichen Personennahverkehr bereitstellen, die Kreislaufwirtschaft organisieren, die Wasserver- und Abwasserentsorgung betreiben und die öffentlichen Grünanlagen unterhalten. Der primäre Zweck dieser Unternehmen ist die Erfüllung öffentlicher Aufgaben, nicht die Gewinnerwirtschaftung oder das Wachstumsstreben; über die Kostendeckung für die erledigten Aufgaben und die notwendigen Reinvestitionen hinaus dürfen sie keinen Gewinn erwirtschaften. Entsprechend sind die kommunalen Gebühren zu gestalten.

Es ist deshalb nicht nur aus einer grundsätzlichen demokratietheoretischen Perspektive geboten, Aufgaben der kommunalen Daseinsvorsorge möglichst von den Kommunen selbst bzw. von kommunalen Betrieben erledigen zu lassen und sie

nicht unter Privatisierungs- und damit Gewinnerzielungs-
und Wachstumsdruck zu setzen, sondern gerade auch aus
einer Perspektive der Nachhaltigkeit und der sozialen Ökologie. Rekommunalisierungen sollten deshalb im Bereich der
öffentlichen Infrastrukturpolitik unterstützt werden, wo immer dies möglich und sinnvoll ist. Das heißt freilich nicht, dass
betriebswirtschaftliche Überlegungen generell hintangestellt
werden dürfen, denn letztlich werden Strom- und Wasser-
preise, Abwasser- und Müllgebühren, Bus- und Straßenbahn-
tickets von den Bürgerinnen und Bürgern bezahlt. Gegen die
leider noch immer gängige Praxis, unfähigen Parteibuch-
günstlingen oder »verdienten« Altpolitikern lukrative Positionen in der kommunalen Wirtschaft zuzuschieben, sollten
deshalb gerade die Protagonisten der Gemeinwohlökonomie
ankämpfen.

Fazit: Unterschiedliche Unternehmensformen besitzen unterschiedliche Potentiale, zur nachhaltigen Entwicklung beizutragen. Grundsätzlich sollten in dieser Frage keine Pau-
schalurteile gefällt werden, schließlich gibt es sowohl große
Kapitalgesellschaften, die sich im Rahmen ihrer systemischen
Grenzen glaubhaft für ökologische Ziele einsetzen, wie auch
Personengesellschaften, Genossenschaften oder kommunale
Betriebe, die sich um die Umwelt nicht wirklich scheren. Dennoch lässt sich aus einer systemischen Nachhaltigkeitsperspektive sehr gut die These vertreten, dass Unternehmensformen, die nicht zwingend hohe Gewinne erwirtschaften und
Wachstumsaussichten vorweisen müssen, eher geeignet sind,
soziale und ökologische Ziele zu verfolgen und sich am lang-
fristigen statt am kurzfristigen Erfolg zu orientieren.

Bei allen politischen Maßnahmen ist deshalb darauf zu
achten, dass Personengesellschaften gegenüber Kapitalgesellschaften zumindest nicht benachteiligt, besser sogar bevor-

zugt werden, und dass Genossenschaften, Stiftungsunternehmen, kommunale Betriebe und Sozialbetriebe in jeder Hinsicht förderliche Rahmenbedingungen erhalten, um ihr Gemeinwohlpotential voll entfalten zu können.

Gemeinwohlbilanzen statt Reklamebroschüren

Letzten Endes jedoch hat jedes Unternehmen vor allem eine Eigenverantwortung und muss Auskunft über sein Wirken geben. Richtig ist, dass die beste Auskunft über die Qualität eines Unternehmens letztlich in der Güte seiner Produkte und deren Nutzen liegt. Aber richtig ist auch, dass in einer ökologisch sensiblen Öffentlichkeit großes Interesse an der Frage besteht: Wie produziert ein Unternehmen? Wie geht es mit seinen Mitarbeitern um? Woher bezieht es seine Ressourcen, und wie setzt es sie ein? Wie trägt es zum Schutz von Natur und Umwelt bei? Wie behandelt es seine Nachbarn und seinen Geschäftspartner?

Anders als Günter Rexrodt meinte, findet Wirtschaft eben nicht nur in der Wirtschaft statt, sondern vor allem in der Gesellschaft. Sie muss sich dieser gegenüber durchaus legitimieren und um Vertrauen kämpfen, nicht nur, was die Qualität ihrer Produkte anlangt, sondern auch, was ihr Verhältnis zu der Sphäre betrifft, in die sie eingebettet ist.

Der Nachhaltigkeitsberichterstattung von Unternehmen kommt im Sinne der Erfüllung von Transparenzpflichten deshalb durchaus eine große Bedeutung zu. Allerdings neigen Industrie und Wirtschaftsverbände bis heute dazu, solche freiwilligen Berichte als großzügige Geste gegenüber der Öffentlichkeit und als grüne Reklamebroschüren misszuverstehen. Gern wird die stolze Präsentation dieser CSR-Berichte (*Corporate Social Responsibility*, Deutsch: Unternehmerische

Gesellschaftsverantwortung) mit der Aussage garniert, sie zeigten doch ganz offenkundig, dass die Unternehmen schon sehr viel zum Wohle der Umwelt täten, weshalb gesetzliche Regelungen nun wirklich nicht erforderlich seien. Schaut man dann genau hin, erweist sich mancher CSR-Bericht als das, was im Englischen »Greenwashing« genannt wird, was vielleicht mit »selbst ausgestellter Persilschein in Sachen Umwelt« am besten ins Deutsche übersetzt ist.

Es ist gut, dass Unternehmen damit beginnen, ihre Gesellschaftsverantwortung ernst(er) zu nehmen und Auskunft über das eigene Wirken zu geben, aber allein das Hohelied auf all die kleinen Dinge, die man tut, um Energie und Wasser zu sparen, den Müll zu trennen und gebleichtes Papier zu verbannen, reicht nicht aus, um seiner Transparenzpflicht wirklich gerecht zu werden. Was letztlich gebraucht wird, ist eine standardisierte Gemeinwohlbilanz für jedes Unternehmen, welche wahrhaftig Auskunft über all seine ökologischen und sozialen Relationen gibt: zu Lieferanten, Geldgebern, Mitarbeitern und gesellschaftlichem Umfeld. Läge neben der traditionellen Unternehmensbilanz und seiner Gewinn- und Verlustrechnung auch eine Gemeinwohlbilanz, ließe sich schnell erkennen, wer nachhaltig wirtschaftet und wer nicht. Der sozial-ökologisch progressive Teil der Unternehmenswelt sollte ein starkes Eigeninteresse daran haben, dass solche Gemeinwohlbilanzen nach einer freiwilligen Einführungs- und Erprobungsphase für alle (vielleicht ab einer bestimmten Unternehmensgröße) zur gesetzlichen Vorschrift werden.

Für eine neue Balance von Erwerbs- und Eigenzeiten: Arbeitszeitverkürzung als Ermöglichung einer Ökonomie des Selbermachens und der Kooperation

Es ist an verschiedenen Stellen dieses Textes bereits darauf hingewiesen worden, dass es zur Erreichung von Nachhaltigkeitszielen und zur Förderung von ausbalancierten Lebensweisen sinnvoll wäre, die faktisch stillgelegte Agenda der Arbeitszeitverkürzung wieder aufleben zu lassen und allen Mitgliedern der Gesellschaft so die Freiheit zu geben, sich das ihnen angemessen erscheinende Tätigkeitsmenü aus Erwerbs- und Eigenzeiten selbst zusammenzustellen. »Arbeit für alle bei Arbeitszeitverkürzung für alle!« wäre ein Motto, das diesem Ansatz gut entspräche, auch wenn viele Workaholics sich erst einmal erschrecken dürften.

Richtet man den Blick zurück auf die Geschichte der Industriestaaten nach dem Zweiten Weltkrieg, so ist leicht erkennbar, dass Fortschritte in der Arbeitsproduktivität stets auf zweierlei Weise an die Arbeitnehmerinnen und Arbeitnehmer weitergegeben wurden: in Form höherer Löhne und in Form reduzierter Erwerbsarbeitszeiten. Diese gewerkschaftliche Erfolgsgeschichte reicht in Deutschland von der Fünftagewoche in den fünfziger und sechziger Jahren (»Samstags gehört Papi mir«) über den Achtstundentag der siebziger Jahre bis zur Fünfunddreißigstundenwoche der achtziger Jahre. Hauptmotiv war stets das, was Neudeutsch gern als »Work-Life-Balance« beschrieben wird, also das Erkämpfen von zeitlichen Freiräumen und Möglichkeiten, neben der Erwerbsarbeit auch ein »anderes Leben« zu führen: sich zu regenerieren, sich um Familie und Freunde zu kümmern, im Garten zu arbeiten, draußen zu sein, Sport zu treiben oder einfach nur nichts zu tun. Heute dagegen kämpfen die meisten Gewerkschaften in Tarifauseinandersetzungen fast nur noch um höhere Einkommen und haben sich dadurch extrem mit der Idee permanenten Wachstums vermählt.

Das mag nicht aus freien Stücken geschehen, sondern vor allem der Tatsache geschuldet sein, dass die Zunahme des globalen Wettbewerbsdrucks und die daraus folgende vorherrschende politische Rhetorik, nach der wir alle mehr und nicht weniger arbeiten müssten, zu einer arbeitszeitpolitischen Angststarre geführt hat, die auch die Mitgliedschaft der Gewerkschaften erfasst hat, für die »Arbeitsplatzsicherheit« naturgemäß das höchste Gut ist. Aber die Gewerkschaften müssen sich schon die Frage gefallen lassen, ob sie wirklich nur noch kalte Einkommenserkämpfungsapparate ohne politische Vision und ohne idealistischen Kern sein wollen.[107]

Aus einer Nachhaltigkeitsperspektive ist die Verkürzung der Erwerbsarbeitszeit nachgerade zwingend, auch wenn sie nicht mehr wie ehedem mit einer griffigen Zahl für alle operieren kann. So wünschenswert perspektivisch die Zwanzigstundenwoche für alle ist, so wichtig ist es doch, zunächst flexible branchenbezogene und altersgerechte Lösungen zu finden. Kreativberufe werden anders zu behandeln sein als Industrieberufe, und junge Menschen voller Energie werden anders arbeiten wollen als ältere Menschen, die zwar noch Lust haben, tätig zu sein, aber nicht mehr in Vollzeit der Erwerbsarbeit nachgehen, sondern langsam aus ihr »hinausgleiten« wollen. Hier sind kreative Lösungen der Tarifpartner gefragt. Der Gesetzgeber kann sie flankieren.

Der Nachhaltigkeitseffekt von Arbeitszeitverkürzungen, seien sie nun kollektiv erkämpft oder individuell gewählt, wäre ein doppelter: Weil insgesamt weniger gearbeitet werden muss, sinkt der Produktionsdruck. Der Güterausstoß der Produktionsmaschinerie geht zurück. Gleichzeitig sinkt jedoch auch der Konsumdruck, weil mehr selbst und in nicht-kommerzieller Kooperation erledigt werden kann. Das heißt, man hat zwar weniger Geld (Erwerbseinkommen), braucht aber auch weniger davon, weil ja auch weniger auf dem Markt zugekauft werden muss. Ökonomisch gesprochen: Der formelle Sektor der Ökonomie bleibt hochproduktiv, die Produktivität steigt aufgrund des zunehmenden Einsatzes von Robotern in der Produktion aller Voraussicht nach sogar. Zuwächse in der Arbeitsproduktivität werden aber nicht mehr primär in höhere Löhne, sondern in kürzere Erwerbsarbeitszeiten für alle und ein Wachstum des informellen, reproduktiven bzw. Subsistenzsektors umgesetzt. Profitieren würden also die Ökonomie des Teilens und Tauschens, die Ökonomie des Selbermachens, die Ökonomie des Prosumierens, die Ökonomie des Regionalen und die Ökonomie der Gemeingüter.

Die zunehmend kuriose und gesellschaftlich krank machende Situation, dass wir unter Hochdruck arbeiten, um uns Dinge kaufen zu können, die wir nicht brauchen, von Geld, das wir nicht haben, mit Krediten, die uns belasten, um Leute zu beeindrucken, die wir nicht kennen, könnte durch das neue Mischungsverhältnis von Erwerbsarbeit und Eigenzeiten zu einem guten Teil entkrampft werden.

Exkurs: Das liebe Geld

Würde das Kapitel über eine nachhaltige Ökonomie und die entsprechenden Politikstrategien an dieser Stelle enden, müsste sich der Autor nicht zu Unrecht die Frage gefallen lassen, wie er es denn mit dem Gelde hält, an dem doch bekanntermaßen so vieles hängt. Nun sind zwar die weiter vorn ausgiebig diskutierten ökonomischen Instrumente unmittelbar mit monetären Anreizaspekten verbunden, also mit Geld, ebenso die Gestalt und Struktur der öffentlichen Haushalte oder die neuen Wohlstandsindikatoren. Seit geraumer Zeit jedoch erleben wir auch im Rahmen der Nachhaltigkeitsdebatte eine wesentlich grundsätzlichere Auseinandersetzung über Fragen der Geldordnung. Die reicht von der praktischen Aufgabe, wie Finanzströme aus ökologischen Problembereichen (Desinvestitionen) in zukunftsfähige Bereiche umgelenkt werden können (Investitionen), über Regional- und Komplementärwährungen, die als Mittel zur Re-Regionalisierung von Wirtschaftsprozessen gesehen werden, bis hin zur Rolle des Zinses und der Geldschöpfung als Wachstumstreiber, die vielen als Hindernisse auf dem Weg zu einer nachhaltigen Wirtschaftsentwicklung erscheinen.

Wählen wir also noch einmal die Wende-Analogie und fragen, was eine Geldwende im Sinne der Nachhaltigkeit auszeichnen könnte und welche Ideen, Orientierungen und Konzepte die Protagonisten einer solchen Wende zusammenhalten. Ich sehe bei denjenigen, die sich für einen sozial-ökologisch verantwortlichen Umgang mit Geld oder (weitergehend) für eine neue Geldordnung einsetzen, bei Unterschieden im Detail, im Großen folgende Gemeinsamkeiten:

1. Geld wird als soziales und ökologisches Gestaltungsmittel gesehen, mit dem man in der realen Welt das »Richtige« ermöglichen, also transformative Kraft entwickeln kann.[108] Es soll Mittel zum Zweck sein, nicht Selbstzweck. Sein Selbstlauf soll deshalb begrenzt oder besser noch beendet werden. Als notwendig wird die gemeinwohlorientierte Wiedereinbettung der Geldwirtschaft in Gesamtwirtschaft und Gesamtgesellschaft gesehen.

2. Geld soll demokratischer werden: Es soll Gestaltungsmittel in den Händen vieler, nicht Machtmittel in den Händen
weniger sein, es soll Zugänge zur Teilhabe schaffen, nicht
Ausschlüsse produzieren.[109] Die demokratiefeindliche Konzentration des Geldes bzw. der Geldvermögen soll durch
mehr Steuergerechtigkeit abgebaut werden.

3. Im Umgang mit Geld soll größtmögliche Transparenz herrschen. Ziel soll es sein, dass Banken auf die Kundenfrage
»Was machst du eigentlich mit meinem Geld?« zukünftig
Rechenschaft ablegen müssen. Die Anleger sollen erkennen
können, welche gesellschaftliche Wirksamkcit ihr Geld entfaltet.[110] Zertifizierungssysteme und unabhängige Risiko-
abschätzungen soll es in Zukunft nicht nur für Medika-
mente, Nahrungsmittel und Technologien geben, sondern
auch für Finanzprodukte.

4. Geld soll vom Meister zum Diener der Gesellschaft und der
Realwirtschaft werden, einer nachhaltig operierenden Gesellschaft und einer nachhaltig operierenden Wirtschaft.[111]
Die heute verbal von allen geteilte Forderung, die Finanz-
wirtschaft müsse für die Realwirtschaft (wieder) in Dienst
genommen werden, wird als halbe Wahrheit verstanden,
solange nicht in gleicher Intensität an der Transformation
der Wachstumswirtschaft in eine nachhaltige Wirtschaft
gearbeitet wird. Entsprechend sollen bei der Kreditvergabe neben den traditionellen Bonitätskriterien auch Kriterien angelegt werden wie »gesellschaftlicher Nutzen« oder
»Nutzen für den Naturhaushalt«.

5. Geldhäuser sollen eher dezentrale und kundennahe und
nicht anonyme, intransparente und durch ihre schiere

Größe mächtige Institutionen sein. Obergrenzen für die Größe von Banken werden für notwendig gehalten, um im Krisenfall das »too big to fail«-Problem gar nicht erst entstehen zu lassen und so die Steuerzahler zu schonen. Mit anderen Worten: Im Bankensektor sollen auch die proaktive Auflösung von Banken durch den Staat, Entflechtungen und Insolvenzen keine Tabus sein. Vor allem die Trennung von (eher »langweiligem«) Privatkundengeschäft und (oft riskantem) Investmentbanking wird von vielen als zwingend notwendig betrachtet.[112]

6. Die Schöpfung des Geldes, die heute ganz überwiegend über die (Kreditvergabe der) Geschäftsbanken stattfindet, soll neu gestaltet werden, um sie (wieder) besser steuern zu können.[113] Die in diesem Zusammenhang diskutierten Ansätze, etwa die Vollgeldreform oder das 100-Prozent-Mindestreservekonzept (»100 % Money«), sind derzeit ganz oben auf der Agenda der kritischen Gelddebatte, freilich ohne dass es schon zu einem Konsens über die angemessene Form der Rückkopplung der »Geldproduktion« an öffentliche Interessen gekommen wäre. Die Geldschöpfungsfrage ist aus sozial-ökologischer Perspektive deshalb so bedeutend, weil die Schrankenlosigkeit der privaten »Geldvermehrung aus dem Nichts«[114] nicht nur Inflationsgefahren und Fehlinvestitionen heraufbeschwört, sondern (über den Zins- und Zinseszinsmechanismus) auch einen hohen Wachstumsdruck auf die Realwirtschaft ausübt und somit erhebliche Negativfolgen für die natürlichen Lebensgrundlagen nach sich ziehen kann.

7. Komplementärwährungen wie das Regionalgeld werden von ihren Protagonisten für bedeutsame Instrumente zur

Stärkung regionaler Binnenökonomien gehalten, was auch positive sozial-ökologische Effekte zur Folge habe (Schließung regionaler Produktions- und Verantwortungskreisläufe, verringerte Transportbedarfe, De-Globalisierung, verbesserte Resilienz etc.).[115]

8. Spekulativer Umgang mit Land und Nahrungsmitteln wird für unmoralisch gehalten und soll durch angemessene Regulierung begrenzt werden.[116] Das bloße Wetten auf zukünftige Nahrungsmittelpreise etwa soll untersagt oder stark eingeschränkt werden; Immobilienpreiszuwächse sollen gedeckt und als leistungsloses Einkommen steuerlich ganz oder teilweise abgeschöpft werden.

9. Zur Wiederherstellung staatlicher Handlungsfähigkeit und zur Förderung von gesellschaftlichem Zusammenhalt werden auch partielle Schuldenstreichungen als prinzipiell vernünftig betrachtet, vor allem da, wo sich auf der Schuldnerseite Schwache (zum Beispiel Entwicklungsländer) und auf der Gläubigerseite Starke finden (zum Beispiel Großbanken oder ökonomisch potente Industriestaaten). Das Konzept, Schuldenstreichungen an die Einhaltung ökologischer Ziele zu binden (»Debt-for-nature swaps«), wie es von US-amerikanischen und europäischen Umweltorganisationen während der lateinamerikanischen Schuldenkrise der achtziger Jahre entwickelt wurde, ist bis heute in den Kinderschuhen steckengeblieben.

Fazit: In der kritischen und nachhaltigkeitsorientierten Geld- und Finanzcommunity existiert zweifellos ein hinreichend großer Fundus an gemeinsamen Wertvorstellungen bezüglich einer Ordnung, in der Geld eine dienende, nicht herrschende

Rolle einnehmen soll. Ob dieser Vorrat groß genug ist, um aus Protagonisten von Geldschöpfungsreform und Komplementärwährungen, werteorientiertem Banking und Ethikinvestment, Energie- und Bodengenossenschaften, ökologischer Wachstumskritik und wirksamer Bankenregulierung, internationaler Klimaschutzfinanzierung und Schuldenstreichung für Schwache ein Ganzes entstehen zu lassen, das sich als »alternative Geldbewegung« bezeichnen ließe, oder ob es nicht doch eher so ist, dass die entsprechenden Initiativen und Menschen Teil einer größeren Bewegung in Richtung Nachhaltigkeit, Teilhabe und Gerechtigkeit sind, die Geldfrage also immer nur als eingebetteter Teilaspekt umfassenderer Überlegungen und Ziele relevant wird, da scheint mir ein abschließendes Urteil noch nicht möglich zu sein.

Was tun, um richtiges Geldbewusstsein zu schaffen?

Die Diskussion über eine Geldwende steht heute vielleicht an dem Punkt, an dem die Diskussion zu Fragen der Energiewende vor zwanzig oder gar dreißig Jahren stand. Sie braucht also eine Vertiefung und Verdichtung, um voranzukommen. Ich möchte abschließend ein paar Vorschläge machen, wie kritisches Denken in Sachen Geld aus einer Nachhaltigkeitsperspektive befördert werden kann, wobei dieser kleine Katalog keinerlei Anspruch auf Vollständigkeit erhebt.

Den »Geldschleier« lüften:
Ausbildung von Geldkompetenz fördern!

Zu beginnen ist an den Quellen der vermittelten ökonomischen Lehre: In der ökonomischen Bildung an Schulen und Hochschulen muss der »Geldschleier« gelüftet werden, also die von der vorherrschenden ökonomischen Theorie propagierte Einschätzung, das bestehende Geldsystem bedürfe keiner Reform und der aufgeblähte Finanzsektor keiner Schrumpfkur. Die systematische und letztlich interessengeleitete Ausblendung solcher Fragen in den Ökonomielehrbüchern von Schulen und Hochschulen ist ein großes Hindernis für das bessere Verständnis des Geldes im »Guten« (als dienendes Gestaltungsmittel) wie im »Schlechten« (als machtbesetztes Herrschaftsmittel). Eine sehr wichtige Aufgabe ist es deshalb, schulische und universitäre Lehrpläne und Lehrbücher so umzugestalten, dass auch grundsätzliche Aspekte und Fragen der Neuordnung zur Geltung kommen. Es ist sehr erfreulich, dass sich studentische Initiativen wie das »Netzwerk Plurale Ökonomik«[117] für entsprechende Vielfalt in der Lehre einsetzen und diese von den Hochschulleitungen und Fakultäten einfordern. Freilich sollte man sich keine Illusionen über die zu erwartenden Widerstände machen, denn diejenigen, die die Quellen des (vermittelten) ökonomischen Wissens heute speisen, handeln sehr bewusst, sind bestens organisiert und vor allem sehr einflussreich. Wer diese vermachteten Strukturen besser verstehen will, sollte sich die kritischen Diskurse innerhalb der World Economics Association zu Gemüte führen.[118]

Forschungsförderung:
An der Schnittstelle von Geld- und
Nachhaltigkeitsfragen forschen lassen

Trotz erfreulicher Ausnahmen gibt es bis heute kaum eine wirklich systematische Erforschung der Zusammenhänge von Geldordnung und Nachhaltigkeitszielen. Die Schnittmengen zwischen den Forschungscommunities der Geld- und Finanzordnung hier und der sozial-ökologischen Nachhaltigkeit dort sind nach wie vor gering. Es ist an der Zeit, dass sich dies ändert und die Forschungsförderung der EU sowie von Bund und Ländern entsprechende Forschungsfragen aufwirft und Forschungsprogramme auflegt. Idealerweise sollte derlei Forschungsförderung nicht ausschließlich aus dem Wissenschaftsbereich kommen, sondern auch aus den Fachressorts für Finanzen, Wirtschaft und Umwelt, damit Elfenbeinturm- und Schubladenforschung möglichst vermieden wird. Auch Banken, Verbraucherschützer und Nichtregierungsorganisationen sind aufgefordert, entsprechende Forschungen zu unterstützen oder selbst Forschungskapazitäten an der Schnittstelle von Geld- und Nachhaltigkeitsfragen aufzubauen. Die Politik muss systematisch mit diesen Forderungen konfrontiert werden, nicht nur bei Wahlen. Eine besondere Rolle kommt hier den großen Wissenschaftsorganisationen zu, die ja auch sonst nicht zögern, spezifische Forderungen an die Politik zu richten.

Orte für Diskussionen schaffen:
Gelddiskurse fördern

Der Austausch möglichst vielfältiger gesellschaftlicher Akteure über Fragen der Geld- und Finanzordnung braucht Orte. Das ist eine wichtige Voraussetzung, um Problembewusstsein zu schaffen und idealerweise sogar Konsense zu stiften. Tagungen wie der »Geldgipfel 2014« der GLS Bank-Stiftung können dazu beitragen, dass zu bestimmten Fragen neue Allianzen gebildet, aber auch Widersprüche zugespitzt und letztlich besser formuliert werden können. Akteure wie Finance Watch, Foodwatch, Germanwatch oder der World Future Council können auf diesem Feld sicher noch aktiver werden und zur Allianzbildung beitragen. Aber die Banken und ihre Verbände sollten selbst ein Interesse daran haben, den Austausch mit ihren Kritikern zu intensivieren, um deren Argumente besser zu verstehen und Transparenz über das eigene Handeln herzustellen. Auch Forschungsinstitute, Hochschulen und Akademien von Kirchen und Gewerkschaften können zu Orten des Austausches und der Konsensfindung über Fragen der Geld- und Finanzordnung werden.

Nicht im eigenen Saft schmoren:
Paradoxien fruchtbar machen

Auch die »alternative Geldszene« ist vor Überraschungen nicht gefeit. Ich will aus der jüngeren Vergangenheit nur drei Beispiele nennen:

Die Vollgeldreform, der Versuch, die Geldmengensteuerung wieder verstärkt in die Hand der Notenbanken zu überführen und an die realwirtschaftliche Entwicklung zurückzubinden, wird plötzlich in der *Financial Times,* dem »Zentralorgan« der Londoner City, als probates Mittel zur Bekämpfung der Finanzkrise beschrieben.[119] Frage: Ist das der Versuch einer taktischen Vereinnahmung, die Verkehrung der Vollgeldidee in ihr Gegenteil, oder ein Vorschlag, den es auch aus alternativökonomischer Perspektive ernst zu nehmen und zu diskutieren gilt?

Die Einführung von regionalen Komplementärwährungen, eine Idee, die aus dem Arsenal von Protagonisten der Binnenökonomiekräftigung stammt, wird den europäischen Krisenökonomien nun von der Deutschen Bank als Kur empfohlen, jener Bank, deren Geschäftsmodell so ganz und gar nicht im regionalökonomischen Denken wurzelt, sondern im Globalisierungsstreben. Griechenland etwa solle, so die Forschungsabteilung der Deutschen Bank, ergänzend zum Euro eine Komplementärwährung mit dem Namen »Geuro« einführen, um mittels dieser faktisch abgewerteten Parallelwährung seine Binnenkonjunktur anzukurbeln und so durch die Verteuerung von Importen und die Verbilligung von Exporten Schritt für Schritt die Wettbewerbsfähigkeit der eigenen Wirtschaft wiederherzustellen.[120] Auch hier die Frage: Ist das ein Vorschlag, der aus einer Nachhaltigkeitsperspektive sinnvoll ist, oder haben wir es hier mit einer Pervertierung des Ursprungsgedankens zu tun?

Ein letztes Beispiel: Von den Anhängern der Lehren des durchaus umstrittenen Zinskritikers, Bodenreformers und Freiwirtschaftlers Silvio Gesell wird das sogenannte Schwundgeldkonzept vertreten.[121] Damit das Geld schnell umgeschlagen wird und so der Realwirtschaft dient, soll es bei allzu langer Stilllegung Schritt für Schritt entwertet werden. Nun, man muss nur ein wenig Ironie einsetzen, um in der Niedrigzinspolitik der EZB eine Form von Schwundgeldkonzept zu erkennen. Wer sein Geld bei den heutigen Zinssätzen auf Termingeld- oder Sparkonten anlegt, also faktisch nicht mit demselben arbeitet, der hat am Ende eines Jahres weniger Geldwert als am Anfang, also Schwundgeld oder Geldschwund. Die Anhänger der Freiwirtschaftslehre werden mich für diese krude Vereinfachung vielleicht schelten, aber als Gedankenspiel ist so etwas ja nicht verboten. Frage: Ist die Niedrig- oder gar Negativzinspolitik der EZB ein Stimulus dafür, den Geldumlauf im Fluss zu halten und damit der Realwirtschaft zu dienen, oder ist das, was die EZB derzeit treibt, nichts anderes als ein weiterer ungeeigneter Versuch, die alte Ordnung am Leben zu erhalten? Verkennen möglicherweise Gesell und Draghi gleichermaßen, dass letztlich nur der Staat über Fiskalpolitik (also die Entwicklung der Staatsausgaben) konjunkturelle Impulse setzen kann und die Geldpolitik bestenfalls ergänzend wirken kann, niemals jedoch allein?

Ich will die aufgeworfenen Fragen hier nicht zu beantworten versuchen, aber genau für die Diskussion solcher Fragen sind Orte des regelmäßigen Austausches von zentraler Bedeutung. Man kann es so sehen, dass die Vorschläge aus dem Herzen der kapitalistischen Ordnung, von *Financial Times*, Deutscher Bank und EZB, nur letzte Rettungsversuche einer brüchigen Ideologie sind. Es kann auch sein, dass wir es hier lediglich mit einer feindlichen Übernahme von alternativökonomischen Begriffen und Ideen zu tun haben. Es ist aber auch möglich, dass alternativökonomisches Denken ganz langsam in den Hauptstrom der Finanzwelt eindringt und dort tastend aufgegriffen wird. Über solcherlei divergierende Einschätzungen muss gesprochen werden.

Selbstgerechtigkeit vermeiden:
»We are the 99 percent« ist einfach zu schlicht!

Es ist absolut unzweifelhaft, dass globalisierungs- und finanzmarktkritische Initiativen wie Attac oder Occupy für unsere öffentlichen Diskussionen sehr wichtig sind und schon viel erreicht haben. Ebenso unzweifelhaft ist, dass deren Vordenker wie Elmar Altvater und Birgi Mahnkopf *(Grenzen der Globalisierung)*[122] oder David Graeber *(Schulden: Die ersten 5000 Jahre)*[123] die notwendigen Auseinandersetzungen enorm bereichert haben und weiter bereichern. Ich melde aber hier starke Zweifel an, ob die Occupy-Devise »We are the 99 percent« wirklich eine geeignete Orientierung für die »Geldwende« ist. Im Grunde genommen ist der Slogan ja eine populistische Reinwaschung der Mehrheitsgesellschaft nach dem Motto: »Wir (die 99 Prozent Anständigen) handeln in

Sachen Geld vollkommen korrekt. Das Problem ist nur eines der machtbesessenen und gierigen Eliten, jenes einen Prozentes der Bevölkerung, das jedes Maß verloren hat und nun endlich an die Leine genommen werden muss.«

Man kann diese Haltung nachvollziehen. Wer hätte angesichts von explodierenden Managergehältern und Bankerboni, von apologetischer Rhetorik zur Begründung von Einkommensunterschieden (»Risikoprämien«) und stupidester Argumente gegen die angemessene Besteuerung von leistungslosen Kapitaleinkünften, vor allem von sehr hohen, nicht schon einmal ähnlich argumentiert? Und Politik funktioniert nun einmal über Zuspitzung. Nur so lassen sich bestimmte Dinge durchsetzen. Dagegen ist gar nichts zu sagen. Aber wenn unser Problem als Gesellschaft wirklich nur die Gier jenes einen Prozents wäre, das sich auf Kosten der Gesellschaft bereichert, dann wäre die Aufgabe, vor der wir stehen, wohl leichter zu bewältigen.

Leider ist es aber so, dass wir alle (oder zumindest die meisten in unserer Gesellschaft) auf vielerlei Weise in die Widersprüchlichkeiten der kapitalistischen Gesellschaft verwickelt sind, und somit auch in diejenigen des Geldsystems: als Produzierende und Konsumierende, Gläubiger und Schuldner, Steuerzahler und Transferempfänger, Geldausgeber und Altersvorsorger, Staatsbürger und Wirtschaftssubjekte. Ich sehe deshalb die Notwendigkeit, über die »Arbeit der Zuspitzung« hinaus die »Arbeit an Alternativen« zu intensivieren, um zu einer wirklichen Geldwende zu kommen, die auch gesellschaftspolitisch transformative Kraft entfaltet. Das Ziel sollte es sein, 100 Prozent der Bevölkerung an ihr zu beteiligen. Zugegeben, das ist ein sehr hoher Anspruch. Und so wie die Energiewende nur möglich wurde, weil viele Menschen an unterschiedlichsten Orten über Jahre und Jahrzehnte hinweg

Vorarbeiten geleistet haben, so wird es auch nur möglich sein, eine Geldwende im hier skizzierten Sinne zu erreichen, wenn möglichst viele Menschen an entsprechenden Vorarbeiten beteiligt sind. Es geht eben nicht nur um die anderen, es geht auch und vor allem um uns.

5 Nachhaltigkeit und Freiheit: Selbstbindung aus Einsicht und freiem Willen

Im vorangegangenen Kapitel über eine nachhaltige Ökonomie ist nicht nur von der Wirtschaft in einem engeren Verständnis die Rede gewesen, sondern vom Wirtschaften in einem umfassenden Sinne, von Akteuren, Zielen und politischen Rahmenbedingungen, von Unternehmen, Verbrauchern und Prosumenten. Wirtschaft findet eben nicht nur in der Wirtschaft statt, sondern auch und vor allem in der Gesellschaft.

Aus einer Perspektive des Gemeinwohls steht außer Zweifel, dass politisches Eingreifen in wirtschaftliches Handeln gerechtfertigt ist, wenn systematisch und dauerhaft gegen Nachhaltigkeitsziele und -prinzipien verstoßen wird. Dass dies heute der Fall ist und der Kapitalismus aus sich selbst heraus keine hinreichenden Nachhaltigkeitsstrategien hervorzubringen vermag, dürfte offenkundig geworden sein. Der Staat darf also eingreifen. Ja, er muss es sogar. Aber wie tief dürfen die Eingriffe gehen? Bis wohin sind sie gerechtfertigt und ab wann nicht mehr? Welches Verständnis von Freiheit liegt den verschiedenen möglichen Nachhaltigkeitsstrategien zugrunde? Und vor allem: Um wessen Freiheit geht es?

Es soll hier nicht der Anspruch erhoben werden, das Thema »Freiheit und Ökologie« erschöpfend abzuhandeln. Aber im Laufe meiner nun doch schon recht langen Befassung mit der Nachhaltigkeitsfrage haben mich vier mögliche Auffassungen von Freiheit immer besonders inspiriert und beeinflusst, weshalb ich sie hier kurz vorstellen möchte:

- der Hierarchieabbau und die Selbstbestimmung in politischen Entscheidungsprozessen,

- die frei gewählte Selbstbindung an gutbegründete Ziele,

- die Einfachheit als bewusster Weg zu innerer Freiheit und Autonomie,

- die Freiheit in Verantwortung und Toleranz gegenüber anderen Menschen und ihren Werten und Zielen.

Transformiert man diese Auffassungen von Freiheit ins Politische, zeichnen sie sich dadurch aus, dass weder dem Ideal eines umfassend intervenierenden Staates gefolgt wird noch einem Laissez-faire-Liberalismus, der jede Form von staatlichem Eingriff als ungerechtfertigte Freiheitsbeschränkung sieht. Vielmehr lässt sich aus der Ablehnung gegenüber Machtkonzentration, bloßem Vorteilsstreben und sozialer Ignoranz ein Politikset ableiten, das individuelle Freiheitsinteressen und Gemeinwohlziele in eine gute Balance zu bringen versucht.

Freiheit zur Selbstbestimmung

Murray Bookchin (1921–2006), links-libertärer Vordenker der US-amerikanischen Ökologiebewegung, argumentiert in seinem Werk *Ökologie der Freiheit*, dass sich gesellschaftliche Hierarchien und ökologische Lebensführung gegenseitig ausschließen. In machtbesetzten Gesellschaften herrsche quasi automatisch ein erheblicher Statuswettbewerb, der sich im Kapitalismus vornehmlich im Streben nach Gütern und ökonomischem Einfluss ausdrücke. Das hier vorherrschende mimetische Begehren, das sich am Nächsten misst und ihn stets zu übertrumpfen sucht, sei ein starker Treiber für Wachstum und Konsum und mache die Menschen so unfrei. Bookchin plädiert deshalb für eine dezentralisierte Gesellschaft, in der Selbstverwaltung, Selbstorganisation und direkte Demokratie eine starke Gegenkraft zu mächtigen Staats- und Kapitalinteressen bilden.[1] Die aktuellen Diskussionen über kooperativ-dezentrale Formen des Wirtschaftens (siehe Kapitel 4) sowie ökologische Verantwortung in der Bürgergesellschaft (siehe Kapitel 7) können hier nahtlos anknüpfen.

Freiheit zur Selbstbindung

Tine Stein sieht aus einer eher wertkonservativen Position schauend *Demokratie und Verfassung an den Grenzen des Wachstums*[2] und empfiehlt der Gesellschaft eine moderne Odysseus-Interpretation. Dieser Held der griechischen Mythologie habe sich aus Wissen um die eigene Verführbarkeit dem verlockenden, aber auch in den Untergang führenden Gesang der Sirenen (Du kannst von allem immer mehr haben! Also konsumiere!) dadurch widersetzt, dass er sich aus besserer Einsicht heraus selbst gebunden habe.[3] Hier erscheint also die vernunftgesteuerte Selbstbegrenzung als höchste Form der Freiheit, der Verzicht aus Verantwortung als Sieg der Einsicht über den Egoismus. Reduktionsziele für Klimagase, Ressourcen-, Energie- und Flächenverbrauch, ohne die eine Politik der Nachhaltigkeit nicht auskommt (vgl.

Kapitel 2), sind in dieser Logik Ausdrucksformen einer vom falschen Fortschrittsglauben befreiten Gesellschaft.

Innere Freiheit

Henry David Thoreau war nicht nur ein großer liberaler Denker der Bürgerrechte und ein Protagonist des zivilen Ungehorsams gegenüber einem Staat, der moralisch unvertretbare Ziele (wie die Sklaverei) verfolgte, sondern auch ein »temporärer Teilaussteiger«, der den Sinn der menschlichen Existenz nicht zuletzt in der Nähe zur Natur, der Einfachheit des Lebens und der so gewonnenen inneren Freiheit des Einzelnen sah. Seine Jahre in einer Blockhütte am Waldensee in den Wäldern von Massachusetts, die nicht durch völlige Abschottung gegenüber der Zivilisation, sehr wohl aber durch Distanz zum rastlosen Tagesgeschehen, innere Einkehr, akribische Naturbeobachtung, praktisches Tun und gründliches Nachdenken geprägt waren, fasste er unter anderem in dem wunderbaren Satz zusammen: »Der Mensch ist reich in Proportion zu den Dingen, die sein zu lassen er sich leisten kann.« Kann man die Befreiung vom Überfluss und das Erreichen von Autonomie besser beschreiben?

Freiheit in Verantwortung

Rosa Luxemburgs Kritik an der Diktatur der sowjetischen Bolschewiki und ihrer totalitären Praxis gipfelte bekanntermaßen in dem berühmten Satz, dass die Freiheit immer die Freiheit des Andersdenkenden sei. Die eigene Freiheit ende also dort, so die Quintessenz, wo diejenige der anderen beginne. In dieser schon oft und durchaus recht unterschiedlich interpretierten Logik hätte – bezogen auf die Ökologiefrage – der Autofahrer also durchaus auch die Interessen der Straßenanwohner, der Radfahrer und der Fußgänger zu berücksichtigen, etwa indem er Abgasnormen erfüllt oder Tempolimits einhält. Bei jeder potentiell umweltschädigenden Aktivität stellt sich natürlich die durchaus grundsätzliche Frage, wer »die anderen« denn sind, deren Freiheitsrechte man zu beachten hat. Sind es auch die zukünftigen Menschheitsgenerationen, die Menschen in anderen Teilen der Welt, die Tiere und Pflanzen?

Geht es also auch um die Freiheit derjenigen, die 2200 n. Chr. leben werden und möglicherweise auf bestimmte Naturressourcen nicht mehr zurückgreifen können, weil wir sie bereits verbraucht haben? Geht es auch um die Freiheit der Bewohner des Nigerdeltas oder des Amazonasregenwaldes, die ihre Lebensgrundlage verlieren und deshalb nicht mehr so leben können, wie sie es wollen, auch weil unser Hunger nach Öl, Erzen und Hölzern so riesig ist? Geht es gar um die Freiheit des Huhns, das lieber im Sand scharren würde als im Legekäfig zu sitzen und für uns billige Eier zu »produzieren«, oder die des Orang-Utans auf Borneo, der wegen des Palmölbooms und unserer Importe von »nachhaltig angebauten« Bioressourcen seinen Lebensraum verliert?

Der Spielraum für Antworten auf diese Frage ist sehr groß. Und so verwundert es auch nicht, dass es in pluralistischen Gesellschaften tatsächlich sehr heterogene Antworten gibt.

Die Tabuisierung der Lebensstilfrage

Es ist ein interessantes Phänomen, wie allergisch oder gar aggressiv durchaus große Teile der Gesellschaft darauf reagieren, wenn nicht-nachhaltige Lebensstile und Konsummuster zum politischen Thema gemacht werden. Sehr schnell wird dann die ganz große Keule herausgeholt. Liberale Intellektuelle bemühen gern Karl Popper oder Friedrich August von Hayek, um akribisch nachzuweisen, dass der »Ökologismus« und die Rede von der Transformation nichts anderes sei als eine neue Form des Totalitarismus.[4] Weniger feinsinnige Gemüter warnen davor, dass uns die »grünen Ideologen« wahlweise »auf die Bäume« oder »ins Mittelalter« zurücktreiben möchten.[5]

Die Debatte über den Veggie Day, einen Vorschlag der Grünen Partei im deutschen Bundestagswahlkampf 2013, hat hier leider ein bezeichnendes Licht auf die öffentliche Diskussionskultur geworfen. Einige wenige Hetzartikel in der Zeitung mit den großen Buchstaben haben ausgereicht, um selbst in den seriösen Medien eine Debatte loszutreten, in der man den Eindruck gewinnen konnte, Deutschland stünde kurz vor dem Einstieg in eine Ökodiktatur. Und jetzt, so wird gewarnt, will uns die EU sogar noch energieeffiziente Staubsauger vorschreiben. Ungeheuerlich![6]

Man kann geteilter Meinung darüber sein, ob es wirklich Aufgabe einer politischen Partei ist, sich um das Angebot von vegetarischem Essen in öffentlichen Kantinen Gedanken zu machen und das sogar ins Programm zu schreiben. Besser wäre sicher gewesen, über die Rahmenbedingungen der Landwirtschaft und der Tierhaltung sowie deren politische Regulierung zu sprechen, was ja jetzt offenbar auch geschieht.[7]

Dennoch, das Ziel der heftigen Attacken liegt auf der Hand:

Keiner soll mehr ungestraft das politisch verminte Gelände der Lebensstilfragen oder gar der Konsumkritik betreten. Wer es dennoch wagt, wird als übler Freiheitsfeind demaskiert, dem es mit allen Mitteln Einhalt zu gebieten gilt.

Grundorientierungen für politisches Handeln

Wie kann in Politik und gesellschaftlicher Debatte mit dieser medial geschürten und in bestimmten Teilen der Gesellschaft auch gern aufgenommenen Stimmung umgegangen werden? Nun, Patentrezepte gibt es sicher nicht, aber vier Grundorientierungen scheinen sinnvoll zu sein:

1. Zunächst geht es um Selbstbehauptung der Politik und des Politischen: Ja, Regierung bedeutet immer auch Regulierung. Die Scheidelinie verläuft im Regelfall nicht zwischen Regulierung und Nichtregulierung, sondern zwischen guter und schlechter, angemessener und unangemessener Regulierung. Es kann also in der Tat Über- wie Unterregulierung geben. Darüber muss immer wieder neu und im Einzelfall entschieden werden.

2. Man sollte sich bewusst sein, dass es machtvolle Kreise gibt, die den Sack schlagen, aber den Esel meinen, die vermeintlichen »Öko-Dirigismus« anprangern, aber in Wahrheit aus Eigeninteresse Probleme wie die Ressourcenübernutzung, den Schwund biologischer Vielfalt oder den Klimawandel in Abrede stellen. Die Auseinandersetzung mit diesem Kreis von Personen und Interessengruppen muss von den Protagonisten der Nachhaltigkeit offensiv gesucht und für andere nachvollziehbar geführt werden.

3. Bei der Wahl von angemessenen Instrumenten für eine
Politik der Nachhaltigkeit muss der Aspekt der größt-
möglichen Freiheit bei der Erreichung der (demokratisch
bestimmten) Ziele immer mitgedacht werden. Als Leitorientierung kann gelten: Wo Gefahr im Verzug ist, muss
das Ordnungsrecht mit seinen Ge- und Verboten greifen.
Wo ökologisch unverträgliche Mengenprobleme vorliegen,
etwa beim Verbrauch von Energie, Rohstoffen oder Flächen
sowie beim Ausstoß klimaverändernder Spurengase, sind
besonders ökonomische Instrumente wie die Ökosteuer
(Preisanreize mit Mengeneffekten) oder der Emissionshandel (Mengenobergrenzen mit Preiseffekten) geeignet, um
der Innovationsdynamik eine neue Richtung zu geben. Wo
Produktverantwortung gefördert werden soll, sind verschärfte Produkthaftungsregeln, längere Garantiezeiten
und Rücknahmepflichten das Mittel der Wahl. Wo es um
den dauerhaften Wandel von Werten, Lebensstilen und sozialer Praxis geht, sind Bildung, Erziehung, Information
und gesellschaftliche Anerkennung für vorbildliches Verhalten die Mittel der Wahl. Auch hier gilt: Darüber muss
immer wieder gesprochen werden.

4. Intelligente Nachhaltigkeitspolitik versucht den Freiheits-
begriff glaubwürdig für sich zu reklamieren und Bedingungen für freiheitliches Handeln zu schaffen. Das reicht von
der Freiheit, sich unbehelligt von Beeinträchtigungen wie
Lärm und Abfällen in der freien Natur bewegen zu können,
über die freien Gemeinschaften, die sich aus freien Stücken
zusammenschließen, um Stadtgärten und Tauschringe, Reparaturcafés und Recyclingbörsen, Energiegenossenschaften oder Erzeuger-/Verbrauchergemeinschaften ins Leben
zu rufen,[8] bis zu den Unternehmen, die sich frei dazu ent-

scheiden, bei der Bewältigung der ökologischen Krisen nicht Teil des Problems, sondern Teil der Lösung zu sein – und damit idealerweise sogar gutes Geld verdienen.

Die Protagonisten der Nachhaltigkeit sollten sich in Zukunft verstärkt darum bemühen, ihre Argumentation von einem defensiven Abwehrdiskurs (»Wir sind doch gar nicht so freiheitsfeindlich wie behauptet!«) in einen offensiven Gestaltungsdiskurs zu überführen, in dem die Bewahrung der natürlichen Lebensgrundlagen als Freiheitsermöglichung für heutige und zukünftige Menschen erkennbar wird.

6   Nachhaltigkeit und Gerechtigkeit: Nicht länger auf Kosten anderer leben

Für politisches Handeln ist der Zusammenhang zwischen Fragen der Gerechtigkeit und der Nachhaltigkeit mindestens ebenso fundamental wie der von Freiheits- und Nachhaltigkeitsfragen. Auch hier sind wiederum verschiedene Zugänge möglich, die ideengeschichtlich auf eine teils sehr weit in die Vergangenheit reichende Denktradition zurückgehen.[1]

An erster Stelle ist das Konzept der intergenerativen Gerechtigkeit zu nennen, welches am besten in dem häufig verwendeten (und ursprünglich indianischen) Sprichwort zum Ausdruck gebracht wird, dass wir Heutigen die Erde nicht von unseren Eltern geerbt, sondern von unseren Kindern geliehen haben. Das klingt sehr gut und wird in dieser Allgemeinheit sicher auch von vielen geteilt.

Selbst bei dem doch eigentlich stets rational argumentierenden Karl Marx finden sich Passagen, die den Gedanken der intergenerativen Gerechtigkeit stark machen, und das durchaus nicht mit geringerem Pathos. In Band 3 vom *Kapital* heißt es bei Marx:

»Die ganze Gesellschaft, eine Nation, ja alle gleichzeitigen Gesellschaften zusammen genommen, sind nicht Eigentümer der Erde. Sie sind nur ihre Besitzer, ihre Nutznießer, und haben sie als *boni patres familias* den nachfolgenden Generationen verbessert zu hinterlassen«.[2]

Die Nachhaltigkeitsdefinition der Brundtland-Kommission

kommt der indianischen Weisheit und dem Marx'schen Postulat durchaus nahe, wenn sie feststellt, dass die Befriedigung der Bedürfnisse der heute lebenden Menschen nicht dazu führen dürfe, »die Möglichkeiten künftiger Generationen zu gefährden, ihre Bedürfnisse zu befriedigen«. Aber praktisch hat der Anspruch der intergenerativen Gerechtigkeit sich bislang in der Politik in keiner Weise durchgesetzt. Zwar wird er in Sonntagsreden bis hinauf zu Staats- und Regierungschefs immer wieder bekräftigt, aber vor allem am Bereich der nationalen und internationalen Klimapolitik lässt sich zeigen, dass bislang nur wenig dafür getan wird, Zukunftsinteressen systematisch in Gegenwartshandeln zu integrieren. Weder ist es bislang zu anspruchsvollen politischen Klimaschutzzielen gekommen, die auf Augenhöhe mit den tatsächlichen Herausforderungen liegen, noch ist es gelungen, der Zukunft (etwa über Ökosteuern oder Emissionshandelssysteme) einen angemessenen Preis zu geben, der in der Gegenwart zwingend zu berücksichtigen wäre.

Zwischen intergenerativer und internationaler Gerechtigkeit

Eine der Ursachen dafür, warum es beim internationalen Klimaschutz bislang nicht zu wirklichen Fortschritten gekommen ist, ist die Asymmetrie in der historischen und aktuellen Emissionshöhe der einzelnen Staaten. Vor allem die Entwicklungs- und Schwellenländer argumentieren, es sei ungerecht, wenn von ihnen nun Emissionsbegrenzungen oder gar -minderungen verlangt würden, obwohl die Industriestaaten doch den Löwenanteil der Verantwortung für die Existenz des Klimawandels trügen. Mit anderen Worten: Bei der intergenerativen Gerechtigkeit könne es nicht vorangehen, solange es an internationaler Gerechtigkeit fehle. Erst einmal müsse die historische »Schuld« der Industriestaaten abgetragen werden, so argumentiert leicht verklausuliert etwa die chinesische Regierung, und dann könne auch über die Verantwortung der sich entwickelnden Länder geredet werden.

Natürlich ist, wie weiter vorne gezeigt, nicht von der Hand zu weisen, dass die industrialisierte Welt ihr Emissionskonto bereits deutlich überzogen hat, weshalb sie auch ohne Zweifel eine klimapolitische Vorreiterrolle zu übernehmen und beim Finanz- und Technologietransfer zu liefern hat. Weil das Fenster der Möglichkeiten für eine klimafreundliche Entwicklung aber nicht mehr sehr lange geöffnet sein wird und die Folgen eines eskalierenden Klimawandels wohl erheblich sein würden, auch und gerade in den armen Staaten, die zur Verursachung des Problems praktisch nichts beigetragen haben, kommt die Weigerung relevanter »Süd-Länder« wie China, Indien oder Brasilien, sich zu wirksamen spezifischen Verpflichtungen durchzuringen, eher einer Selbstmorddrohung als einer gut durchdachten Strategie gleich. Vor allem lässt sich zunehmend bezweifeln, dass die wachstumsfixierten Regierungen dieser Länder die Interessen derjenigen Teile ihrer Bevölkerung im Blick haben, deren Wohl und Wehe, ja deren Existenz, nicht vom möglichen Industriewachstum, sondern von der Intaktheit und Produktivität der natürlichen Lebensgrundlagen abhängt.

Im Ergebnis wirken sie damit in gleicher Weise wie die Vereinigten Staaten, die sich bislang ebenfalls weigern, international verbindliche Ziel einzugehen, und zwar mit der fadenscheinigen Begründung, es sei nicht gerecht, ihrer Industrie, die heute im Wettbewerb mit China und anderen Schwellenländern stehe, Wachstumsfesseln anzulegen und die Jobs von amerikanischen Arbeitern zu zerstören. Die Europäische

Union bewegt sich wie fast immer entscheidungsschwach im breiten Mittelfeld der internationalen Klimaschutzambitionen. Zwar will man irgendwie ein klimapolitischer Vorreiter sein, tatsächlich jedoch sind die Klimaziele schwach und fallen Argumentationen in der Politik auf fruchtbaren Boden, denen zufolge es angesichts des Vorgehens von China und den USA unvernünftig und ungerecht sei, wenn die EU eine einseitige Vorreiterrolle einnehme und so ihre Wettbewerbsfähigkeit gefährde.

So findet auf verschiedenen Seiten eine wenn auch unterschiedlich begründete Pervertierung des Gerechtigkeitsgedankens statt, die im Ergebnis zum Stillstand in der internationalen Klimapolitik führt.

Auswege aus dem Interessendschungel

Wie ist dieser Klemme zu entkommen? Oder ist ihr überhaupt zu entkommen? Das ist eine sehr schwierige Frage. Und über Antworten und Lösungswege müssen alle Menschen und alle Staaten gemeinsam nachdenken und entscheiden. Fatalisten, die sich gern auch mit der Rhetorik des vermeintlichen Realismus umgeben, antworten an dieser Stelle zumeist, der Egoismus der Menschen und der Staaten lasse da keinen Raum für Hoffnung, jeder versuche nun einmal, für sich das meiste herauszuholen. Man bereite sich deshalb vernünftigerweise darauf vor, den unabwendbaren Klimawandel zu managen und wirksame Anpassungsstrategien an denselben zu entwickeln.

Idealisten setzen dem entgegen, die Bereitschaft zum vorsorgenden Handeln aus edlen Motiven und besserer Einsicht heraus sei durchaus gegeben, weil den Menschen Werte wie

Generationengerechtigkeit, internationale Gerechtigkeit und sozialer Ausgleich letztlich doch viel bedeuteten und sie lieber als »Gute« in die Erinnerung oder gar die Geschichtsbücher eingehen möchten und nicht als »Schlechte«, über die man nur als Ausbeuter der Natur und der Armen reden wird. Obwohl der Autor dieses Textes, wie wohl viele Menschen, die idealistische Variante bevorzugt und so zu handeln versucht, ist es gewiss nicht unrealistisch, auch kurzfristige Eigeninteressen von Einzelnen, Gesellschaften und Staaten zu unterstellen. Es gilt also nach Politikkonzepten Ausschau zu halten, die nicht einen völlig »anderen Menschen« zur Voraussetzung haben als den, den wir vorfinden.

Hinsichtlich der intergenerativen und internationalen Gerechtigkeit, man könnte auch sagen: der Ressourcengerechtigkeit,[3] bieten meines Erachtens die folgenden politischen Grundorientierungen die Chance, einen Weg aus dem Dickicht des politischen und ökonomischen Interessendschungels zu bahnen.

Weniger nehmen

Die Industriestaaten müssen und können auf ökonomisch sinnvolle und sozial gerechte Weise ihren Ressourcenverbrauch und Klimagasausstoß bis 2050 um einen Faktor 10 reduzieren durch technische und organisatorische Innovationen, ressourcenleichte soziale Praktiken und Lebensstile sowie den Abbau von systemischen Wachstumszwängen (vgl. Kapitel 4). Vor allem geht es für die Industriestaaten bei der nachhaltigen Entwicklung darum, weniger zu nehmen (vom globalen »Ressourcenkuchen« bzw. vom globalen Emissionsbudget) bei gleichzeitiger Sicherstellung von ökonomischer Vitalität und sozialer Gerechtigkeit.

Mehr geben

Die Industriestaaten können ihre historische Emissionsschuld nicht mehr löschen. Dazu ist es zu spät. Müssten sie es, wäre der Betrieb hier einzustellen, was man realistischer- und vernünftigerweise von niemandem erwarten sollte. Die reiche Welt kann aber einen Beitrag zur Schadensbegrenzung leisten und den Entwicklungsländern dabei helfen, im Zuge ihrer Entwicklung nicht die gleichen emissions- und ressourcenintensiven Umwege zu gehen, welche die Industriestaaten selbst genommen haben. Diese Strategie, auch »Leapfrogging« oder Überspringen (von schlechter Technologie) genannt, zielt darauf ab, von Beginn an die jeweils besten und nachhaltigsten Technologien und Verfahren zur Anwendung zu bringen, die zur Verfügung stehen, etwa die erneuerbaren Energien oder die Kreislaufwirtschaft. Für diese Strategie wird Geld gebraucht, das den Entwicklungsländern von den reichen Staaten im Rahmen des grünen Klimafonds zur Verfügung gestellt werden soll. Genannt werden immer wieder mindestens 100 Milliarden US-Dollar jährlich, was eher unter- als überschätzt sein dürfte. Jedenfalls ist es kein Zauberwerk, die jährlich mindestens 100 Milliarden Dollar in den Industriestaaten durch den Abbau umweltschädlicher Subventionen, Ökosteuern und funktionierende Emissionshandelssysteme zu mobilisieren. Zur Erreichung von intergenerativen und internationalen Gerechtigkeitszielen muss also nicht nur weniger genommen, sondern ohne Zweifel auch mehr gegeben werden.

Fairer handeln

Was mehr gegeben werden soll, kann sicher nicht auf die Bereitstellung finanzieller Mittel beschränkt werden, die ja im Wesentlichen Kompensationsmittel für in der Vergangenheit angerichtete Schäden sind. Mindestens ebenso sehr gehört zur Agenda des Mehr-Gebens die Gerechtigkeit in den internationalen Austauschbeziehungen und in den weltwirtschaftlichen Rahmenbedingungen. Das schließt Bestrebungen zum fairen Handel (Fair Trade) inklusive hoher ökologischer und sozialer Standards ebenso ein wie Verbesserungen der »Terms of Trade« (dem realen Austauschverhältnis zwischen exportierten und importierten Gütern eines Landes) für die Entwicklungsländer.

Heute erzielen diese Länder bis zu drei Viertel ihrer Exporterlöse aus dem Verkauf weniger agrarischer und mineralischer Rohstoffe, während sie zugleich viele höherwertige Investitions- und Konsumgüter auf den Weltmärkten zukaufen müssen. Da sich die exportierten Güter nicht selten im Preisverfall befinden, während die importierten im Preis steigen, verschlechtern sich die Terms of Trade für viele Entwicklungsländer zusehends. Wenn diese fatale Entwicklung gestoppt werden soll, muss den Entwicklungsländern die Möglichkeit gegeben werden, einerseits höherwertige Produkte mit größerer Fertigungstiefe auf die Industrieländermärkte zu liefern (und nicht nur Rohstoffe) und zum anderen auch Schutzzölle zu erheben, um die Entwicklung eigener Produktionskapazitäten für die heimischen Märkte zu fördern.

Beide Maßnahmen kollidieren natürlich mit der vorherrschenden Freihandelsideologie, die auf vertiefte Arbeitsteilung und Spezialisierung setzt. Wenn aber, wie Eduardo Galeano in seinem Klassiker *Die offenen Adern Lateinamerikas*[4]

einmal pointiert formulierte, die internationale Arbeitsteilung zunehmend darin besteht, dass sich die Reichen aufs Gewinnen spezialisieren und die Armen aufs Verlieren, dann
kann diese neo-kolonialistische Ordnung keine Akzeptanz erwarten. Es ist kein Geheimnis, dass gerade die Bundesrepublik
mit ihren extrem hohen Exportüberschüssen eine Profiteurin
dieser Ordnung ist. Kurzum: Was wir hier alljährlich als Ex-
portmeisterschaft feiern, ist nicht nur das Ergebnis der hohen
Qualität unserer Produkte (das ist es auch) und nicht nur
das Ergebnis eines schwachen Euros (die DM wäre wesentlich
»härter« und damit weniger exportfördernd), sondern auch
das Ergebnis der nach wie vor extrem ungerechten Austauschbeziehungen und weltwirtschaftlichen Rahmenbedingungen. Mehr zu geben heißt im internationalen Austausch
von Gütern und Diensten eben auch, für faire Rahmenbedingungen auf den globalen Märkten zu streiten.

Weniger zu nehmen (vom globalen Ressourcenkuchen und
vom globalen Emissionsbudget) und mehr zu geben (zur Erreichung von globalen Nachhaltigkeitszielen und Zielen der
Nord-Süd-Gerechtigkeit), das sind natürlich Gerechtigkeitsziele, die im politischen Raum umstritten sind und nicht selten ökonomisch mächtige Gegner haben. Aber sie sind absolut
unverzichtbar, wenn der Klimawandel in möglicherweise
noch handhabbaren Grenzen gehalten werden soll. Verfolgen
wir sie nicht, kann jede Hoffnung fahrengelassen werden, den
globalen Temperaturanstieg auf zwei Grad Celsius gegenüber
dem vorindustriellen Niveau zu begrenzen.

Die neue Trias: Nachhaltigkeit, Freiheit, Gerechtigkeit

Allein werden diese Notwendigkeiten aber kaum ausreichen, um eine hinreichend starke politische Bewegung zu erzeugen, die Nachhaltigkeit, Freiheit und Gerechtigkeit auf attraktive Weise verbindet. Vielmehr brauchen wir Positivvisionen. Idealisten werden sich dabei eher an Leitbildern erwärmen, die dem Grundsatz folgen: »Eine bessere Welt ist möglich!« Aber auch diejenigen, die sich eher als »Realisten« verstehen, müssen sich fragen, ob das reine »Durchwursteln« (das »muddling through« oder »piecemeal social engineering«, von dem Karl Popper sprach)[5] heute noch genügend Integrationskraft besitzt, um zunehmend individualisierte Gesellschaften zusammenzuhalten. Politische Systeme, die kein idealistisches Leitmotiv (mehr) haben und keine visionäre Kraft, die nur noch kalte Ideale wie Wettbewerbsfähigkeit, Wirtschaftswachstum oder Informationsgesellschaft propagieren, sind letzten Endes schwach und anfällig für Irrationalismus und totalitäre Ideen, wie sie uns heute beispielsweise im Gewande des »Islamischen Staates« oder Sekten jedweder Art begegnen.

Das Argument, allzu große Visionen hätten in der Vergangenheit eher zu Freiheitsbeschränkung oder gar Totalitarismus geführt, wie es etwa neoliberale Denker gegenüber der Idee der »Großen Transformation« immer wieder ins Feld führen, muss man ernsthaft erwägen. Daran allerdings, dass es zwischen dem ganz großen Wurf, der alles ändern oder gar einen »neuen Menschen« entwerfen will, und dem bloßen Inkrementalismus der »Realpolitik« mit ihren vermeintlich alternativlosen Entscheidungen einen dritten Weg gibt, der Menschen anspricht und mitnimmt, herausfordert und ermutigt, sollten wir nicht zweifeln. Eine Demokratie, die nichts mehr will, nur noch um den saturierten Median-Wähler kreist und

über das Umsetzen von vermeintlichen ökonomischen Sach-
zwanglogiken nicht hinauskommt, ist keine mehr. Sie ist eine
leblose Postdemokratie, in der zwar die Fassade noch intakt ist,
die Arbeit der Zuspitzung (Peter Glotz)[6] und das Anbieten von
echten politischen Alternativen aber nicht mehr stattfindet[7] –
mit dem absehbaren Ende, dass kaum noch einer hinschaut
und von der Politik nichts mehr erwartet wird.

Europa als Kontinent der Nachhaltigkeit

Europa etwa, das gleichermaßen »Kontinent der Differenz«
(Hans Magnus Enzensberger) und Kontinent der Kooperation
und Integration ist, braucht dringend eine starke Vision, in
der die alten und wertvollen Ideale wie Frieden, Humanismus,
Aufklärung, Völkerfreundschaft und Sozialstaatlichkeit so
mit dem Ideal der Nachhaltigkeit zusammengeführt werden,
dass alles zusammen Strahlkraft entfalten kann. Der Wettbewerb mit den ökonomischen Giganten China und USA sollte
sich nicht nur und nicht einmal primär um die ökonomische
Potenz ranken, sondern um die Frage der Nachhaltigkeit, der
Demokratiequalität und der kulturellen Attraktivität. Wirtschaftliche Vitalität ist sicher wichtig, sie zu vernachlässigen
wäre töricht, aber sie muss eingebettet sein in glaubwürdige
Wertvorstellungen und politische Ziele. Für ein solches Europa würde es sich – anders als für das Europa der wettbe-
werbsbesessenen Technokratie – endlich auch emotional zu
kämpfen lohnen.
   Gerechtigkeitsfragen spielen aber auch in einem wesentlich
pragmatischeren Sinne eine Rolle in der Nachhaltigkeitspolitik, als sie sich in den Fundamentalaspekten der intergenerativen und internationalen Gerechtigkeit spiegeln. Aufschluss-

reich ist hier die repräsentative Umfrage »Umweltbewusstsein in Deutschland 2014« des Bundesumweltministeriums:
Hier wird zwar von 56 Prozent der Befragten die Einschätzung geteilt, Umwelt- und Klimaschutz trügen zur Wohl-
standssicherung bei, gleichzeitig glauben aber nur 35 Prozent,
dass ökologische Politik auch ein Beitrag zur sozialen Gerechtigkeit sei.[8] Zwei Drittel aller Befragten sind also offenkundig
der Ansicht, dass Umweltschutz entweder keinen Einfluss auf
die soziale Gerechtigkeit hat oder dieser sogar zuwiderläuft.

Die von Teilen der Politik und vor allem der Industrie noch
immer kultivierte Sichtweise, Umwelt- und Klimaschutz gefährde den wirtschaftlichen Wohlstand, weshalb vor Über-
treibungen zu warnen sei, trifft also nur noch auf mäßigen
Zuspruch. Die von Umweltbewegung und Umweltpolitik systematisch und beharrlich vertretene Argumentation, Nachhaltigkeitsziele und wirtschaftliche Ziele ließen sich gut
vereinbaren, weil mit grünen Zielen schwarze Zahlen geschrieben werden könnten, trägt also offenbar Früchte, was
freilich auch mit der derzeit guten Konjunktur zu tun haben
mag.

Nicht gelungen ist es aber bislang, das Gegeneinander-Aus-
spielen von Umweltzielen und sozialen Zielen im öffentlichen
Bewusstsein abzuschwächen oder gar zu überwinden. Vielleicht ist auf diese Aufgabe von den Ökologie- und Nachhal-
tigkeitsbewegten aber auch noch gar nicht genug Energie verwendet worden, obwohl die Zusammenhänge doch auf der
Hand liegen. Einige Beispiele:

1. Akute Umweltprobleme wie Lärm oder Luftverschmutzung betreffen oft die Quartiere von sozial schwachen
   Gruppen der Gesellschaft am stärksten. Verbesserungen
   kämen also vor allem ihnen zugute.

2. Von guten Infrastrukturen wie dem öffentlichen Personennahverkehr, dem Radwegenetz, energetisch modernisierten
   Mietwohnungen oder städtischen Parks profitieren einkommensschwache Gruppen meist besonders.

3. Kollaborativer Konsum, die Ökonomie des Teilens, Repair-
   Cafés, Stadtgärten oder die Kreislaufwirtschaft des Weiter-
   und Wiederverwertens, all das hat das Potential, die Kosten
   des alltäglichen Lebens deutlich zu senken und damit in besonderer Weise Menschen zugutezukommen, die über wenig Geld verfügen.

4. Gerade in Handwerk und Mittelstand, aber auch in der Industrie sind durch den Ausbau der erneuerbaren Energien,
   die Energieeinsparung und den Einsatz von Umwelttechno-
   logie zahlreiche neue Arbeitsplätze entstanden, die Einkommen für viele Arbeitnehmerinnen und Arbeitnehmer
   sowie ihre Familien generieren.

5. Die Bekämpfung des Klimawandels kommt weltweit vor
   allem den Menschen zugute, deren Existenz unmittelbar an
   der Stabilität und Qualität der Naturgüter hängt, seien es
   indigene Völker in Amazonien, Kleinbauern in Indien,
   Siedler im Mekong-Delta, Fischer im Tschad, Tauchschulen
   am Roten Meer oder Touristenführer in der Serengeti. Klimaschutz oder Ressourcenschutz ganz allgemein sichern
   somit ihre soziale Existenz.

6. Eine strukturelle Umstellung der Besteuerung von Arbeitseinkommen auf Ressourcenverbrauch und Kapitaleinkünfte sowie die Einführung eines ökologischen Grundeinkommens würden einkommensschwache gegenüber
   einkommensstarken Bevölkerungsgruppen besserstellen.

Die Tatsache, dass ökologische und soziale Fragen in vielen Gesellschaften (noch) nicht miteinander verbunden, sondern gar als Gegensätze gesehen werden, sollte Nachhaltigkeits- protagonisten in Wissenschaft, Wirtschaft und Politik An- sporn sein, an diesem Defizit zu arbeiten. Bei allen politi- schen Vorschlägen zur Förderung der Nachhaltigkeit sollten die distributiven Effekte deshalb stets mitgedacht werden, ob bei Ökosteuern oder der Umlegung von Investitionskosten für Maßnahmen der energetischen Gebäudemodernisierung auf die Mieterinnen und Mieter, bei Fahrpreisgestaltungen im öffentlichen Transportsystem oder der Förderung regio- naler Wirtschaftsaktivitäten, bei der Besteuerung nicht-kom- merzieller Sharing-Projekte oder der Verlängerung von Garantiezeiten für Gebrauchsgegenstände, in der Entwick- lungszusammenarbeit oder der Gestaltung von Handelsab- kommen – überall hat der Staat die Möglichkeit, die Interessen der »kleinen Leute« in besonderer Weise zu berücksichtigen.

Das wäre nicht nur sachlich geboten, sondern würde auch denjenigen das Handwerk erschweren, die sich darauf spezia- lisiert haben, Umwelt-, Natur- und Klimaschutz systematisch als Marotte einer wohlhabenden Öko-Bourgeoisie zu denun- zieren, die sich keinen Deut um die Belange der Bezieher von kleinen und mittleren Einkommen schert. Sicher, es gibt keine automatische Identität von sozialen und ökologischen Zielen, vor allem in kurzer Frist; Zielkonflikte sind immer möglich. Aber es gibt doch sehr starke Verknüpfungsmöglichkeiten von beiden Zielen, die es in Zukunft besser herauszuarbeiten gilt.

7   Nachhaltigkeit, Demokratie, Werte: Welche Werte wollen wir, und wie tief dürfen politische Eingriffe gehen?

Dass wir, um als Einzelne oder Gesellschaften dem Ziel einer nachhaltigen Entwicklung näherzukommen, gewohnte Pfade verlassen und neue beschreiten müssen, dürfte außer Frage stehen. Zu offenkundig ist, dass ein Verbleiben auf dem gegenwärtigen Kurs hoher Ressourcenintensität und hoher Klimagasausstöße uns nicht in einen sicheren Hafen *(safe operating space)*[1] führt, sondern eher in Richtung Wüste oder Kollaps (Jared Diamond). Was aber bringt Einzelne und Gesellschaften dazu, gewohnte Pfade zu verlassen? Woher soll die Bereitschaft kommen, etwas Höheres anzustreben, für das man gegebenenfalls auch bereit ist, Opfer zu bringen und Lasten auf sich zu nehmen?

Zu dieser Frage können die verschiedensten Perspektiven eingenommen werden. Man kann sie quasi-religiös oder spirituell angehen und die ökologische Krise in den Kategorien von Schuld, Sühne und Umkehr zu fassen versuchen. Dass wir etwa »zu weit« gegangen sind und »umkehren« müssen, »falsche Götzen« wie den Konsum, den Materialismus oder das Wachstum anbeten oder mit den Schwachen teilen sollten, all das sind Argumentationsfiguren, die der Nachhaltigkeitsdebatte, wenn auch zumeist in andere Worte gefasst, keineswegs fremd sind. Die jüngst veröffentlichte Umwelt-Enzyklika des Papstes etwa, die sich an alle »Menschen guten Willens« richtet, knüpft stark an diese Denktradition an.

Dass die kalte »Zivilreligion« des Kapitalismus (Walter Benjamin)[2] und die zunehmende Reduktion von Politik auf Wirtschaftsförderung die Kraft haben könnten, unserer Gesellschaft über die »unsichtbare Hand« der Märkte ein Gefühl von Zusammengehörigkeit zu verleihen und den Irrationalismen und Totalitarismen unserer Zeit etwas normativ Anspruchsvolles und Mitreißendes entgegenzusetzen, bezweifeln zu Recht immer mehr Menschen. Individuen und Gesellschaften wollen und brauchen Orientierung und Werte, die sie weder im bloß Ökonomischen noch im bloßen Rationalismus finden.

Erhellend aufgespießt hat diesen Sachverhalt Michel Houellebecq in seinem neuen Roman *Unterwerfung,* in dem er einen Protagonisten sagen lässt: »Immer häufiger wünschten sich Familien – jüdische, christliche und muslimische – für ihre Kinder Erziehung, die sich nicht auf die reine Wissensvermittlung beschränke, sondern eine spirituelle Bildung im Sinne ihrer Traditionen gewährleiste. [...] Im Grunde gehe es nur darum, den Rahmen der republikanisch geprägten Schulen zu erweitern und sie dafür zu rüsten, in Einklang und Harmonie mit den großen spirituellen Schulen unseres Landes zu leben.«[3]

Angesichts historischer oder auch aktueller Entwicklungen von den Kreuzzügen bis zum Islamischen Staat muss man das Plädoyer für eine Renaissance des Religiösen nicht zwingend teilen. Man muss auch nicht unbedingt spirituell »musikalisch« sein, obwohl es helfen kann.[4] Aber es lässt sich leicht erkennen, dass für eine so große Transformationsaufgabe wie das Beschreiten eines Nachhaltigkeitspfades, das ja durchaus auch Opfer einschließt, nicht nur dessen wissenschaftliche Herleitung notwendig ist, sondern auch moralische Begründungen erforderlich sind, die über uns selbst und den unmittelbaren Nutzen für uns hinausweisen. Die Reflexion über das Spirituelle, die selbstverständlich auch die Dimension der Distanz einschließen kann, befähigt uns dazu, genug Energie zu mobilisieren, um »unsere derzeitige Trägheit zu überwinden, die uns daran hindert, unser eigenes Leben wie auch unsere Gesellschaft zu transformieren«[5].

Das Leiden an den »Verhältnissen«

Aus meiner Warte sind es über die Grundsatzfrage der Spiritualität hinaus vor allem drei große Wirkkräfte, die Menschen dazu bewegen, das Gewohnte (ganz oder teilweise) hinter sich zu lassen: das Leiden an den Verhältnissen, der Zwang zur Veränderung oder das Vorhandensein und Erkennen-Können von attraktiveren Pfaden, auf die man gern wechselt, weil sie besser sind. Übertragen auf die ökologische Frage oder in einem umfassenderen Sinne auf die Nachhaltigkeitsfrage, so würden die drei Kräfte wie folgt wirken:

Der Problemdruck in Form von Umweltverschmutzung oder Ressourcenknappheit, physischer oder psychischer Belastung ist so gewaltig, dass Menschen es nicht mehr aushalten, dem Gewohnten entfliehen wollen und sich allein oder gemeinsam mit anderen auf den Weg machen, um nach Alternativen Ausschau zu halten. Sie haben wenig oder nichts zu verlieren, denn etwas Besseres als existentielle Probleme finden sie überall (die Analogie zu den *Bremer Stadtmusikanten* ist durchaus kein Zufall).

Die weltweit steigende Zahl an Umwelt- und Klimaflüchtlingen etwa zeigt, dass »das Leiden an den Verhältnissen« schon heute ein relevantes Problem und ein Treiber von »Veränderung aus Verzweiflung« ist. Für die Zukunft wird von der

Internationalen Organisation für Migration bereits 2050 mit einer Zahl von 200 Millionen Klimaflüchtlingen gerechnet, die zu den Kriegs- oder Bürgerkriegsflüchtlingen hinzukommen.[6] Dass das Eintreten eines solchen Szenarios ohne Folgen für die Wohlstandsinseln der Nordhemisphäre, ihre Bewohner und Institutionen bliebe, können eigentlich nur Realitätsverweigerer annehmen.

Der Zwang zur Veränderung

Eine (im Idealfall wohlmeinende) Autorität, der »benevolent dictator«, drängt die Menschen durch Verbote oder andere Instrumente (etwa prohibitiv hohe Steuern) vom beschrittenen Pfad der Umweltzerstörung und Ressourcenübernutzung ab und lenkt sie sanft oder weniger sanft auf einen Pfad der Nachhaltigkeit um. Diese Autorität übt also Macht aus, zwingt den Betroffenen ihre (im Idealfall erleuchteten) Einsichten und ihren Willen auf, ohne sich (etwa durch Wahlen) dafür legitimieren zu müssen.

Dass diese (»wohlmeinende« und gleichermaßen »strafende«) Autorität auch »Mutter Natur« selbst sein kann, indem sie uns bestimmte Wege einfach versperrt und andere aufzwingt, beschrieb schon Friedrich Engels (1820–1895) in seiner »Dialektik der Natur« auf eindringliche Weise:

»Schmeicheln wir uns indes nicht zu sehr mit unsern menschlichen Siegen über die Natur. Für jeden solchen Sieg rächt sie sich an uns. Jeder hat in erster Linie zwar die Folgen, auf die wir gerechnet, aber in zweiter und dritter Linie hat er ganz andre, unvorhergesehene Wirkungen, die nur zu oft jene ersten Folgen wieder aufheben.«[7]

Bessere Pfade

Der alte Pfad ist nicht mehr attraktiv, in erreichbarer Nähe sind neue, lustmachende und bessere Wege erkennbar, auf die man gerne und aus freien Stücken wechseln möchte. Vielleicht, weil man mit viel weniger Ressourcenaufwand die gleichen Ziele erreichen kann (Effizienz), weil man statt schmutziger oder gefährlicher Technologie saubere einsetzen kann, um seine Ziele zu erreichen (Substitution), weil man gar nicht (mehr) so viele Güter braucht, um zufrieden zu sein, also andere Ziele anstrebt als materielle (Suffizienz), weil man Freude daran findet, Dinge selbst zu machen statt sie zu kaufen, und so eher dem Ziel der Autonomie als dem der Einkommenserzielung folgt (Subsistenz), weil man Ziele gemeinsam mit anderen verfolgen und Dinge gemeinsam nutzen kann, ohne sie besitzen zu müssen (Sharing).

Wenn wir dieses zugegebenermaßen holzschnittartige Schema nun auf unsere eigene Gesellschaft anwenden, lassen sich meines Erachtens recht eindeutige Schlüsse ziehen:

Es gibt in den entwickelten Industriestaaten Menschen, die Umweltprobleme und das Leben auf Kosten anderer, allgegenwärtiges Wachstumsstreben und Konsumismus so unerträglich finden, dass sie aus starker Eigenmotivation heraus beginnen, nach Alternativen zu suchen und sie zu praktizieren. Sie warten nicht auf die Politik, sondern versuchen sich als Lebensstilpioniere. Und es werden zum Glück immer mehr. Ob man diesen Menschen deshalb gleich den Status einer Avantgarde zuschreiben muss, wie es in Postwachstumskreisen manchmal geschieht,[8] ist eine ganz andere Frage. Vielleicht bürdet man ihnen damit sogar eher eine zu große Last auf und isoliert sie gesellschaftlich. Ob eine Bewegung eine Avantgarde ist, eine Vorhut des Neuen, lässt sich ohnehin erst in der historischen Retrospektive erkennen. Sich selbst so zu sehen oder gar zu nennen ist nur Hochmut.

Ein Massenphänomen jedenfalls ist das Wählen der Exit-Option aus Leidensdruck bislang nicht, vielleicht noch nicht. Die Mehrheit der Bevölkerung ist, wie mir scheint, einstweilen der Ansicht, hierzulande lasse es sich alles in allem recht gut leben und man habe bei Veränderungen durchaus etwas zu verlieren, weshalb sie radikalem Wandel zumeist skeptisch gegenübersteht.

Es gibt in den meisten westlichen Demokratien ein grundsätzliches Misstrauen gegenüber starken staatlichen Zwangsmaßnahmen. Zwar wird gesetzliche Regulation im Umweltbereich akzeptiert und befolgt, wo sie von der Mehrheit als sinnvoll empfunden wird, etwa bei der Luft- und Wasserreinhaltung oder beim Naturschutz. Eine allumfassende »Ökodiktatur« jedoch wird sich kaum jemand wünschen. Solange die Lösung von Umweltproblemen noch Freiheitsgrade bei der Wahl der Mittel zulässt, werden die allermeisten den demokratischen Weg bevorzugen. Und das ist ja auch gut so.

Nachhaltigkeitspolitik muss unter den gegebenen Handlungsbedingungen also vor allem darauf gerichtet sein, alternative Pfade aufzuspüren, aufzuzeigen und zu deren Begehung einzuladen. Dabei muss sie in dem Sinne zuversichtlich sein, dass sie auf die menschliche Einsichtsfähigkeit und Handlungsbereitschaft hofft und vertraut. Das ist riskant, wie Freiheit und Demokratie ja überhaupt riskant sind. Aber klar muss auch sein: Wenn wir nicht sehenden Auges in die Leidens- und Zwangsfalle hineinlaufen wollen, muss demokratisches Handeln an die Ziele und Erfordernisse der Nachhaltigkeit angepasst werden. Wir könnten ansonsten eines nicht allzu fernen Tages in einer Situation landen, in der wir durch

Umweltzerstörung und Ressourcenübernutzung genau das verlieren, was uns doch allen so lieb und teuer ist: die Freiheit zur Selbstbestimmung!

Ist die heutige Demokratie zukunftsfest?

Am Ende wird es vielleicht so sein, dass auch in unserer Gesellschaft alle drei Treiber der Veränderung eine Rolle im notwendigen Transformationsprozess hin zur nachhaltigen Entwicklung spielen werden: der Leidensdruck und das »Nicht-mehr-aushalten-können-und-wollen«, die Einsicht in Grenzen und die Akzeptanz entsprechender Regulierungen sowie das Erkennen, Entwickeln und Nutzen besserer Pfade. Hauptaufgabe einer zeitgemäßen Nachhaltigkeitspolitik muss es deshalb sein, gleichermaßen zu begrenzen und zu ermöglichen, anspruchsvolle Nachhaltigkeitsziele zu setzen und mit und in der Gesellschaft ansprechende Wege dorthin zu entwickeln. Kurz: Demokratische Politik muss zeigen, dass sie Zukunft kann und nicht nur Gegenwart.

Ist unsere heutige Form der Demokratie denn nachhaltigkeitstauglich? Sind unsere Institutionen und Verfahren so angelegt, dass sie nicht nur Gegenwarts-, sondern auch Zukunftsinteressen angemessen berücksichtigen? Hat das politische System einen hinreichend hohen Selbstbehauptungswillen, um starken ökonomischen Interessen soziale und ökologische Grenzen zu setzen und das Wirtschaften wieder in gesellschaftliche Ziele einzubetten?

Winston Churchill hatte recht, als er am 11. November 1947 im britischen Unterhaus feststellte: »Niemand erhebt den Anspruch, dass die Demokratie perfekt ist oder in einem umfassenden Sinn weise. Es ist sogar gesagt worden, dass De-

mokratie die schlechteste aller Regierungsformen sei – außer
denen, die sonst noch von Zeit zu Zeit ausprobiert wurden.«[9]

Aus heutiger Sicht und ganz besonders aus einer Nachhaltigkeitsperspektive muss man jedoch sagen, dass Churchills
Zitat ergänzungsbedürftig ist: Die Demokratie ist eine gute
Regierungsform, weil sie über »checks and balances« sicherstellt, dass zwischen den Gegenwartsinteressen ein alles in allem fairer Abgleich stattfindet, auch wenn manche Gruppen
es durch Lobbymacht besser vermögen als andere, ihre Interessen in Parlament und Regierung durchzusetzen, vor allem
die großen Wirtschaftsunternehmen und die großen Interes-
senverbände. Was bislang nicht oder zumindest bei weitem
nicht hinreichend gelingt, ist die angemessene Berücksichtigung von Zukunftsinteressen wie dem Klimaschutz oder der
Ressourcenschonung. Deshalb sind die Institutionen der Demokratie zu reformieren und von unten durch direktdemo-
kratische sowie von oben durch langzeitorientierte Institutionen und Verfahren zu ergänzen.

Der Nationalstaat mit seinen »reifen« Institutionen ist und
bleibt auf absehbare Zeit der Handlungsraum, in dem die Demokratie westlicher Prägung am besten gelingen kann. Zugleich jedoch ist der Nationalstaat für manches zu klein und
für manches zu groß geworden. Zu klein geworden ist er für
all jene Bereich, die sich globalisieren: von der Digitalisierung
über den Klimawandel bis zum Wirken der multinationa-
len Konzerne. Zu groß geworden ist er vor allem für eine
wache und gestaltungswillige Zivilgesellschaft, die vor Ort
möglichst vieles direktdemokratisch diskutieren und regeln
möchte und sich nicht länger mit alternativloser Sachzwang-
politik »von oben« abfinden will.

Der Nationalstaat: Kompetenzabtretung nach oben und unten

Es liegt in dieser Logik, dass der Nationalstaat manche Kompetenzen nach oben und manche nach unten abgeben muss, wobei in ganz besonderer Weise darauf zu achten ist, dass eine konsequente Ausrichtung am Prinzip der Subsidiarität stattfindet, also der Angemessenheit der Handlungsebene: Was unten gleich gut oder besser geregelt werden kann, bedarf keiner Regulierung auf höherer Ebene. Was nach oben weggegeben wird, muss zugleich von einer Demokratisierung der höheren Ebene abhängig gemacht werden. Geschieht das nicht, wie in der Europäischen Union bis in die Gegenwart hinein üblich, bedeutet das Weggeben von nationaler Kompetenz nichts anderes als De-Legitimierung der nationalen Parlamente, schleichende Entdemokratisierung politischer Prozesse und verbesserte Handlungsbedingungen für Lobbyisten, vor allem aus dem Bereich der global operierenden Großunternehmen.

Konkret bedeutet das für die Europäisierung und Internationalisierung einer Politik der Nachhaltigkeit, dass

— die EU selbst endlich glaubwürdigere und anspruchsvollere Klimaschutz- und Naturschutzziele festlegt und diese nicht als Höchst-, sondern als Mindestziele versteht, so dass Mitgliedsstaaten in ihrem Handeln auch über diese Ziele hinausgehen können;

— die EU in der internationalen Umwelt- und Klimadiplomatie endlich wieder eine glaubwürdige Vorreiterrolle einnimmt und sich dafür einsetzt, dass neben dem naturgemäß eher langsamen Völkerrecht eine Schnellfahrspur für Klimaschutz und Nachhaltigkeit geschaffen wird, auf der sich

»Koalitionen der Willigen« ohne Tempolimit schneller fortbewegen können;

– die EU endlich wirksamere Maßnahmen gegen die überbordenden Lobbyeinflüsse auf die Kommission ergreift und vollständige Transparenz in der Erarbeitung von Richtlinien sicherstellt;

– die Europäisierung da, wo zu weitgehende Kompetenzen an die EU gegeben wurden, zurückgeschraubt wird und die Nationalstaaten und Regionen in die Lage versetzt werden, ihrerseits nachhaltiger zu agieren, etwa in der Landwirtschaftspolitik, die sich stärker an regionalen Gegebenheiten als an globalen Wettbewerbszielen ausrichten muss;

– das Europaparlament gegenüber dem Rat und der Kommission zu stärken, so dass in Nachhaltigkeitsfragen Strategien entwickelt werden können, auf die auch das »europäische Volk« und nicht nur die europäische Bürokratie und die nationalen Regierungen Einfluss nehmen können.

Ein Bundesministerium für nachhaltige Entwicklung und Klimaschutz?

Innerhalb des politischen Systems der Bundesrepublik ist Nachhaltigkeit heute nur schwach verankert: Die Bundesregierung hat einen Staatssekretärsausschuss für nachhaltige Entwicklung, eine Nachhaltigkeitsstrategie und hält sich einen Nachhaltigkeitsrat, der regelmäßig Berichte vorlegt und Großkonferenzen abhält. Der Bundestag hat einen Parlamentarischen Beirat für nachhaltige Entwicklung, der an der operativen Gesetzgebungsarbeit nur am Rande beteiligt ist. Er

darf den federführenden Ausschüssen des Parlaments gut-
achtliche Stellungnahmen und Empfehlungen vorlegen. Die
vom Bundestag eingesetzte Enquetekommission »Wachstum, Wohlstand, Lebensqualität«, die Mitte 2013 ihre Ergebnisse vorgelegt hat, ist für das Regierungshandeln und die
parlamentarischen Entscheidungsprozesse weitgehend fol-
genlos geblieben.[10] Der Bundesrat führt mit der Bundesregierung einen »strukturierten Dialog«, was vor allem heißt, dass
man Vorlagen zur Kenntnis nimmt.

So unzweifelhaft kompetent und engagiert die Mitglieder
der diversen Nachhaltigkeitsgremien sind, und so sehr sie Dank
und Anerkennung für ihre Arbeit verdienen, so deutlich muss
doch gesagt werden, dass das Ganze auf das operative Handeln
der Ressorts keinen oder nur sehr geringen Einfluss hat.

Könnte man das ändern? So wie die Verhältnisse nun einmal liegen, bekommen Themen im Berliner Politikbetrieb nur
dann wirkliches Gewicht, wenn sie in eigenen Ressorts verankert sind, die auch in Kooperation mit dem Parlament eigene
Gesetzgebungsverfahren initiieren können. Heute haben wir
es mit einer enormen Zersplitterung der Zuständigkeiten zu
tun. Zwar ist das Umweltministerium für Klimaschutz zuständig, aber für die Regulierung derjenigen Bereiche, in denen die Emissionen zu einem großen Teil entstehen – dem
Stromsektor, dem Verkehrssektor und dem Landwirtschafts-
sektor –, sind andere Ressorts zuständig. Auch für die Bio-
diversitätsstrategie ist das Umweltministerium zuständig; die
Zuständigkeit für Land-, Forst- und Fischereiwirtschaft liegt
aber im Landwirtschaftsministerium. Die Liste ließe sich
leicht fortsetzen.

Auf diese institutionelle Schwäche der Nachhaltigkeit
könnte politisch grundsätzlich auf dreierlei Weise reagiert
werden, wobei auch Mischformen möglich wären:

- Es wird ein Bundesministerium für Nachhaltigkeit und Klimaschutz eingerichtet, das neben dem Umwelt-, Natur- und Klimaschutz auch die Zuständigkeit für so wichtige Bereiche wie Elektrizitätswirtschaft, Verkehr und Wohnungsbau erhält. Ein solches Superministerium könnte systematisch dafür sorgen, dass in allen Sektorpolitiken die Nachhaltigkeits- oder Klimaschutzziele eingehalten werden.

- Es wird ein Nachhaltigkeits- und Klimaschutzgesetz verabschiedet, das die entsprechenden Ziele verbindlich festschreibt; Zuwiderhandlungen wären dann Gesetzesverstöße, die geahndet werden können. In Sachen CO_2-Ziele verfolgen mittlerweile verschiedene Bundesländer diesen Ansatz, etwa Nordrhein-Westfalen und Bremen.

- Nachhaltigkeit und Klimaschutz werden im Grundgesetz in den Rang von Grundrechten erhoben. Auf dieser Basis wird ein Stabilitäts- und Nachhaltigkeitsgesetz erarbeitet und ein wirklicher Nachhaltigkeitsrat eingerichtet (vgl. Kap. 4.6), der im Kanzleramt ressortiert, über die Einhaltung der Ziele wacht und bei Ressortabstimmungen zu Gesetzgebungsvorhaben mit Vetorechten ausgestattet wird. Das Gremium sollte eine Amtszeit von fünf Jahren haben, und eine Möglichkeit der Wiederwahl seiner Mitglieder sollte nicht bestehen. Es wäre darüber nachzudenken, dass in dieses Gremium nicht nur Sachverständige berufen würden, sondern auch Laien mit Urteilsvermögen, die gegebenenfalls nach dem Losverfahren ausgewählt würden.

Sicher, über solcherlei institutionelle Innovation und das entsprechende Design wäre erst einmal gründlich nachzudenken und zu diskutieren. Aber sie würde meines Erachtens weder die Prinzipien der Gewaltenteilung noch die der repräsentativen Demokratie aushebeln. Im Gegenteil: Langzeitinteressen und Parlamentarismus, Nachhaltigkeit und notwendiger tagespolitischer Streit könnten eine fruchtbare Symbiose eingehen.

Bürgerprotest als Korrektiv des »Weiter so«

Das relativ hohe Umweltbewusstsein und Umweltwissen großer Teile der Bevölkerung und das Erstarken von Umweltbewegung, Umweltforschung und Umweltpolitik haben in der Bundesrepublik so manche Fehlentwicklung verhindert.[11] Hätte sich die Energiepolitik in den achtziger Jahren etwa an den Energieverbrauchsprognosen der Energiewirtschaft und ihrer Experten orientiert, wäre es zu gigantischen Fehlinvestitionen und Überkapazitäten gekommen. Deren Erwartungen lagen immer deutlich zu hoch.[12] Die Energiewirtschaft müsste dem Bürgerprotest gegen Atom- oder Kohlekraftwerke also eigentlich dankbar sein. Gleiches gilt für die Abfallwirtschaft und die Abfallpolitik, die noch in den neunziger Jahren das ganze Land mit Dutzenden von Müllverbrennungsanlagen überziehen wollten, was einer funktionierenden Kreislaufwirtschaft fundamental im Wege gestanden hätte. Auch hier hat also der Widerstand, in diesem Fall gegen die Wegwerfgesellschaft und befürchtete Schadstoffemissionen, Fehlentwicklungen verhindert, die uns teuer zu stehen gekommen wären.

In anderen Bereichen, wo vermeintliche Wirtschaftsförderung weitgehend ungestört den eigenen expansiven Planungen folgen konnte, weil das Augenmerk der kritischen Öffentlichkeit nicht auf ihnen ruhte, etwa bei der Ausweisung

riesiger Gewerbegebiete in den neuen Bundesländern oder
dem überdimensionierten Ausbau von Bundesfernstraßen
ebendort, wurden kostspielige Irrwege beschritten. Im Durchschnitt lässt sich also mit Blick auf die letzten Jahrzehnte feststellen, dass Bürgerprotest und die Entwicklung von Alternativen im Ergebnis viele Planungen umgestoßen oder
zumindest verbessert haben, was nicht nur gut für die Um-
weltsituation, sondern oft auch gut für die öffentlichen Haushalte war.

Vom Dagegen zum Dafür

Solange sich Bürgerprotest vor allem abwehrend gegen Industrieanlagen, Rohstoffabbau, Autobahnen, Häfen, Strom-
trassen, Atomkraftwerke, Müllverbrennungsanlagen und
Tiermastfabriken richtete, war es weit verbreitet, ihn als fort-
schritts-, wirtschafts- und arbeitsplatzfeindlich zu brandmar-
ken. Auch heute wird dies noch regelmäßig versucht. »Nein
Danke!«, jene Parole der siebziger und frühen achtziger Jahre
war für die Umweltbewegung zwar enorm mobilisierend,
trug ihr aber umgekehrt den Vorwurf der Verweigerungshal-
tung und der falschen Romantik ein. Seit Mitte der achtziger
Jahre hat sich der ökologische Diskurs aber allmählich von
einem primär abwehrenden (»So nicht!«) zu einem Gestaltungsdiskurs (»So sollte es sein!«) gewandelt. Aus dem Bereich der Umweltforschung und der Umweltbewegung kamen
jetzt zunehmend fundierte Konzepte für einen ökologischen
Strukturwandel: für die Energiewende, die Landbauwende,
die Chemiewende, die Verkehrswende, die Wasserwende, die
Waldwende, die Ressourcenwende, die Effizienzrevolution,[13]
die emissionsfreie Solarzivilisation,[14] die abfallfreie Kreislauf-

wirtschaft[15] oder die flächenschonende Siedlungspolitik[16]. Unter der Überschrift der nachhaltigen oder zukunftsfähigen Entwicklung traten diese Ideen seit den neunziger Jahren national wie international eine bemerkenswerte Karriere an.[17]

Und in Bezug auf die »ökologische Modernisierung« wird von den Umweltprotagonisten sogar mit zunehmender Plausibilität argumentiert, konsequenter Umweltschutz verbessere nicht nur die Lebensqualität, sondern schaffe auch Arbeitsplätze und verbessere die Wettbewerbsposition der Wirtschaft. Vom Stigma der »Fortschrittsfeindlichkeit« konnte man sich so befreien, wenn auch um den Preis eines Verlustes an visionärer Kraft und einer teilweise technokratischen Anmutung der Umbaukonzepte.[18]

Der Übergang der Ökologiedebatte von der bloßen Ablehnung des Falschen hin zum Aufzeigen von attraktiven Alternativen hat enorme politische und gesellschaftliche Wirkung entfaltet. Dieser ökologische Modernisierungsschub hat Deutschland internationales Ansehen verschafft und wird weltweit von vielen genauestens verfolgt. Das gilt in ganz besonderer Weise für die Energiewende, mit der hierzulande nicht erst nach dem Atomunfall von Fukushima begonnen wurde. Gelingt sie, wird das international Nachahmungseffekte zur Folge haben, scheitert sie, wird das weltweit zu sehr negativen Folgen für die erneuerbaren Energien und den Klimaschutz führen.[19]

Bürgerkompetenz als Produktivkraft

Die Erfolgsgeschichte des ökologischen Bürgerprotests und der Entwicklung von Alternativen hat in Deutschland aber bislang noch nicht im notwendigen Umfang zu Anpassungen der politischen Routinen sowie des Planungs- und Verfahrensrechtes geführt. Deren Begrifflichkeit und Methodik ist noch immer im obrigkeitsstaatlichen Denken verhaftet. Man muss sich nur den Sprachduktus vergegenwärtigen, um das Unzeitgemäße zu erkennen: Wenn es um geplante Projekte geht, dann legt der Staat (die Planungsunterlagen) aus, hört (Betroffene und Experten) an, wägt (die Einwände) ab und stellt (den endgültigen Plan) fest: Auslegen, anhören, abwägen, feststellen – das klingt nicht wirklich nach Ernstnehmen.

Dem Bürger wird Akteneinsicht »gewährt«, er »wendet ein«, »regt an« – und zu guter Letzt wird ihm eine Feststellung »amtlich mitgeteilt«. Von »Augenhöhe« kann da nicht gesprochen werden. Und hört man sich die Beschleunigungsrhetorik mancher Politiker an, dann kann man sich des Eindrucks nicht erwehren, als sähen sie im gutinformierten und partizipationswilligen Bürger noch immer vor allem einen Störenfried, der den reibungslosen Ablauf schnell zu realisierender Projekte nur unnötig aufhält. Dass in China alles viel schneller gehe, die Magnetschwebebahn Transrapid in Shanghai etwa nur wenige Jahre Planungs- und Bauzeit benötigt habe, ist ein wirtschaftspolitisch gern bemühtes Argument, wenn wieder einmal Klage über das angeblich übertriebene Beteiligungswesen in Deutschland geführt wird. Darüber, dass dies unter Ausschaltung elementarster Grundrechte erreicht wurde, hört man von den Beschleunigungsfanatikern allerdings wenig bis gar nichts.

Als nächsten ideologischen Kampfplatz haben die Protagonisten der Beschleunigung den Ausbau der Hochspannungsstromnetze ausgemacht, der für den Abtransport des Offshore-Windstroms von der Nord- und Ostsee nach Nordrhein-Westfalen und Süddeutschland unverzüglich zu reali-

sieren sei. So wie die Beschleunigungsgesetze für den Auto-
bahnbau in den neuen Bundesländern zum besseren Ver-
kehrsfluss von Waren und Menschen von West nach Ost und
von Ost nach West geführt hätten, so müssten nun die Beschleunigungsgesetze für den Stromnetzausbau zum besseren
Fluss von Kilowattstunden vom Norden in die Stromver-
brauchszentren des Südens führen. Das neue Paradigma lautet: Wer sich dem schnellen Netzausbau in den Weg stellt, der
ist ein Feind der Energiewende.

Nun ist es ja durchaus richtig, dass bei der Umstellung unserer Stromversorgung von Kohle und Atomkraft auf Sonne
und Wind Tempo gemacht werden muss, wenngleich eine
stärker dezentral ausgerichtete Energieversorgung einen großen Teil des von interessierter Seite hochgerechneten Netz-
ausbaus überflüssig machen würde. Aber zu glauben, man
könne zügigere Verfahren durch das Reduzieren von Bürgerbeteiligung oder die Abschwächung von Naturschutzzielen
erreichen, ist in einer selbst- und umweltbewussten Bürgergesellschaft schon ein wenig realitätsfremd. An dem Ziel, legitime (Beschleunigungs-)Interessen der Energiepolitik und
legitime (Qualitäts-)Interessen der betroffenen Menschen so
zu verbinden, dass in verantwortbaren Zeiträumen etwas gemeinsam Getragenes dabei herauskommt, führt kein Weg
vorbei. Das ist mühevoll, aber möglich.

Was jetzt ansteht, ist das systematische Anpassen aller relevanten Gesetze an das Leitbild des kundigen Bürgers, der
auch bereit ist, sich zu informieren, zu beteiligen und im Rahmen von Verfahren Verantwortung zu übernehmen. Die Zeiten, in denen auf der einen Seite der allwissende Staat mit seiner Autorität und auf der anderen Seite der demütige und
ahnungslose Bürger stand, sind endgültig vorbei. Politik und
öffentliche Verwaltung sollten den Bürger als Produktivkraft

sehen, als etwas Positives, etwas die Planungen potentiell Verbesserndes.

Teil der neuen Diskurs- und Partizipationskultur muss es sein, über wirklich qualifizierte Alternativen entscheiden zu können und nicht in einem oberflächlichen Schlagabtausch von Befürwortern und Gegnern bestimmter Projekte hängen-zubleiben. Meinungsfreiheit ist das eine, sie ist die *conditio sine qua non* aller demokratischen Prozesse, nicht minder be-deutend ist aber die »Meinungserarbeitungsfreiheit« (Rein-hard Ueberhorst), die Zeit und Ressourcen (zur Erarbeitung von alternativen Projekten oder alternativen Entwicklungs-pfaden) und gutgesteuerte Dialogprozesse braucht.[20] Sie erst schafft auf allen Seiten das notwendige Bewusstsein für die Stärken und Schwächen der eigenen Argumente und somit die Grundlagen für wirkliche Wahlfreiheit. Vor allem aber: Die Möglichkeit, über qualifizierte und gutausgearbeitete Al-ternativen entscheiden zu können, entzieht den »schreck-lichen Vereinfachern« die Basis. Die von ihnen oft als Herr-schaftstechnik bevorzugte Zuspitzung (»Bist du für oder gegen Technik, für oder gegen Fortschritt?) wirkt angesichts der realen Fragen nur noch unangemessen.[21]

Es muss freilich nicht zwingend abgewartet werden, bis alle rechtlichen Anpassungen an das Leitbild der umfassenden Bürgerbeteiligung stattgefunden haben. Vieles geht auch frei-willig, etwa in Form von vorgeschalteten Bürgerforen oder Runden Tischen. Ja, man darf sogar annehmen, dass solch frühe und informelle Beteiligungsformen letztlich zu einer Beschleunigung der formellen Prozesse führen, weil vieles im Vorfeld bereits geklärt und verändert werden konnte.

Diskursive Politik: Partizipation und Verbindlichkeit gehören zusammen

Allerdings ist vor übertriebener Idealisierung der Bürgerbeteiligung ebenso zu warnen wie vor struktureller Überforderung aller Beteiligten aufseiten von Staat und Bürgerschaft, die letztlich zum »Participation Overkill« und damit nur zur Entscheidungsverschleppung führen würde. Zu warnen ist vor allem vor einer (weiteren) De-Legitimierung von Institutionen der repräsentativen Demokratie und einer Schwächung ihrer »Filterwirkung« gegenüber populistischem Unfug und einem Egoismus, der sich gern in Gemeinwohlrhetorik kleidet.

Freilich muss sich auch das repräsentative System selbst wandeln und etwa über die Rekrutierung des politischen Personals nachdenken, dem nicht selten die gesellschaftliche Bodenhaftung abhandengekommen ist oder ganz fehlt.

Aus ökologischer und demokratischer Perspektive ist vor allem vor drei Fallstricken zu warnen, die bei einem partizipationsorientierten Mainstreaming von politischen und planerischen Prozessen unbedingt zu berücksichtigen sind, soll es nicht zu allseitigen Frustrationen kommen.

Erstens, es gibt keinen Automatismus, der da lautet: Je direktdemokratischer ein Entscheidungsprozess ist, desto ökologischer wird er auch ausfallen; je mehr Volksbefragungen, Volksentscheide, Einsichts-, Informations-, Einspruchs- und Petitionsrechte, desto eher setzt sich die ökologische Vernunft durch.

Man kann eine ganze Menge von Beispielen dafür finden, dass ökologisch Vernünftiges auch gegen den unmittelbaren »Volkswillen« durchgesetzt werden musste und erst später durch Beharrlichkeit und Argumentation akzeptiert und vielleicht sogar geschätzt wurde. Das gilt für die Einrichtung von

Nationalparks wie für die Renaturierung ehemals einbeto-
nierter Flüsse, für die Bebauung innerstädtischer Brachen wie
für die Reaktivierung von Bahnstrecken, für Windparks wie
für Recyclinganlagen.

Und umgekehrt gibt es nicht wenige Beispiele dafür, dass
ökologisch Unvernünftiges, aber von einer Mehrheit vielleicht Gewolltes durch das repräsentative System und die
entsprechende Administration verhindert wurde: von Auto-
teststrecken in Naturschutzgebieten bis zum Bau von Gewer-
behallen in Wasserschutzgebieten.

Das sind keine Argumente gegen mehr direkte Demokratie.
Im Gegenteil darf man davon ausgehen, dass ein im Durchschnitt hohes Umweltbewusstsein, so wie es in Deutschland
gegeben ist, sich bei der Anwendung direktdemokratischer
Verfahren im Regelfall auch in den Entscheidungen entsprechend niederschlägt. Und bei direkten Bürgerentscheiden darf
im Nachgang auch mit höherer Akzeptanz gerechnet werden.

Aber es muss vor der Illusion gewarnt werden, in jedem
Falle führe die Umgehung der repräsentativen Strukturen
zu ökologisch besseren Ergebnissen. Bei für Populismus an-
fälligen Themen bringen Verfahren der direkten Demokratie
keineswegs immer vernünftige Ergebnisse hervor, ein Phänomen, das man vom notwendigen Bau psychiatrischer Einrich-
tungen oder von Unterkünften für Asylsuchende kennt.

Die Scheidelinien zwischen Gemeinwohl- und Partikularinteressen finden

Zweitens ist es ein Unterschied, ob jemand beharrlich und in
der Sache für das Gemeinwesen und das Gemeinwohl arbeitet, etwa im Rahmen eines kommunalpolitischen Mandats
oder eines ehrenamtlichen Engagements in einem Verein oder

einer Bürgerinitiative, oder ob er sich punktuell gegen etwas engagiert, etwa gegen einen Bebauungsplan, der sich zwar an ökologischen Kriterien orientiert, ihm aber dennoch nicht passt, etwa weil er auf der Brachfläche der geplanten Bebauung heute seinen Hund ausführt. Das letztgenannte Interesse ist natürlich legitim (genauso legitim wie der Kampf gegen ein Windrad, eine Recyclinganlage oder eine Straßenbahntrasse) und insofern auch gar nicht zu kritisieren. Aber wenn der Widerstand gegen ein im Grundsatz vernünftiges Projekt mit hoher Tonlage, hoher Professionalität, aggressivsten Shitstorms im Netz und vielen anderen Raffinessen geführt wird und die Politik dann aus Angst vor den gutorganisierten Wutbürgern und »schlechter Presse« einknickt, stellt sich schon die Frage, ob das im Sinne des öffentlichen Interesses eine wünschenswerte Entwicklung ist.

Um gute Politik zu ermöglichen, ist es unerlässlich, zwischen begründbaren und überzeugenden Bürgerinteressen auf der einen Seite und einem saturierten »Wutbürgertum« zu unterscheiden, das vor allem seine eigenen Interessen im Auge hat, diese aber professionell und mit rhetorischem Geschick als Gemeinwohlinteressen zu deklarieren vermag. Das ist zugegebenermaßen nicht leicht, aber wenn demokratisch legitimierte und diskursive Verfahren durch jeden gutorganisierten Sturm der Wut hinweggefegt werden können, wird es in Zukunft immer schwerer, überhaupt noch gute Leute für politische Mandate oder Ämter zu finden, die auch bereit sind, sich durch die weniger spektakulären Seiten des politischen Engagements zu quälen: durch trockene Haushaltspläne, komplizierte Planungsverfahren oder langwierige Abstimmungsprozesse.

Der Appell geht also in beide Richtungen: Jede Bürgerinitiative sollte sich gut überlegen, mit welchen Argumenten und wie sie im öffentlichen Raum agiert, um sachlich zu überzeugen und so Pläne zu verändern oder zu verhindern. Dass da, wo gehobelt wird, auch Späne fallen, ist nicht der Punkt, aber bestimmte Formen der Auseinandersetzung sollte man doch besser unterlassen, vor allem solche im Schatten der Anonymität des Internets mit oft hasserfüllter Sprache. Umgekehrt gilt: Jeder politisch und administrativ Verantwortliche sollte und muss letztlich offen sein für Anregungen aus der Bürgergesellschaft, denn hier ist heute eine enorme Kompetenz versammelt, deren Nichtnutzung nicht nur falsch, sondern auch fahrlässig wäre. Vor allem in der Kultur der öffentlichen Verwaltungen muss sich diesbezüglich noch manches verbessern.

Freilich gilt es auch zu erkennen, dass nicht jeder lauthals und aggressiv vorgetragene Einwand stichhaltig oder gar im Sinne des Gemeinwohls ist. Den Rücken gerade zu machen und Falsches auch als falsch zurückzuweisen, kurz: nicht opportunistisch zu sein scheint mir heute eine der Kardinaltugenden guter Politik zu sein.

Zudem gilt: Wenn der Politikbetrieb nicht inzestuös werden will, müssen die Parteien sich auch für Menschen öffnen, die sich zwar einbringen, aber nicht vollends den Kodizes der parteipolitischen Welt unterwerfen wollen. Und sie sollten auch überlegen, ob politische Mandate und öffentliche Ämter nicht zeitlich befristet werden sollten, um professionelle Deformationen in Grenzen zu halten.

Vom Recht auf Delegation: Nicht alle sind immer Citoyens

Drittens, bei der Gestaltung diskursiver Politikkonzepte, die letztlich immer auf mühsame Konsensfindung zielen, sollte von einem realistischen Menschenbild und von Arbeitsprozessen ausgegangen werden, die auch von »normalen Menschen« geleistet werden können. Unter den euphorischen Befürwortern allumfassender politischer Partizipation gibt es manchmal ein Bild vom Bürger, das nicht viel mit der Realität zu tun hat. Gepriesen wird der Citoyen, der allzeit willens und in der Lage ist, sich in die öffentlichen Angelegenheiten einzumischen, wobei man damit oft sich selbst meint. Er wird scharf abgegrenzt vom Bourgeois, der sich vor allem um seine Alltagsbelange und seine kleinen Vorteile sorge und den das Gemeinwohl alles in allem nicht sonderlich schere. Auch das Wortspiel von den Mut-Bürgern und den Wut-Bürgern zielt auf diesen Unterschied.[22]

Wenngleich in genannter Unterscheidung durchaus einiges an Wahrheit steckt, so tragen doch die meisten Menschen Elemente beider Typen in sich: Man kümmert sich um Partnerschaft, Kinder, Arbeit, Freunde, Sport und individuelle Interessen und tut auch mal nichts; und zugleich ist man mehr oder weniger politisch interessiert und setzt sich vielleicht (in Verbänden, Initiativen oder Parteien) für bestimmte Dinge ein. Aber dafür, sich ständig in alles einzumischen, fehlt den meisten Menschen die Zeit und die Lust – und man kennt sich naturgemäß auch nicht in allen Fragen gleich gut aus.

Aus diesem Grund delegieren wir auch Dinge, etwa an Abgeordnete, die wir gewählt haben, oder an Verbände, Initiativen oder Organisationen, in denen wir Mitglied sind oder die wir mit Spenden unterstützen, um unsere Verbundenheit mit den dort vertretenen Ideen und Zielen auszudrücken. Es gibt eben auch ein Recht auf Delegation, ohne welches wir in einer unübersichtlichen Welt weitgehend sprachlos wären. Das ist kein Ausdruck von Desinteresse an gesellschaftlichem Engagement, sondern von realistischer Einschätzung der eigenen Möglichkeiten und Kräfte.

Kurzum: Die Erweiterung partizipativer Möglichkeiten im politischen Prozess soll das repräsentative System nicht ersetzen, sondern ergänzen. Bei aller Unterstützung und Förderung von mehr Bürgerbeteiligung muss aber klar sein, dass diese überwiegend ein bestimmtes Segment der Gesellschaft anzieht, nämlich den gebildeten, artikulationsfähigen und mit den notwendigen zeitlichen Ressourcen ausgestatteten Bürger. Er ist gewissermaßen die Hefe im Teig der Gesellschaft und wird mehr denn je gebraucht. Er ist es auch, der am ehesten dem übermächtigen Einfluss ökonomischer Interessen die Stirn bieten kann, die ansonsten in den Parlamenten allzu oft auf dunklen Lobbypfaden ans Ziel gelangen.

Am Ende des Prozesses jedoch müssen Entscheidungen auf ein breiteres Fundament gestellt werden und alle Bevölkerungsgruppen beteiligen. Die Orte dafür sind unsere Parlamente, die sich natürlich – siehe oben – deutlich öffnen und transparenter werden müssen.

Parlamente, die von starken Bürgerbewegungen ergänzt und unterstützt werden, sind die beste Versicherung gegen Lobbyismus und Partikularismus, vor allem gegen die ohnehin schon starke Dominanz von Wirtschaftsinteressen. Wenn heute gelegentlich von einer »Demokratisierung der Demokratie« die Rede ist, dann heißt das eben mindestens zweierlei: Stärkung der Parlamente und Stärkung der Beteiligungsmöglichkeiten für Bürgerinnen und Bürger.

Noch etwas muss aber hinzukommen: die Selbstbindung nach dem »Odysseus-Prinzip« durch das Erheben von Oberzielen wie der Nachhaltigkeit in den Rang eines in der Verfassung verankerten Grundrechtes (vgl. Kapitel 4.6). [23] So würden den notwendigen Auseinandersetzungen um politische Konzepte und Strategien »ökologische Leitplanken« gesetzt, außerhalb deren sich niemand bewegen dürfte, ganz gleich, ob er sich für mehr Staat, mehr Markt oder mehr gesellschaftliche Selbststeuerung einsetzt. Tagespolitische Auseinandersetzungen über den richtigen Weg fänden zum Glück natürlich noch immer statt, aber sie wären vielleicht zielgerichteter und weniger symbolisch.

Nachhaltigkeit braucht rezeptive Politikinstitutionen

Politisches Handeln im Sinne der Nachhaltigkeit rankt sich also letztlich nicht nur um bessere Gesetze und um einen nachhaltigkeitsorientierten Ordnungsrahmen für Gesellschaft und Wirtschaft (vgl. Kapitel 4), sondern auch um bessere (diskursivere) Verfahren, offenere (rezeptivere) Institutionen und mehr Durchlässigkeit zwischen der formellen und der zivilgesellschaftlichen Politik. In diesem Buch ist an mehreren Stellen darauf verwiesen worden, dass sozial-ökologische und ökotechnische Innovationen nicht von der Politik geschaffen, sehr wohl aber gefördert werden können. Was in der Nische gewachsen ist und sich ausbreiten soll, braucht dafür politische Unterstützung. Auf der nationalen Ebene kann man das sehen, wo

– das Erneuerbare-Energien-Gesetz der Wind- und Sonnenenergie einen enormen Schub gibt,

– die Ökosteuer den Energieeffizienztechniken Auftrieb verschafft,

– der Atomausstieg die Unfallgefahren und die Menge radioaktiven Mülls reduziert oder

- die Lebensmittelkennzeichnung den Kauf biologischer Produkte fördert.

Auf der europäischen Ebene kann man das sehen, wo

- der verschärfte CO_2-Grenzwert der EU für Autos langsam aber sicher den Kauf sparsamerer Fahrzeuge bewirkt,

- die Wasserrahmenrichtlinie der EU die Gewässerqualität allmählich verbessert,

- die Flora-Fauna-Habitat-Richtlinie der EU dem Artenschwund hier und da Einhalt gebietet oder

- die Teilumstellung der Gemeinsamen Agrarpolitik der EU auf ökologische Ziele die Vielfalt der Agrarlandschaft zumindest in manchen Regionen bewahrt.

Auf der internationalen Ebene kann man das sehen, wo

- das Montrealer Protokoll zum Schutz der Ozonschicht den Verzicht auf gefährliche Fluorchlorkohlenwasserstoffe und Halone festschreibt,

- die Klimarahmenkonvention immerhin das Ziel formuliert, »gefährliche menschgemachte Eingriffe in das Klimasystem zu verhindern«,

- die Biodiversitätskonvention erste Anfänge macht, bei der Nutzung der genetischen Vielfalt einen fairen Ausgleich zwischen reichen und armen Staaten zu ermöglichen oder

– das internationale Walfangabkommen zu einer Erholung der Bestände verschiedener Walarten führt.

Sicher ist das alles aus einer Perspektive der starken Nachhaltigkeit unzureichend und halbherzig und wird zu langsam umgesetzt. Aber diese Gesetze, Richtlinien und Abkommen zeigen, dass politisches Handeln im Grundsatz möglich ist, wenn die Bereitschaft da ist, den Konflikt mit denjenigen zu suchen, die von der bisherigen Ordnung der Dinge profitiert haben oder noch profitieren. Die Ziele können und müssen geschärft und angespitzt werden, wenn der Rahmen erst einmal vorhanden ist.

Ohne politischen Mut auf der Seite der Gestalter und politische Unterstützung auf der Seite der Gesellschaft geht das nicht. Die Protagonistinnen und Protagonisten der Nachhaltigkeit in Politik und Zivilgesellschaft müssen deshalb auf allen Ebenen einen Pakt eingehen, der sich gegen ökonomische Kurzfristinteressen ebenso richtet wie gegen gesellschaftliche Trägheit oder falsches Statusdenken, der sich um das Herausarbeiten von alternativen und attraktiven Pfaden ebenso kümmert wie um das Schmieden von Allianzen mit wohlmeinenden Kräften.

Städte und Gemeinden als Reallabore der Nachhaltigkeit: Was wir gemeinsam tun können

Man kann im Großen wie im Kleinen mit einer Politik der Nachhaltigkeit beginnen, vor allem in Städten und Gemeinden, die die besten Reallabore sind, die wir haben. Sie sind Bürgerin oder Bürger, also legen Sie los! Werden Sie aktiv, vielleicht sogar in der Kommunalpolitik selbst, in einem Ver-

ein oder einer Bürgergemeinschaft! Klagen Sie nicht nur an,
sondern beteiligen Sie sich an konkreten Verbesserungen!

Sie können sich für zahlreiche Dinge in Ihrer Stadt einsetzen:

– Engagieren Sie sich dafür, dass der Radverkehrsanteil am
  Gesamtverkehr auf ein Viertel, ein Drittel oder gar die
  Hälfte hochgeschraubt wird und entsprechende Bedingun-
  gen im Wegenetz und bei Ampelschaltungen geschaffen
  werden, um das zu erreichen. Laden Sie Vertreterinnen und
  Vertreter aus den Niederlanden ein, etwa aus Delft oder
  Groningen, die in großen Bürgerversammlungen ihre Er-
  folgskonzepte darlegen können.

– Sorgen Sie dafür, dass das Car- und Bikesharing gefördert wird, indem den entsprechenden Fahrzeugen und Rädern privilegiertes Parken im öffentlichen Raum ermöglicht wird und feste Stationen eingerichtet werden. Laden
  Sie Anbieter ein, die Carsharing mit grüner Elektromobili-
  tät verbinden, etwa aus Norwegen, und holen Sie Ratsmit-
  glieder aus allen Fraktionen dazu. Schauen Sie sich an, welche Erfahrungen andere Städte im In- und Ausland mit
  Fahrradleihsystemen und Radstationen gemacht haben, und
  versuchen Sie, Ihr Kommunalparlament dazu zu bewegen,
  Ähnliches zu unternehmen.

– Der öffentliche Personennahverkehr sollte stark ausge-
  baut und Schnittstellen zwischen Bus, Bahn, Fahrrad und
  Sharingautos sollten geschaffen werden, die reibungslose
  Übergänge ermöglichen. Lassen Sie sich gelungene städtische Mobilitätskonzepte aus der Schweiz oder aus Deutschland präsentieren, und versuchen Sie die politischen Ent-

scheidungsträger Ihrer Stadt für Vergleichbares zu gewinnen.

– Setzen Sie sich dafür ein, dass möglichst viele öffentliche
und private Gebäude gut isoliert, begrünt und mit erneuerbarer Energie versorgt werden, die vor Ort oder in größtmöglicher Nähe erzeugt wird. Schauen Sie sich die Erfahrungen in anderen europäischen Ländern an. Diskutieren
Sie mit Vertretern des Bauhandwerks, der Wohnungsbaugesellschaften, des örtlichen Energieversorgers und der
Volksbanken und Sparkassen, und gewinnen Sie sie für eine
konzertierte Nachhaltigkeitsaktion.

– Fordern Sie, dass die Handwerkskammer Reparaturkurse
anbietet, in denen »Reskilling« stattfindet, also die Wiederbefähigung zum Warten, Pflegen und Reparieren von Gebrauchsgegenständen. Sie können sich auch dafür einsetzen,
dass von Ihrer Gemeinde ein Repaircafé, eine Verleihsta-
tion für Werk- oder Spielzeuge oder ein Umsonstladen
eingerichtet wird. Auch Kirchen, Sozial- und Umweltverbände oder Volkshochschulen können so etwas auf die
Beine stellen. Und warum nicht Ruheständler mit ihren oft
jahrzehntelangen Erfahrungen in Handwerk und Industrie
dafür begeistern, in Kindergärten und Grundschulen ihr
Wissen und Können weiterzugeben?

– Regen Sie an, dass das örtliche Entsorgungsunternehmen
eine Bauteilebörse einrichtet, in der alte, aber noch funktionsfähige Teile wie Türen, Fenster, Steine, Platten oder
Kacheln zu niedrigen Preisen an Bauherren, Handwerker
oder Nostalgiker abgegeben werden. Suchen Sie nach weiteren Unterstützern für eine solche Börse, und versuchen
Sie, bei der Abfallbehörde Geld lockerzumachen.

– Setzen Sie sich dafür ein, dass eine Zwischenzeitzentrale
  gegründet wird, die für kleines Geld leerstehende Gebäude
  an Kreativlinge aller Art vermittelt, seien es nun kulturelle,
  soziale oder ökologische Initiativen oder Gründer, die zwar
  eine Geschäftsidee, aber kaum Geld haben. Schauen Sie, was
  andere in Sachen »Übergangsnutzung von Immobilien«
  schon unternommen haben, etwa in Berlin oder Bremen.
  Bringen Sie die Wirtschaftsförderer und die Immobilien-
  verwalter in Ihrer Stadtverwaltung zusammen, denn gemeinsam wissen und können Sie mehr als alleine. Und machen Sie den Leuten vom Stadtmarketing klar, dass eine
  florierende Kreativszene (was immer das nun genau ist)
  dem Image jeder Stadt guttut. Ob aus den Übergangsnut-
  zern etwas Dauerhaftes hervorgeht, kann niemand wissen.

– Stadtgärten sollten ermöglicht und unterstützt oder Brach-
  flächen für Kunst- und Schulprojekte genutzt werden. Reden Sie mit dem Amt für öffentliche Grünflächen und den
  örtlichen Kleingartenvereinen, die meist zu Unrecht als
  spießig gelten. Versuchen Sie zwischen Kleingartenvereinen, Urban Gardeners, Kindergärten und Schulen Kontakt
  herzustellen, damit über den Eigenbedarf hinausgehendes
  Obst und Gemüse an die richtigen Stellen kommt oder auch
  gärtnerische Erfahrung gesammelt werden kann. Durch-
  ziehen Sie Ihre Stadt mit einem grünen Netz, in dem sich
  auch Bienen, Schmetterlinge und Vögel wohl fühlen.

– Mitwohn- und Mitfahrzentralen könnten eingerichtet
  werden, die gerade für junge Menschen mit hohem Umweltbewusstsein, aber wenig Geld attraktiv sind. Versuchen
  Sie, das Ganze in nicht-kommerzielle Bahnen zu lenken, und
  suchen Sie nach geeigneten Partnern für ein solches Kon-

zept, etwa bei alternativen Verkehrsverbänden, öffentlichen Verkehrsbetrieben und Wohnungsbaugesellschaften. Bewerben Sie solche Zentralen aktiv über das Internet, um kommerziellen Anbietern wie Uber und Airbnb eine echte Alternative entgegenzusetzen.

Wenn Sie in einer eher ländlichen Gemeinde wohnen, gibt es überdies folgende Möglichkeiten:

— Setzen Sie sich dafür ein, dass die lebensnotwendige Infrastruktur aus Lebensmittelgeschäften, öffentlichen Verkehrsverbindungen, schnellen Kommunikationsnetzen, Kindergärten, Schulen, Bank und Post erhalten bleibt und wo möglich verbessert wird. Beteiligen Sie sich an der Bildung von Dörfergemeinschaften, die sich für genau diese Dinge einsetzen. Versuchen Sie, Geld bei der Bundesregierung und der Europäischen Union zu mobilisieren. Sie werden erstaunt sein, welche Möglichkeiten es mittlerweile gibt. Und wenn Sie etwas ganz Innovatives vorantreiben wollen, führen Sie eine Regionalwährung ein, die Ihre Binnenökonomie fördert und den Absatz regionaler Produkte unterstützt.

— Sorgen Sie dafür, dass da, wo Infrastrukturen wirtschaftlich nicht mehr tragbar sind, flexible Angebote gemacht und selbstorganisierte Strukturen aufgebaut werden: Lebensmittelangebote oder Bankfilialen auf Rädern, Sammeltaxis, Fahrgemeinschaften oder Fahrdienste.

— Die regionale und wenn möglich auch ökologische Landwirtschaft und der nachhaltige Tourismus müssen gefördert werden. Eine attraktive Kulturlandschaft ist ohne eine

nachhaltige Landwirtschaft auf Dauer ebenso wenig zu haben wie eine gute Grundwasserqualität und eine hohe Artenvielfalt. Versuchen Sie, mit der Landwirtschaftskammer,
ökologisch orientierten Agrarverbänden, Umweltverbän-
den, Kreisverwaltungen und Tourismusförderern aus Ihrer
Region eine »Marke« zu entwickeln. Solcherlei Stärkung
der regionalen Identität ist in der Regel gut für die örtliche
Landwirtschaft, für den Fremdenverkehr, aber auch für die
Identifikation der Bürgerinnen und Bürger mit ihrer Region und ihren Besonderheiten.

– Treiben Sie den Naturschutz voran. Beteiligen Sie sich an
  praktischen Naturschutzeinsätzen wie der Gewässerrenatu-
  rierung, der Anlage von Obstwiesen oder der Pflege von
  Bäumen oder Knicks. Das ist nicht nur gut für die Kulturlandschaft, sondern bringt auch Freude und fördert Ihre Fit-
  ness. Vielleich finden Sie mit anderen zusammen auch
  Freude an der Imkerei, der Zucht alter Haustierrassen, dem
  Anbau alter Kultursorten oder gar der Gründung einer kleinen Agrarkooperative. Beteiligen Sie sich an der Bestandsaufnahme von Flora und Fauna in Ihrer Region und zeigen
  Sie anderen, wie es dort um Biodiversität bestellt ist. Viele
  Naturschutzaktivitäten werden von den Unteren Land-
  schaftsbehörden und Umweltstiftungen finanziell gefördert. Gehen Sie Ihre örtlichen Volksbanken und Sparkassen
  an, wenn Sie überzeugende Naturschutz- oder Regionalver-
  marktungskonzepte mit Strahlkraft für die Region haben.

– Sorgen Sie dafür, dass die Vitalität Ihrer Gemeinde auch
  dann erhalten bleibt, wenn die Bevölkerung zurückgeht.
  Die Organisation von Schrumpfungsprozessen nämlich
  wird in Zukunft für viele Städte und Gemeinden zu einer

großen Herausforderung. Vielleicht werden Sie Pionier im intelligenten Schrumpfen und können sich demnächst vor lauter Einladungen gar nicht retten. Diesen Prozess nicht nur als Niedergang zu begreifen, sondern als positive Gestaltungsaufgabe ist sicher nicht leicht. Aber es sind keineswegs nur Nachteile, die mit den Rückbauaufgaben einhergehen: Immobilienbesitz wird erschwinglicher, es ist mehr Platz für alle da, vor allem für Kinder, und auch mehr Platz für die Natur, »Stadtmüde« werden zuwandern und vielleicht auch Migranten, die urbane Lebenserfahrung und Weltläufigkeit mitbringen und das Gemeinschaftsleben befruchten können.

Auch diese Liste ließe sich leicht fortsetzen. Aber hier geht es nicht um Vollständigkeit. Es geht darum, aufzuzeigen, dass die Dichotomie zwischen Politikwandel und Lebensstilwandel eine unfruchtbare ist. Wenn die einen sagen »Selber denken« und »Einfach.Jetzt.Machen!«, dann haben sie recht. Wenn die anderen sagen, wir brauchen eine »Politik der Suffizienz« oder eine »Transformation des Staates«, dann haben sie auch recht. Am fruchtbarsten freilich ist es, sich selbst und damit die Verhältnisse zu ändern. Es mag ab und an erbaulich sein, sich im Salon über die Frage zu unterhalten, ob Klimaschutz unter kapitalistischen Produktionsbedingungen überhaupt möglich ist.[24] Es kann sein, dass das unmöglich ist, wobei es ja vielleicht doch Sinn machen könnte, zwischen purem Kapitalismus und ökologisch-sozialer Marktwirtschaft zu unterscheiden. Interessanter ist aber die richtige Mischung aus Denken und Handeln, aus Studierstube und Feld, aus Analyse und Aktion. Man kann das Pragmatismus nennen. Man kann aber auch sagen, dass sich überhaupt nur so das Weltgeschehen zum Besseren wenden lässt. Vielleicht ist es ja noch nicht zu spät.

Anmerkungen

Kapitel 1

1 Vgl. Erstes Buch Mose, *Genesis* 2,15–17.

2 Vgl. Le Goff, Jacques: *Franz von Assisi*, Klett-Cotta, Stuttgart 2006.

3 Vgl. Hamberger, Joachim (Hrsg.): *Hans Carl von Carlowitz, Sylvicultura oeconomica oder Haußwirthliche Nachricht und Naturmäßige Anweisung zur Wilden Baum-Zucht*, Oekom, München 2013.

4 Vgl. Thoreau, Henry David: *Walden. A fully annotated edition*. Edited by Jeffrey S. Cramer, Yale University Press, New Haven CT 2004. Deutsch: *Walden oder Leben in den Wäldern*, übers. v. Emma Emmerich, 22. Aufl., Diogenes, Zürich 2007.

5 Vgl. Mill, John Stuart: *Principles of Political Economy*, 2 Bände, Parker, London 1848. Deutsch: *Gesammelte Werke von John Stuart Mill.* Autorisirte Uebersetzung unter Redaction von Theodor Gomperz. 12 Bände, Fues, Leipzig 1869–1880, Bände 5 bis 7: Grundsätze der Politischen Ökonomie, Leipzig 1869.

6 Vgl. Marx, Karl: *Das Kapital*, Buch 1, Verlag Otto Messner, Hamburg 1867.

7 Vgl. Polanyi, Karl: *The Great Transformation*, Beacon Press, 11. Auflage, Boston 1957 (Erstausgabe 1944). Deutsch: *The Great Transformation. Politische und ökonomische Ursprünge von Gesellschaften und Wirtschaftssystemen*, übers. v. Heinrich Jelinek, Europaverlag, Wien 1977.

8 Vgl. Carson, Rachel: *Silent Spring*, Houghton Mifflin, Boston 1962. Deutsch: *Der stumme Frühling*, übers. v. Margaret Auer, Verlag Biederstein, München 1963.

9 Vgl. hierzu: http://de.wikipedia.org/wiki/Blauer_Himmel_%C3%BCber_dem_Ruhrgebiet.

10 Vgl. Meadows, Donella H., Dennis L. Meadows et al.: *Limits to Growth*, Universe Books, New York 1972. Deutsch: *Die Grenzen des Wachstums. Bericht des Club of Rome zur Lage der Menschheit*, übers. v. Hans-Dieter Heck, Deutsche Verlags-Anstalt, Stuttgart 1972.

11 Vgl. Council on Environmental Quality and State Department: *Global 2000*. U.S. Government Printing Office, Washington, DC 1980. Deutsch: *Global 2000. Bericht an den Präsidenten*, Zweitausendeins, Frankfurt am Main 1981.

12 Vgl. World Commission on Environment and Development: *Our Common Future*, United Nations, New York 1987. Deutsch: Hauff, Volker (Hrsg.): *Unsere gemeinsame Zukunft. Der Brundtland-Bericht der Weltkommission für Umwelt und Entwicklung*, Eggenkamp, Greven 1987.

13 Vgl. Shiva, Vandana: *Making peace with the earth*, Pluto Press, London 2013. Deutsch: *Jenseits des Wachstums*, Rotpunktverlag, Zürich 2014.

14 Vgl. http://www.ipcc.ch/bzw. http://www.wbgu.de/.

15 Vgl. Goethe, Johann Wolfgang von: *West-östlicher Divan*, Cottaische Buchhandlung, Stuttgart 1819.

16 Vgl. Diamond, Jared: *Kollaps. Warum Gesellschaften überleben oder untergehen*, S. Fischer, Frankfurt am Main 2005.

17 Bahro, Rudolf: *Logik der Rettung. Wer kann die Apokalypse aufhalten? Ein Versuch über die Grundlagen ökologischer Politik*, Weitbrecht, Stuttgart 1987.

18 Vgl. Amery, Carl: *Die ökologische Chance*, List, München 1985.

19 Vgl. Anders, Günther: *Die Antiquiertheit des Menschen. Band I: Über die Seele im Zeitalter der zweiten industriellen Revolution*, C.H. Beck, München 1956, sowie Band II: *Über die Zerstörung des Lebens im Zeitalter der dritten industriellen Revolution*, C.H. Beck, München 1980.

20 Vgl. Gorz, André: *Auswege aus dem Kapitalismus*, übers. v. Eva Moldenhauer, Rotpunktverlag, Zürich 2009.

21 Vgl. Illich, Ivan: *Tools for Conviviality*, Harper and Row, New York 1973. Deutsch: *Selbstbegrenzung. Eine politische Kritik der Technik*, Rowohlt, Reinbek 1975.

22 Vgl. Schumacher, Ernst Friedrich: *Small is beautiful. Economics as if People Mattered*, Blond & Briggs, London 1973. Deutsch: *Small is beautiful. Die Rückkehr zum menschlichen Maß*, Oekom, München 2013. Stark beeinflusst wurde Schumachers Denken von Leopold Kohr: *Die Lehre vom rechten Maß. Aufsätze aus fünf Jahrzehnten*, Müller, Salzburg 2006.

23 Naess, Arne: *Ecology, community and lifestyle*, Cambridge University Press, Cambridge 2008.

24 Vgl. Ostrom, Ellinor: *Governing the Commons: The Evolution of Institutions for Collective Action*, Cambridge University Press, Cambridge

1990. Für eine gute Übersicht von Ostroms Arbeiten auf Deutsch vgl.: *Was mehr wird, wenn wir teilen. Vom gesellschaftlichen Wert der Gemeingüter*, Oekom, München 2011.

25 Vgl. von Weizsäcker, Ernst Ulrich, Amory B. Lovins und L. Hunter Lovins: *Faktor Vier. Doppelter Wohlstand – halbierter Naturverbrauch*, Droemer Knaur, München 1995, und Schmidt-Bleek, Friedrich: *Wieviel Umwelt braucht der Mensch? Faktor 10 – das Maß für ökologisches Wirtschaften*, dtv, München 1997.

26 Für eine frühe wachstumskritische Position vgl.: Daly, Herman und John B. Cobb Jr.: *For the Common Good: Redirecting the Economy Toward Community, the Environment and a Sustainable Future*, Beacon Press 1989. Stellvertretend für die gegenwärtige Welle wachstumskritischer Bücher vgl. Tim Jackson: *Prosperity without Growth. Economics for a Finite Planet*, Earthscan, London, New York 2009. Deutsch: *Wohlstand ohne Wachstum*, Oekom, München 2013.

27 Vgl. etwa Ralf Fücks: *Intelligent wachsen. Die Grüne Revolution*, Hanser, München 2013, oder Karl-Heinz Paqué: *Wachstum!*, Hanser, München 2010.

28 Für einen anderen Zugang zu den Ideen ökologischer Vordenker vgl. etwa Simonis, Udo E. (Hrsg.): *Vordenker und Vorreiter der Ökobewegung. 40 ausgewählte Porträts*, S. Hirzel, Stuttgart 2014.

29 Vgl. Szlezák, Thomas-Alexander (Hrsg.): *Platon: Der Staat. Politeia*, Artemis & Winkler, Düsseldorf, Zürich 2000.

30 Vgl. Morus, Thomas: *Utopia*, übers. v. Hermann Kothe, Insel, Frankfurt am Main 1992.

31 Vgl. Bacon, Francis: *Neu-Atlantis*, übers. v. Günter Bugge, durchgesehen und neu herausgegeben von Jürgen Klein, Reclam, Stuttgart 2003.

32 Vgl. für eine Übersicht zu Jules Vernes Gesamtwerk: http://www.zeno.org/Literatur/M/Verne,+Jules (abgerufen am 4.3.2015).

33 Die vollständige deutsche Fassung von Edward Bellamys Roman findet sich unter: http://nemesis.marxists.org/bellamy-das-jahr-20001.htm (abgerufen am 4.3.2015).

34 Vgl. Orwell, George: *Nineteen Eighty-Four. A novel*, Secker & Warburg, London 1949.

35 Vgl. Buarque, Cristovam: *The Golden Curtain. The Shocks of the End of the Twentieth Century. And a Dream for the twenty-first*, Senado Federal, Brasilia 2007.

36 Vgl. Callenbach, Ernest: *Ökotopia. Notizen und Reportagen von William Weston aus dem Jahre 1999*, übers. v. Ursula Clemeur und Reinhard Merker, Rotbuch, Berlin 1978.

37 Vgl. Welzer, Harald: *Selbst denken: Eine Anleitung zum Widerstand*, S. Fischer, Frankfurt am Main 2013.

38 Vgl. Welzer, Harald: »Das Ende des kleineren Übels. Warum ich nicht mehr wähle«, in: *Der Spiegel* 22, S. 122–123. Abrufbar unter: www. spiegel.de/spiegel/print/d-96238982.html (abgerufen am 6.3.2015).

39 Vgl. Adorno, Theodor W.: *Minima Moralia. Reflexionen aus dem beschädigten Leben*. Gesammelte Schriften, Bd. 4, Suhrkamp, Frankfurt am Main 1980.

40 Sloterdijk, Peter: »Wie groß ist groß?«, in: Böll. Thema 2/2011. Im Internet abrufbar unter: http://www.boell.de/de/navigation/oekologie-gesellschaft-sloterdijk-wie-gross-ist-gross-12073.html (abgerufen am 2.2.2015).

41 Lovelock, James: *Das Gaia-Prinzip: die Biographie unseres Planeten*, Artemis & Winkler, Zürich 1991.

42 Vgl. hierzu Meyer-Abich, Klaus Michael: *Praktische Naturphilosophie*, C. H. Beck, München 1997, und Hampicke, Ulrich: *Ökologische Ökonomie. Individuum und Natur in der Neoklassik*, Westdeutscher Verlag, Opladen 1992.

43 Wer sich einen Überblick über diese doch sehr deutlichen Fakten verschaffen will, kann das auf den Webseiten des Umweltprogramms (www.unep.org), des Ernährungsprogramms (www.fao.org), des Entwicklungsprogramms (www.undp.org) oder des Bevölkerungsprogramms (www.unfpa.org) der Vereinten Nationen tun. Sehr gute Überblicke über die globalen Umweltgefahren und die nicht eingehaltenen planetaren Grenzen geben das Stockholm Resilience Center (www.stockholmresilience.org), die Europäische Umweltagentur (http://www.eea.europa.eu/de) und der Wissenschaftliche Beirat für globale Umweltveränderungen der Bundesregierung (www.wbgu.de).

44 Vgl. Loske, Reinhard, Bleischwitz, Raimund et al.: *Zukunftsfähiges Deutschland. Ein Beitrag zu einer global nachhaltigen Entwicklung. Studie im Auftrag des BUND und von Misereor*, Birkhäuser, Basel, Berlin, Boston 1995.

45 Vgl. Engelhard, Wolfgang und Hubert Weinzierl: *Der Erdgipfel. Perspektiven für die Zeit nach Rio*, Economica, Bonn 1993.

46 Vgl. Loske, Reinhard: »Chinas Marsch in die Industrialisierung: Gefahr für das Weltklima?«, in: *Blätter für deutsche und internationale Politik*, 38. Jg., H. 12 (1993), S. 1460–1472.

47 Vgl. Streeck, Wolfgang: *Gekaufte Zeit. Die vertagte Krise des demokratischen Kapitalismus*, Suhrkamp, Berlin 2013.

48 Vgl. Habermas, Jürgen: »Demokratie oder Kapitalismus? Vom Elend der nationalstaatlichen Fragmentierung in einer kapitalistisch inte-

grierten Weltgesellschaft«, in: *Blätter für deutsche und internationale Politik*, Heft 5/2013, S. 59–70.

49 Vgl. Fukuyama, Francis: *Das Ende der Geschichte. Wo stehen wir?*, Kindler, München 1992.

50 Vgl. für eine umfassende Bilanz von Rot-Grün im Bund Wolfrum, Edgar: *Rot Grün an der Macht. Deutschland 1998–2005*, C. H. Beck, München 2013.

51 Zu nennen ist hier vor allem der frühere Bundesfinanzminister Peer Steinbrück, der durch seine Bereitschaft in Erinnerung geblieben ist, notfalls die Kavallerie ausreiten zu lassen, um die Steuerflucht in die Schweiz zu beenden. Vgl. Goffart, Daniel: *Steinbrück. Die Biografie*, Heyne, München 2012.

52 Vgl. hierzu Peukert, Helge: *Die große Finanzmarkt- und Staatsschuldenkrise: Eine kritisch-heterodoxe Untersuchung*, Metropolis, Marburg 2013.

53 Vgl. hierzu: http://de.wikipedia.org/wiki/UN-Klimakonferenz_in_Kopenhagen.

54 Eine Ausnahme hiervon bildete Südkorea, wo ein großer Teil der staatlichen Ausgaben in umweltentlastende Maßnahmen floss, etwa 80 Prozent. Vgl. hierzu Shim, David: *Green Growth: Green Economy and Green New Deal. Die »Vergrünung« nationaler Politik in Südkorea*, German Institute of Global and Area Studies, Institut für Asien-Studien. GIGA Focus Asie 10/2009, Hamburg 2009.

55 Eine schöne und prägnante Sprachkritik in dieser Angelegenheit findet sich bei Ingo Schulze: http://www.deutscheakademie.de/sprachkritik/2010/06/11/abwrackpramie/#more-7.

56 http://www.fuereinebesserewelt.info/ware-die-welt-eine-bank-ware-sie-schon-langst-gerettet/.

Kapitel 2

1 Auf den Webseiten des Umweltprogramms der Vereinten Nationen (www.unep.org), des Stockholm Resilience Centers (www.stockholm-resilience.org), der Europäischen Umweltagentur (http://www.eea.europa.eu/de) und des Wissenschaftlichen Beirats für globale Umweltveränderungen der Bundesregierung (www.wbgu.de) finden sich alle notwendigen Informationen. Für eine Zusammenschau siehe auch Loske, Reinhard: »Neue Formen kooperativen Wirtschaftens als Beitrag zur nachhaltigen Entwicklung. Überlegungen zur Wiedereinbettung der Ökonomie in Gesellschaft und Natur«, in: *Leviathan*, 42. Jg., H. 3/2014, S. 463–485.

2 Vgl. Meadows, Donella H., Dennis L. Meadows et al.: *Die Grenzen des Wachstums. Bericht des Club of Rome zur Lage der Menschheit*, Deutsche Verlags-Anstalt, Stuttgart 1972. Das methodische Vorgehen der MIT-Gruppe basierte im Wesentlichen auf den Vorarbeiten des Systemtheoretikers Jay W. Forrester, der ebenfalls am MIT tätig war: Vgl. Forrester, Jay W.: *World Dynamics*, Wright-Allen Press, Cambridge/Mass. 1971.

3 Vgl. Klingholz, Reiner: *Sklaven des Wachstums. Die Geschichte einer Befreiung*, Campus, Frankfurt am Main/New York 2014.

4 Vgl. Heinrich-Böll-Stiftung (Hrsg.): *Ökologie: Die neue Farbe der Gerechtigkeit. Das Jo'burg-Memo. Memorandum zum Weltgipfel für nachhaltige Entwicklung*, Berlin 2002.

5 Geprägt wurde dieser Begriff von dem britischen Ökologen Norman Myers. Vgl. Myers, N. and J. Kent: *New Consumers: The Influence of Affluence on the Environment*, Island Press, Washington, DC 2004.

6 Vgl. die diversen Jahrgänge der vom Umweltbundesamt herausgegebenen »Daten zur Umwelt« (http://www.umweltbundesamt.de/daten/umweltdaten/open.do) sowie die regelmäßig vom Bundesamt für Naturschutz (http://www.bfn.de/) herausgegebenen »Daten zur Natur«.

7 Vgl. für eine Bilanz des Naturschutzes in Deutschland und hier vor allem in den neuen Bundesländern Succow, M., L. Jeschke und H.D. Knapp (Hrsg.): *Naturschutz in Deutschland*, Links, Berlin 2013. Für eine Gesamtbilanz der Umweltpolitik in Deutschland und darüber hinaus Radkau, J.: *Die Ära der Ökologie. Eine Weltgeschichte*, C.H. Beck, München 2011.

8 Vgl. Maxeiner, Dirk und Michael Miersch: *Ökooptimismus*, Metropolitan, Düsseldorf 1996.

9 Vgl. Maxeiner, Dirk und Michael Miersch: *Alles grün und gut? Eine Bilanz des ökologischen Denkens*, Knaus, München 2014.

10 Vgl. Stern, David I.: »The Rise and Fall of the Environmental Kuznets Curve«, in: *World Development*. 32, Nr. 8, 2004, S. 1419–1439.

11 Für eine historische Perspektive auf die Nachhaltigkeit vgl. Grober, Ulrich: *Die Entdeckung der Nachhaltigkeit. Kulturgeschichte eines Begriffs*, Verlag Antje Kunstmann, München 2010.

12 http://www.ipcc.ch/.

13 http://wupperinst.org/projekte/themen-online/carbon-capture-and-storage/.

14 Grundsätzlich wäre das CCU dem CCS natürlich vorzuziehen, da es immerhin dem Kreislaufgedanken folgt. Dennoch bleibt der extrem hohe Energie- und Kostenaufwand auch beim CCU bestehen, das allein

aus diesem Grund gegenüber den erneuerbaren Energien und Effizienztechnologien kaum wettbewerbsfähig sein dürfte.

15 http://www.unep.org/resourcepanel/.

16 Siehe hierzu: http://www.postcarbon.org/.

17 Vgl. Loske, Reinhard: »Südafrika, armes reiches Land im Wandel. Über die schwierige Balance von Ökonomie und Ökologie«, in: *Blätter für deutsche und internationale Politik*, 43. Jg. (1998), H. 11, S. 1369–1379.

18 http://www.factor10-institute.org/.

19 Vgl. Schmidt-Bleek, F.: *Grüne Lügen. Nichts für die Umwelt, alles fürs Geschäft – Wie Politik und Wirtschaft die Welt zugrunde richten*, Ludwig-Verlag, München 2014.

20 Vgl. Swanson, Ana: »How China used more cement in 3 years than the U.S. did in the entire 20th century«, in: *The Washington Post*, Wonkblog, March 24, 2015: http://www.washingtonpost.com/blogs/wonkblog/wp/2015/03/24/how-china-used-more-cement-in-3-years-than-the-u-s-did-in-the-entire-20th-century/?tid=sm_fb.

21 http://www.footprintnetwork.org/de/.

22 Vgl. Kant, Immanuel: *Kritik der praktischen Vernunft*, hrsg. von Joachim Kopper, Reclam, Stuttgart 1961.

23 In Erinnerung geblieben ist vielen die Aussage des seinerzeitigen US-Präsidenten George Bush sen. vor dem UN-Gipfel über Umwelt und Entwicklung 1992 in Rio de Janeiro, als dieser lapidar feststellte, man könne dort über alles reden, aber nicht über den »American Way of Life«.

24 Für eine frühe Darstellung und kritische Diskussion dieser These siehe: Institut für Ökologische Wirtschaftsforschung: *Umweltentlastung durch wirtschaftlichen Strukturwandel*. Schriftenreihe 2/87, Berlin 1987.

25 Genaue Daten zum Dienstleistungsanteil der verschiedenen Volkswirtschaften finden sich hier: http://www.welt-in-zahlen.de/laendervergleich.phtml?indicator=68.

26 Vgl. Priddat, B.: »Die Zukunft der Industrie; Technologiefundierte Dienstleistungen«, in: *Wirtschaftsdienst*, 92. Jg. (2012), H. 9, S. 626–631. Im Internet abrufbar unter: http://www.wirtschaftsdienst.eu/archiv/jahr/2012/9/in-zukunft-technologiefundierte-dienstleistungen/.

27 Vgl. Jänicke, M.: *Megatrend Umweltinnovation. Zur ökologischen Modernisierung von Wirtschaft und Staat*, Oekom, München 2012.

28 Für eine kritiklose Darstellung der schönen neuen »Green IT«-Welt siehe: http://www.green-it-wegweiser.de/. Für eine differenzierte Betrachtung siehe: http://www.oeko.de/files/aktuelles/application/pdf/fakten_green_it.pdf.

29 Vgl. Paqué, Karl-Heinz: *Wachstum!*, Carl Hanser, München 2010, so-
    wie Fücks, Ralf: *Intelligent Wachsen. Die grüne Revolution*, Carl Han-
    ser, München 2013.
30 Siehe z. B: http://www.faz.net/aktuell/wirtschaft/dennis-meadows-im-
    gespraech-wir-haben-die-welt-nicht-gerettet-11671491.html.
31 Für diese Sichtweise vgl. etwa Herbert Gruhl: *Himmelfahrt ins Nichts.
    Der geplünderte Planet vor dem Ende*, Langen-Müller, München 1992.
32 Vgl. meine nunmehr schon zwei Jahrzehnte zurückliegende Kontro-
    verse mit Jürgen Dahl zur Frage des »ökologischen Fatalismus«: Dahl,
    Jürgen: »Der Optimismus des Scheiterns«, in: *Die Zeit* vom 21. Okto-
    ber 1994. Abrufbar unter: www.zeit.de/1994/43/der-optimismus-des-
    scheiterns (Zugriff vom 21.01.2015). Meine Antwort auf Dahl: Loske,
    Reinhard: »Dem Zweifel zum Trotz«, in: *Die Zeit* vom 25. November
    1994. Abrufbar unter: www.zeit.de/1994/48/dem-zweifel-zum-trotz
    (Zugriff vom 21.01.2015).
33 http://www.naturwissenschaftliche-rundschau.de/navigation/doku-
    mente/NR_2011_10_Stichwort.pdf.
34 http://www.aaas.org/news/experts-aaas-forum-explore-controversial-
    geoengineering-ideas-cooling-planet.
35 Vgl. Weber, Max: *Politik als Beruf*. Mit einem Nachwort von Ralf Dah-
    rendorf, Reclam, Ditzingen 1992.

Kapitel 3

 1 Wörtlich heißt es in der Regierungserklärung des frisch gewählten
    Bundeskanzlers Helmut Kohl vom 13. Oktober 1982: »Die Frage der
    Zukunft lautet, wie sich Freiheit, Dynamik und Selbstverantwortung
    neu entfalten können. (…) Zu viele haben zu lange auf Kosten anderer
    gelebt: der Staat auf Kosten der Bürger, Bürger auf Kosten von Mitbür-
    gern und – wir sollten es ehrlich sagen – wir alle auf Kosten der nach-
    wachsenden Generationen.« Nachzulesen unter: http://www.helmut-
    kohl-kas.de/index.php?menu_sel=15&menu_sel2=213&me-
    nu_sel3=124 (abgerufen am 2.2.2015).
 2 Wörtlich heißt es in Kohls Erklärung zum Inkrafttreten der Wäh-
    rungs-, Wirtschafts- und Sozialunion am 1.7.1990: »Durch eine ge-
    meinsame Anstrengung wird es uns gelingen, Mecklenburg-Vorpom-
    mern und Sachsen-Anhalt, Brandenburg, Sachsen und Thüringen
    schon bald wieder in blühende Landschaften zu verwandeln, in denen
    es sich zu leben und zu arbeiten lohnt.«
 3 Vgl. Eppler, Erhard: *Ende oder Wende. Von der Machbarkeit des Not-
    wendigen*, Kohlhammer, Stuttgart 1975. Für eine sehr interessante

Rezension von Epplers Buch vgl. Heinemann, Gustav: »Strategie des Überlebens«, in: *Der Spiegel*, Nr. 21/1975 vom 19.5.1975: http://www.spiegel.de/spiegel/print/d-41496568.html.

4 Vgl. Loske, Reinhard: »Die Grünen als Umweltpartei. Anspruch verpflichtet«, in: Gabriel, Sigmar: *Die Umweltmacher. 20 Jahre BMU*, Hoffmann und Campe, Hamburg 2006, S. 133–144.

5 Vgl. Hennicke, Peter: *Die Energiewende ist möglich*, S. Fischer, Frankfurt am Main 1985.

6 Vgl. Bechmann, Arnim: *Landbauwende: Gesunde Landwirtschaft. Gesunde Ernährung. Vorschläge für eine neue Agrarpolitik*, S. Fischer, Frankfurt am Main 1987.

7 Vgl. Grießhammer, Rainer: *Szenarien einer Chemiewende*, Öko-Institut, Freiburg im Breisgau 1992.

8 Vgl. Hesse, Markus: *Verkehrswende. Ökologisch-ökonomische Perspektiven für Stadt und Region*, Metropolis, Marburg 1994.

9 Vgl. Bode, Wilhelm und Martin von Hohnhorst: *Waldwende. Vom Försterwald zum Naturwald*, C.H. Beck, München 1994.

10 Vgl. Kluge, Thomas, Engelbert Schramm und Aicha Vack: *Wasserwende*, Piper, München 1995.

11 Vgl. Schmidt-Bleek, Friedrich: *Wieviel Umwelt braucht der Mensch? Faktor 10 – das Maß für ökologisches Wirtschaften*, dtv, München 1997. In seiner späteren Abrechnung mit den falschen Prioritäten der Umweltpolitik und ihrer Fixierung auf Mikrogramme statt auf Megatonnen verwendet Schmidt-Bleek konsequent den Begriff Ressourcenwende: Vgl. Schmidt-Bleek, Friedrich: *Grüne Lügen. Nichts für die Umwelt, alles fürs Geschäft – wie Politik und Wirtschaft die Welt zugrunde richten*, Ludwig, München 2014.

12 Vgl. Loske, Reinhard und Raimund Bleischwitz und andere: *Zukunftsfähiges Deutschland. Ein Beitrag zu einer global nachhaltigen Entwicklung*. Eine Studie des Wuppertal Instituts für Klima, Umwelt und Energie im Auftrag des Bundes für Umwelt und Naturschutz Deutschland und von Misereor, Birkhäuser, Basel, Boston, Berlin 1995.

13 Vgl. von Weizsäcker, Ernst Ulrich, Amory Lovins und Hunter Lovins: *Faktor Vier. Doppelter Wohlstand – halbierter Naturverbrauch*, Droemer Knaur, München 1995.

14 Vgl. Scheer, Hermann: *Solare Weltwirtschaft*, Antje Kunstmann, München 1999.

15 Vgl. Jungk, Robert: *Der Atomstaat. Vom Fortschritt in die Unmenschlichkeit*, Kindler, München 1977.

16 Das offizielle Regierungsdokument, in dem die Energiewende nach der Atomkatastrophe von Fukushima zum nationalen Konsensprojekt er-

klärt wird, trägt den Titel: »*Deutschlands Energiewende – Ein Gemein-schaftswerk für die Zukunft.*« Zu finden unter: http://www.bundesre gierung.de/ContentArchiv/DE/Archiv17/Artikel/2011/05/2011–05– 30-bericht-ethikkommission.html.

17 http://www.bundesnetzagentur.de/cln_1411/DE/Home/home_node. html.

18 Vgl. Weiss, Hans: *Schwarzbuch Landwirtschaft – die Machenschaften der Agrarpolitik,* Deuticke Verlag, Wien 2010.

19 Vgl.: http://www.vcoe.at/de/presse/aussendungen-archiv/details/ items/vcoe-untersuchung-in-welchen-staedten-europas-am-meisten-rad-gefahren-wird-02062013 (abgerufen am 21.1.2015).

20 Vgl. hierzu Bundesverband Carsharing: *Eine Idee setzt sich durch! 25 Jahre Carsharing,* ksv, Köln 2014.

21 Vgl. Schmidt-Bleek, Friedrich, a. a. O.

22 Vgl. hierzu den insgesamt sehr lesenswerten Beitrag von Hans Thie: *Rotes Grün. Pioniere und Prinzipien einer ökologischen Gesellschaft,* Rosa Luxemburg Stiftung, VSA, Hamburg 2013.

23 Diesen Hinweis verdanke ich Ernst Ulrich von Weizsäcker, Korrespondenz vom Juni 2014.

24 Zur Definition von Verursacher-, Betroffenen- und Helferinteressen vgl. Prittwitz, Volker von: *Das Katastrophenparadox. Elemente einer Theorie der Umweltpolitik,* Leske+Budrich, Opladen 1990.

25 Vgl. auch Kristof, Kora: *Models of Change: Wie wir gesellschaftliche Veränderungen erfolgreicher gestalten können,* Oekom, München 2010.

Kapitel 4

1 Vgl. Ayres, Robert U.: »Sustainability Economics: Where do we stand?«, in: *Ecological Economics,* Vol. 67, 2008, S. 281–310.

2 Vgl. Hauff, Volker (Hrsg.): *Unsere gemeinsame Zukunft. Der Brundt-land-Bericht der Weltkommission für Umwelt und Entwicklung,* Eggenkamp, Greven 1987. Für eine Kritik des Brundtland-Berichts vgl. Loske, Reinhard: »Allen wohl und keinem wehe. Ein kritischer Blick auf den Brundtland-Bericht«, in: *Ökologisches Wirtschaften,* 22. Jg., H. 1 (2007), S. 11.

3 Für einen Überblick über die verschiedenen Theorien der Nachhaltigkeit vgl. Enders, Judith und Moritz Remig (Hrsg.): *Theories of Sustainable Development,* Routledge, London, New York 2014.

4 Vgl. Pearce, David W., Anil Markandya und Edward B. Barbier: *Blueprint for a Green Economy,* Earthscan, London 1989.

5 Vgl. für diese Position Ott, Konrad und Ralf Döring: *Theorie und Praxis starker Nachhaltigkeit*, Metropolis, Marburg 2004.

6 Vgl. Rockström, Johan et al.: »A safe operating space for humanity«, in: *Nature* 461, S. 472–475 (24 September 2009).

7 Vgl. Agarwal, Anil und Sunita Narain: *Global Warming in an Unequal World. A Case of Environmental Colonialism*, Centre for Science and Environment, New Delhi 1991.

8 Vgl. Loske, Reinhard: *Klimapolitik*, Metropolis, 2. Aufl., Marburg 1996.

9 Vgl. Bloch, Ernst: *Das Prinzip Hoffnung*, Suhrkamp, Frankfurt am Main 1973. Für eine umfassende Diskussion über das Konzept der Allianztechnik vgl. Nordmann, Alfred: »Renaissance der Allianztechnik? Neue Technologien für alte Utopien«, in: Beat Sitter-Liver (Hrsg.): *Utopie heute: Zur aktuellen Bedeutung, Funktion und Kritik des utopischen Denkens und Vorstellens*, Academic Press, Fribourg 2007, S. 261–278.

10 In die politische Diskussion eingeführt wurde der Begriff »Ökosystemdienstleistungen« (*ecosystem services*) maßgeblich vom »Millennium Ecosystem Assessment« der Vereinten Nationen. Im Internet abrufbar unter http://www.millenniumassessment.org/en/index.html (abgerufen am 3.12.2014). Für eine gute und allgemeinverständliche Einführung in das Konzept der Ökosystemdienstleistungen und der biologischen Vielfalt vgl. Neßhöver, Carsten: *Biodiversität. Unsere wertvollste Ressource*, Herder, Freiburg im Breisgau 2013.

11 Vgl. Kleine, Alexandro: *Operationalisierung einer Nachhaltigkeitsstrategie. Ökonomie, Ökologie und Soziales integrieren*, Gabler Edition Wissenschaft, Wiesbaden 2009.

12 Als repräsentativ darf die Haltung des Verbandes der Chemischen Industrie in Deutschland gelten, der schon 1996 formulierte: »Wirtschaftliche, ökologische und soziale Aspekte müssen gleichrangig berücksichtigt werden. Wir betrachten Nachhaltige Entwicklung deshalb nicht als ein einseitiges ökologisches, sondern als ein ganzheitliches Zukunftskonzept. Denn jeder dieser drei Bereiche trägt dazu bei, dass eine langfristige und tragfähige Entwicklung möglich wird.« Vgl. http://www.nachhaltigkeit.info/artikel/nachhaltigkeitsdreieck_1395.htm (abgerufen am 3.12.2014).

13 Vgl. Loske, Reinhard: »Nachhaltigkeit erfordert pluralistische Wirtschaftsstile«, in: *Neue Gesellschaft/Frankfurter Hefte*, H. 5/2015, S. 46–49.

14 Vgl. Loske, Reinhard: »Effizienz versus Suffizienz: Das grüne

Schisma«, in: *Blätter für deutsche und internationale Politik*, H. 8/2011, S. 63–70.

15 Vgl. D'Alisa, Giacomo et al.: *Degrowth. A Vocabulary for a New Era*, Routledge, London, New York 2014.

16 Vgl. Rogall, Holger: *Grundlagen einer nachhaltigen Wirtschaftslehre: Volkswirtschaftslehre für Studierende des 21. Jahrhunderts*, Metropolis, Marburg 2011.

17 Vgl. http://de.wikipedia.org/w/index.php?title=%C3 %96konomische _Nachhaltigkeit&redirect=no (abgerufen am 5. 1. 2015).

18 Zu nennen wäre hier für den deutschen Sprachraum etwa: von Weizsäcker, Ernst Ulrich et al.: *Faktor Vier – Doppelter Wohlstand – halbierter Naturverbrauch*, DroemerKnaur, München 1995.

19 Vgl. Braungart, Michael und William McDonough: *Einfach intelligent produzieren*, Berliner Taschenbuch Verlag, Berlin 2005.

20 Vor dem Hintergrund der Thermodynamik wäre es natürlich präziser, von Energieumwandlung zu sprechen, denn faktisch wird Energie ja weder erzeugt noch verbraucht, sondern lediglich umgewandelt.

21 Vgl. hierzu die Arbeiten des Intergovernmental Panel on Climate Change: www.ipcc.ch (abgerufen am 13. 12. 2014).

22 Vgl. Loske, Reinhard: »Energie in Bürgerhand«, in: *Blätter für deutsche und internationale Politik*, H. 12/2012, S. 29–33.

23 Für einen Überblick zur Bioökonomie vgl. die diversen Verlautbarungen des deutschen Bioökonomierates: http://biooekonomierat.de/(abgerufen am 13. 12. 2014). Für eine Kritik der Bioökonomie vgl. Gottwald, Franz-Theo und Anita Krätzer: *Irrweg Bioökonomie*, Suhrkamp, Berlin 2014.

24 Für eine umfassende Beschreibung des Suffizienz-Konzeptes vgl. Linz, Manfred: *Weder Mangel noch Übermaß. Warum Suffizienz unentbehrlich ist*, Oekom, München 2012.

25 Vgl. Durning, Allan T.: *How much is enough? The Consumer Society and the Future of the World*. Worldwatch Environmental Alert Series, Washington, DC 1992.

26 Vgl. Loske, Reinhard: *The Good Society without Growth*. Basilisken-Presse, Rangsdorf 2013.

27 Vgl. Akerlof, George und Robert Shiller: *Animal Spirits. How Human Psychology Drives the Economy, and Why It Matters for Global Capitalism*, Princeton 2009. Für eine historische Herleitung des Menschenbildes im Kapitalismus und seiner Veränderungen über die Zeit vgl. Hirschmann, Albert O.: *Leidenschaften und Interessen, Politische Begründungen des Kapitalismus vor seinem Sieg*, Suhrkamp, Frankfurt am Main 1980.

28 Vgl. z. B. Diefenbacher, Hans und Roland Zieschank: *Woran sich Wohl-
    stand wirklich messen lässt. Alternativen zum Bruttoinlandsprodukt,*
    Oekom, München 2011.

29 Vgl. Paqué, Karl-Heinz: »Nationaler Wohlfahrtsindex: Contra-Pro BIP
    mit Beilage«, in: *Wirtschaftsdienst,* 93. Jg. (2013), Heft 2, S. 66–67.

30 Hayek, Friedrich August: *The Road to Serfdom.* University of Chicago
    Press, Chicago 1994. Zu einer fundierten Kritik an Hayeks Ideen vgl.
    Brodbeck, Karl-Heinz: »Die fragwürdigen Grundlagen des Neoliberal-
    ismus. Wirtschaftsordnung und Markt in Hayeks Theorie der Regel-
    selektion«, in: *Zeitschrift für Politik,* 48 Jg. (2001), S. 49–71.

31 Vgl. Heuser, Uwe J.: *Humanomics. Die Entdeckung des Menschen in
    der Wirtschaft,* Campus-Verlag, Frankfurt am Main/New York 2008.

32 Vgl. Luhmann, Niklas: *Die Wirtschaft der Gesellschaft,* Suhrkamp,
    Frankfurt am Main 1977.

33 Vgl. Bennholdt-Thomsen, Veronika: »Mitgefangen, mitgehangen. Der
    Werdegang von Globalisierung und Informalisierung«, in: *Ila* 376, Heft
    Juni 2014 (Sonderheft »Informeller Sektor«), im Internet abrufbar un-
    ter: http://www.ila-bonn.de/artikel/ila376/informell_globalisierung.
    htm (abgerufen am 17. 12. 2014).

34 Zu nennen wären hier etwa Veronika Bennholdt-Thomsen, Adelheid
    Biesecker, Maria Mies, Vandana Shiva, Claudia von Werlhof oder
    Christine von Weizsäcker. Eine Ausnahme hiervon bilden die Arbeiten
    von André Gorz, der Fragen zum Verhältnis von formellem zu infor-
    mellem Sektor der Ökonomie bereits sehr früh aufgeworfen hat: vgl.
    Gorz, André: *Kritik der ökonomischen Vernunft. Sinnfragen am Ende
    der Arbeitsgesellschaft,* Neuauflage, Rotbuch, Zürich 2009.

35 Diese Ignoranz gegenüber der Subsistenzwirtschaft gilt im Übrigen
    nicht minder für marxistisch geprägte Ansätze des Wirtschaftens, die
    mit ihrer Fixierung auf Produktivkräfte, Produktionsverhältnisse und
    Lohnarbeit im industrialistisch geprägten Denken ebenso gefangen
    sind wie neoklassische und keynesianische.

36 Selbst einzelne völkerrechtliche Verträge, etwa die Konvention zum
    Schutz der biologischen Vielfalt und die dazugehörigen Protokolle, er-
    kennen mittlerweile die Bedeutung der Subsistenzwirtschaft für die Er-
    reichung sozialer und ökologischer Ziele an.

37 Institute wie das Berliner Institut für ökologische Wirtschaftsfor-
    schung, das sich intensiv an der Erforschung der neuen subsistenzwirt-
    schaftlichen Strukturen beteiligt, sind in der Wirtschaftsforschung
    eher die Ausnahme als die Regel.

38 Vgl. Altvater, Elmar: *Das Ende des Kapitalismus, wie wir ihn kennen,*
    Verlag Westfälisches Dampfboot, 7. Aufl., Münster 2011.

39 Vgl. Loske, Reinhard: »Zum Spannungsverhältnis von Ökologie und Freiheit«, in: *Ökologisches Wirtschaften*, 29. Jg., H. 4 (2014), S. 8–9.

40 Vgl. R. Loske: »Neue Formen kooperativen Wirtschaftens als Beitrag zur nachhaltigen Entwicklung«, in: *Leviathan*, 42. Jg., H. 3/2014, S. 463–485.

41 Vgl. K. Leismann, M. Schmitt, H. Rohn, C. Baedeker: »Nutzen statt besitzen. Auf dem Weg zu einer ressourcenschonenden Konsumkultur«, Heinrich-Böll-Stiftung, *Schriften zur Ökologie*, Bd. 27, Wuppertal 2012, S. 101. Abrufbar unter: http://www.boell.de/sites/default/files/Endf_NutzenStattBesitzen_web.pdf (abgerufen am 29.9.2014).

42 Vgl. U. Schneidewind und A. Palzkill-Vorbeck: *Suffizienz als Business Case. Nachhaltiges Ressourcenmanagement als Gegenstand einer transdisziplinären Betriebswirtschaftslehre*, Wuppertal Institut für Klima, Umwelt, Energie. Impulse zur Wachstumswende Nr. 2, Wuppertal 2011.

43 Vgl. Rifkin, Jeremy: *Die Null Grenzkosten Gesellschaft. Das Internet der Dinge, kollaboratives Gemeingut und der Rückzug des Kapitalismus*, Campus, Frankfurt am Main, New York 2014.

44 Vgl. Loske, Reinhard: »Politische Gestaltungsbedarfe in der Ökonomie des Teilens«, in: *ifo-Schnelldienst*, 67. Jg., Heft 21, S. 3–27.

45 Vgl. Schor, Juliet: »Debating the Sharing Economy«, in: *Great Transition Initiative*, October 2014. Abrufbar unter: http://www.great transition.org/publication/debating-the-sharing-economy (abgerufen am 5.1.2015) sowie v.a. die Debattenbeiträge von Paech, Niko und Birger Priddat in: »Ökonomie des Teilens – nachhaltig und innovativ?«, in: *Wirtschaftsdienst*, 95. Jg. 2015, Heft 2, S. 87–105. Abrufbar unter: http://www.wirtschaftsdienst.eu/archiv/jahr/2015/2/oekonomie-des-teilens-nachhaltig-und-innovativ/#res4 (abgerufen am 7.4.2015).

46 Vgl. Loske, Reinhard: »Aufwachen, bitte. Überlasst die Sharing-Ökonomie nicht den Internetriesen«, in: *Die Zeit*, Nr. 43 vom 16. Oktober 2014, S. 27.

47 Vgl. Loske, Reinhard: *Von der Energiewende zur Geldwende. Transformationsstrategien für eine nachhaltige Geldordnung*. Vortrag auf dem »Geldgipfel 2014« der GLS-Bank-Stiftung am 2. Mai 2014 an der Universität Witten/Herdecke. Abrufbar unter: http://www.glsbankstiftung.de/media/pdfs/Loske_Reinhard_Geldwende_final.pdf. (abgerufen am 16.12.2014).

48 Der DDR-Dissident und Industrialismus-Kritiker Rudolf Bahro etwa sah bereits in den achtziger Jahren die Notwendigkeit, ein Land wie die Bundesrepublik organisatorisch in Gemeinschaften von »maximal 3000

besonders aktiven und aufgeschlossenen Individuen« aufzuspalten, um so nachhaltige Produktions- und Konsumtionsstrukturen zu ermöglichen. Vgl. »Bahro – mit B wie Beethoven«, in: Der Spiegel, H. 46/1983. Abrufbar unter: http://www.spiegel.de/spiegel/print/d-14022990.html (abgerufen am 12.1.2015).

49 Als Philosoph der kleinen Einheiten hat sich schon früh Leopold Kohr hervorgetan, dem die Idee der Kleinheit als das »einzige Serum gegen die krebsartige Wucherung der Übergröße« erscheint. Vgl. Kohr, Leopold: Die Lehre vom rechten Maß. Aufsätze aus fünf Jahrzehnten, Müller-Verlag, Salzburg 2006.

50 Keynes, John Maynard: Nationale Selbstgenügsamkeit, in: Kommentierte Werkauswahl, hrsg. v. Harald Mattfieldt, VSA-Verlag, Hamburg 1984, S.152–161 (Erstveröffentlichung 1933 in: Schmollers Jahrbuch 57, S.61–70; Original in: Collected Writings 21, S.233–246).

51 Vgl. Hopkins, Rob: The Transition Companion. Making our community more resilient in uncertain times, Green Books, Totnes 2011.

52 Vgl. Schridde, Stefan: Murks? Nein Danke! Was wir tun können, damit die Dinge besser werden, Oekom, München 2014.

53 Vgl. Schneidewind, Uwe und Angelika Zahrnt: Damit gutes Leben einfacher wird. Perspektiven einer Suffizienzpolitik, Oekom, München 2013.

54 Für eine sehr differenzierte Werbekritik vgl. Ullrich, Wolfgang: Alles nur Konsum. Kritik der warenästhetischen Erziehung, Verlag Klaus Wagenbach, Berlin 2013.

55 Vgl. Ostrom, Elinor: Governing the Commons: The Evolution of Institutions for Collective Action, Cambridge University Press, Cambridge 1990.

56 Vgl. Helfrich, Silke et al.: Gemeingüter – Wohlstand durch Teilen, Heinrich-Böll-Stiftung, Berlin 2010.

57 Für eine Kritik an der tendenziellen Idealisierung des Allmende-Konzeptes aus liberaler Perspektive vgl. von Weizsäcker, Carl Christian: »Das Ende der Knappheit?«, in: Frankfurter Allgemeine Zeitung Nr. 235 vom 10. Oktober 2014, S. 18. Abrufbar unter: http://www. coll.mpg.de/download/Weizsaecker/FAZ_10102014.pdf (abgerufen am 13. Januar 2015).

58 Zu nennen sind hier vor allen André Gorz (v. a. seine Werke Abschied vom Proletariat von 1980 und Wege ins Paradies von 1983), Joseph Huber (v. a. seine Werke Wer soll das alles ändern? Die Alternativen der Alternativbewegung von 1980 und Die zwei Gesichter der Arbeit von 1984) und Ivan Illich (v. a. seine Beiträge zur Schattenarbeit und zur Kolonisierung des informellen Sektors von 1980).

59 Vgl. Fraser, Nancy: »Neoliberalismus und Feminismus. Eine gefähr-
    liche Liaison«, in: *Blätter für deutsche und internationale Politik*,
    58. Jg., H. 12/2013, S. 29–31.
60 Vgl. Werner, Götz et al.: *Das Grundeinkommen. Würdigung, Wertun-
    gen, Wege*, KIT Scientific Publishing, Karlsruhe 2012, sowie Offe,
    Claus: »Das bedingungslose Grundeinkommen als Antwort auf die
    Krise von Arbeitsmarkt und Sozialstaat«, in: Neuendorff, Hartmut,
    Gerd Peter, Frieder O. Wolf (Hrsg.): *Arbeit und Freiheit im Wider-
    spruch? Bedingungsloses Grundeinkommen – ein Modell im Mei-
    nungsstreit*, VSA, Hamburg 2009.
61 Vgl. hierzu: http://www.foes.de/themen/oekologische-steuerreform-
    1999-2003/.
62 Vgl. OECD: Environmentally Harmful Subsidies. Challenges for re-
    form, 2015. Abrufbar unter: http://www.oecd.org/tad/fisheries/envi
    ronmentallyharmfulsubsidieschallengesforreform.htm/(abgerufen am
    24.3.2015).
63 Vgl. United Nations Framework Convention on Climate Change: The
    Cancun Agreements, 2012. Abrufbar unter: http://cancun.unfccc.int/
    financial-technology-and-capacity-building-support/new-long-term-
    funding-arrangements/(abgerufen am 24.3.2015).
64 Vgl. Germanwatch: Rindfleischexporte und anderer Irrsinn, 2011.
    Abrufbar unter: https://germanwatch.org/de/1965 (abgerufen am
    24.3.2015).
65 Vgl. Kopatz, Michael: *Energiewende. Aber fair! Wie sich die Energie-
    zukunft sozial tragfähig gestalten lässt*, Oekom, München 2013.
66 Vgl. Loske, Reinhard: »Das Ökobonus-Konzept«, in: *Blätter für deut-
    sche und internationale Politik*, 58. Jg., H. 4 (2013), S. 96–100.
67 Für die Ursprungsidee siehe: Pigou, Arthur Cecil: *The Economics of
    Welfare*, Macmillan and Co, London 1920. Für die reale Ausgestaltung
    der Ökosteuer-Idee siehe: Binswanger, Hans Christoph u.a.: *Arbeit
    ohne Umweltzerstörung. Strategien für eine neue Wirtschaftspolitik*,
    S. Fischer, Frankfurt am Main 1983, und: Loske, Reinhard: »Ecological
    Taxes, Energy Policy and Greenhouse Gas Reductions«, in: *The Eco-
    logist*, Vol. 21, No. 4 (1991), S. 173–176.
68 Vgl. OECD: *Taxation, Innovation and the Environment: A Policy Brief*,
    September 2011: http://www.oecd.org/environment/environmental-
    policytoolsandevaluation/48178034.pdf.
69 Vgl. auch die Überlegungen von Ulrich Schachtschneider zum ökolo-
    gischen Grundeinkommen: Nachhaltig-emanzipatorisch umverteilen.
    Abrufbar unter: http://www.zeitschrift-luxemburg.de/kontrovers-
    oekologisches-grundeinkommen-2/(abgerufen am 5.4.2015).

70 Vgl. Loske, Reinhard: »Arbeiten ohne Zwang. Warum das Grundeinkommen unserer Gesellschaft guttun würde«, in: *Die Zeit* vom
   27. April 2007. Abrufbar unter: http://www.zeit.de/2007/18/Forum-
   Grundeinkommen (abgerufen am 24. 3. 2015).

71 Zur Verteilungswirkung der diversen Rückgabe-Varianten von Ökosteuern vgl. European Environment Agency: *Environmental tax reform in Europe: Implications for income distribution.* EEA Technical
   Report 16/2011. Abrufbar unter: http://www.eea.europa.eu/publica
   tions/environmental-tax-reform-in-europe/(abgerufen am 24. 3. 2015).

72 Die Privilegien der Industrie im Rahmen der Ökosteuer belaufen sich
   auf insgesamt 4 bis 5 Milliarden Euro pro Jahr und sind von der Bundesregierung mehrfach fortgeschrieben worden, vgl. Deutsche Bank
   Research: *Ökosteuer: Moderate Kürzung der Ausnahmen*, Research
   Briefing vom 2. Dezember 2010 sowie Forum Ökologisch-Soziale
   Marktwirtschaft: *Bundestag beschließt Steuergeschenke für die Industrie*, Pressemitteilung vom 8. November 2012.

73 Die gleichzeitige Stimulierung von Energieeinsparung und Beschäftigung (durch reduzierte Rentenversicherungsbeiträge für Arbeitgeber
   und Arbeitnehmer) wurde bei Einführung der Ökosteuer als »doppelte
   Dividende« bezeichnet, was ADAC, BDI, BILD und die damalige Oppo-
   sition aus CDU/CSU und FDP aber nicht daran hinderte, aggressivste
   Kampagnen gegen die Ökosteuer zu inszenieren.

74 Ein Meilenstein auf diesem Weg war die Studie »*Ökosteuer: Sackgasse
   oder Königsweg*«, die das Deutsche Institut für Wirtschaftsforschung
   aus Berlin im Auftrag von Greenpeace Deutschland 1994 veröffentlichte.

75 Die Bündnisgrünen sahen primär den ökologischen Lenkungseffekt,
   die SPD eher die Möglichkeit, drohende Rentenkürzungen über Nor-
   bert Blüms sogenannten Demographiefaktor zu vermeiden. Dieser
   wurde dann auch tatsächlich zunächst ausgesetzt, später aber von der
   Großen Koalition aus CDU/CSU und SPD zwischen 2005 und 2009 faktisch wieder in Kraft gesetzt, und zwar deutlich stärker als von Blüm
   vorgesehen.

76 Den besten Überblick über die Situation Ende der neunziger Jahre geben Reiche, Danyel T. und Carsten Krebs: *Der Einstieg in die ökologische Steuerreform: Aufstieg, Restriktionen und Durchsetzung eines
   umweltpolitischen Themas*, Lang, Frankfurt am Main 1999. Für einen
   politischen Erfahrungsbericht der Ökosteuer-Umsetzung siehe: Loske,
   Reinhard, Dankesrede anlässlich der Verleihung des Adam-Smith-
   Preises für marktwirtschaftliche Umweltpolitik des Forums Ökologisch-Soziale Marktwirtschaft, abrufbar unter: http://files.foes.de/de/

downloads/Konferenzen/LOSKE_REDE_adam-smith-preis.pdf (abgerufen am 24.3.2015).

77 Der Hinweis darauf, dass die aktuellen Energiepreise inflationsbereinigt immer noch unter dem Niveau von vor der Ölpreiskrise Anfang der siebziger Jahre liegen, vermag wohl nur Insider zu trösten, aber vermutlich kaum die politische Öffentlichkeit.

78 Für einen Überblick der Vorschläge im Strompreissenkungswettlauf siehe: http://www.foes.de/pdf/2012–12_FOES_Diskussionspapier_Stromsteuersenkung.pdf (abgerufen am 24.3.2015).

79 Vgl. etwa Altvater, Elmar und Achim Brunnengräber (Hrsg.): *Ablasshandel gegen Klimawandel? Marktbasierte Instrumente in der globalen Klimapolitik und ihre Alternativen,* VSA, Hamburg 2008.

80 Ich benutze den Begriff hier eher im pathetischen Sinne und bin mir über seine Unschärfe und sein Missbrauchspotential wohl bewusst, auch wenn ich Carl Schmitts Diktum, wer Menschheit sage, der betrüge, ein wenig übertrieben finde. Vgl. Schmitt, Carl: *Der Begriff des Politischen,* Duncker & Humblot, Berlin 1932, S. 55.

81 Weischer, Lutz, Jennifer Morgan und Milap Patel: »Climate Clubs: Can Small Groups of Countries make a Big Difference in Addressing Climate Change?!«, in: *Review of European Community & International Environmental Law,* Vol 21, Issue 3 (2012), S. 177–192.

82 Vgl. für eine präzise Darstellung des Top-Runner-Ansatzes http://www.bmub.bund.de/themen/wirtschaft-produkte-ressourcen/produkte-und-umwelt/top-runner-ansatz/(abgerufen am 24.3.2015).

83 Für eine gründliche Befassung mit der Risikovorsorge vgl. Renn, Ortwin: *Das Risiko-Paradox. Warum wir uns vor dem Falschen fürchten,* Fischer Taschenbuch Verlag, Frankfurt am Main 2014.

84 Vgl. http://www.theguardian.com/news/datablog/2012/may/24/robert-kennedy-gdp (abgerufen am 22.3.2015).

85 Vgl. Diefenbacher, Hans und Roland Zieschank: *Wohlfahrtsmessung in Deutschland. Ein Vorschlag für einen nationalen Wohlfahrtsindex,* Umweltbundesamt, Dessau 2009.

86 Vgl. http://www.happyplanetindex.org/(abgerufen am 24.3.2015).

87 Vgl. Paech, Niko: Befreiung vom Überfluss, Oekom, München 2012.

88 Vgl. Rosa, Hartmut: »Was brauchen Menschen? Vom Schweigen der Welt und von der Sehnsucht nach Resonanz«. Vortrag auf dem Evangelischen Kirchentag 2013 in Hamburg. Manuskript.

89 Vgl. Lütkehaus, Ludger: *Der Ekel vor dem Zuviel. Mein antikonsumistisches Manifest,* Basilisken-Presse, Marburg 2005.

90 Vgl. Piketty, Thomas: *Das Kapital im 21. Jahrhundert,* C.H.Beck, München 2014.

91 Vgl. http://www.bundeskanzlerin.de/ContentArchiv/DE/Archiv17/Re
    gierungserklaerung/2009/2009–11–10-merkel-neue-Regie-
    rung.html (abgerufen am 24. 3. 2015). Zur Gegenrede: Loske, Rein-
    hard: »Ist ohne Wachstum wirklich alles nichts?«, in: *Frankfurter All-
    gemeine Zeitung* vom 16. November 2009.

92 So lautete der erfolgreiche Slogan des Wahlkampfes der CDU zur
    Bundestagswahl 1957.

93 Vgl. auch Skidelsky, Robert und Edward Skidelsky: *Wieviel ist genug.
    Vom Wachstumswahn zu einer Ökonomie des guten Lebens*, Gold-
    mann, München 2012.

94 Vgl. Cicero: *De officiis*, I22, zitiert nach: http://de.wikipedia.org/wiki/
    Sozialpflichtigkeit_des_Eigentums (abgerufen am 24. 3. 2015).

95 Vgl. Bruch, David: *Umweltpflichtigkeit der grundgesetzlichen
    Schutzbereiche. Schriften zum Umweltrecht*, Band 173. Duncker &
    Humblot, Berlin 2012.

96 Vgl. Felber, Christian: *Gemeinwohl-Ökonomie – Das Wirtschafts-
    modell der Zukunft*, Deuticke, Wien 2010.

97 Müller, Edda: *Innenwelt der Umweltpolitik: Sozial-liberale Umwelt-
    politik – (Ohn)macht durch Organisation*, Westdeutscher Verlag,
    Opladen 1986.

98 Vgl. http://www.spiegel.de/spiegel/print/d-14351158.html (abgeru-
    fen am 24. 3. 2015).

99 Vgl. http://www.welt.de/print-wams/article114819/Wirtschaft-findet-
    in-der-Wirtschaft-statt.html (abgerufen am 24. 3. 2015).

100 Reinhard Ueberhorst verdanke ich den Hinweis, dass der späte Jochen
    Steffen nicht nur über Verteilungsfragen reflektierte, sondern auch
    über die Qualität des Erwirtschafteten, weshalb er sich stark gegen
    Atomkraft und für Naturschutz einsetzte.

101 Als Euckens Hauptwerk können seine *Grundsätze der Wirtschaftspoli-
    tik* gelten, die erst posthum (1952) erschienen: Vgl. Eucken, Walter:
    Grundsätze der Wirtschaftspolitik, Mohr Siebeck, UTB, Tübingen
    2008.

102 Vgl. Schick, Gerhard: *Machtwirtschaft. Nein Danke! Für eine Wirt-
    schaft, die uns allen dient*, Campus, Frankfurt am Main 2014.

103 Vgl. Loske, Reinhard: »Politische Gestaltungsbedarfe in der Ökono-
    mie des Teilens. Eine sozial-ökologische Perspektive«, in: *ifo Schnell-
    dienst*, 67. Jg., H. 21/2014, S. 21–24.

104 Vgl. Bakker, Liesbeth, Reinhard Loske und Gerhard Scherhorn: *Wirt-
    schaft ohne Wachstumsstreben. Chaos oder Chance?* Veröffent-
    lichungen der Heinrich-Böll-Stiftung 2, Berlin 1999.

105 Vgl. Liesen, Andrea, Christian Dietsche und Jana Gebauer: *Wachs-

tumsneutrale Unternehmen. Schriftenreihe des Instituts für ökologische Wirtschaftsforschung 205/13, Berlin 2013.

106 Vgl. http://www.wiwo.de/unternehmen/industrie/stiftungsunterneh
men-club-der-guten-kapitalisten/6062028.html (abgerufen am 24.3.
2015).

107 Vgl. Loske, Reinhard: *Abschied vom Wachstumszwang. Konturen
einer Politik der Mäßigung,* Basilisken-Presse, Rangsdorf 2011.

108 Vgl. Peukert, Helge: *Das Moneyfest. Ursachen und Lösungen der
Finanzmarkt- und Staatsschuldenkrise,* Metropolis, Marburg 2013.

109 Vgl. Felber, Christan: *Geld. Die neuen Spielregeln,* Deuticke, Wien
2014.

110 Vgl. hierzu die Website der Global Alliance for Banking on Values:
http://www.gabv.org/.

111 Vgl. Scherhorn, Gerhard: *Geld soll dienen, nicht herrschen. Die aufhaltsame Expansion des Finanzkapitals.* Wiener Vorlesungen, Edition
Gesellschaftskritik, Picus, Wien 2009.

112 Vgl. Giegold, Sven: »Trennt die Banken, aber richtig!«, in: *Die Zeit*
2/2014 vom 13. Januar 2014. Abrufbar unter: http://www.zeit.de/
2014/02/trennbankensystem (abgerufen am 26.3.2015).

113 Vgl. Huber, Joseph: *Monetäre Modernisierung. Die Zukunft der
Geldordnung,* Metropolis, Marburg 2010.

114 Für ein grundlegendes Verständnis der Geldschöpfungsfrage vgl.
Binswanger, Hans Christoph: *Geld und Magie. Eine ökonomische
Deutung von Goethes Faust,* Murmann, Hamburg 2005.

115 Vgl. Kennedy, Margrit: *Occupy money,* Kamphausen, Bielefeld 2011,
und Lietaer, Bernhard: *Das Geld der Zukunft. Über die destruktive
Wirkung des existierenden Geldsystems und die Entwicklung von
Komplementärwährungen,* Riemann, München 1999.

116 Vgl. Schumann, Harald: *Die Hungermacher. Wie Deutsche Bank, Allianz und Co. auf Kosten der Ärmsten mit Lebensmitteln spekulieren,*
Fischer Taschenbuch Verlag, Frankfurt am Main 2013.

117 Vgl. https://www.plurale-oekonomik.de/home/.

118 Vgl. http://www.worldeconomicsassociation.org/.

119 Vgl. Wolf, Martin: »Strip private banks of their power to create money. The giant hole at the heart of our market economies needs to be
plugged«, in: *Financial Times,* April 24/2014.

120 Vgl. Mayer, Thomas: *Der Geuro: Eine Parallelwährung für Griechenland?* Deutsche Bank Research. Research Briefing, 23. Mai 2012.

121 Vgl. Uchatius, Wolfgang: »Silvio Gesell: ›Geld muss rosten!‹«, Interview mit Werner Onken, in: *Die Zeit* Nr. 12, 15. März 2012.

122 Vgl. Altvater, Elmar und Birgit Mahnkopf: *Grenzen der Globalisie-*

rung. Ökonomie, Ökologie und Politik in der Weltgesellschaft, Westfälisches Dampfboot, Münster 1999.

123   Vgl. Graeber, David: *Schulden. Die ersten 5000 Jahre,* Klett-Cotta, Stuttgart 2012.

Kapitel 5

1   Vgl. Bookchin, Murray: *Die Ökologie der Freiheit. Wir brauchen keine Hierarchien,* Beltz, Weinheim/Basel 1985.

2   Vgl. Stein, Tine: *Demokratie und Verfassung an den Grenzen des Wachstums. Zur ökologischen Kritik und Reform des Verfassungsstaates,* Westdeutscher Verlag, Opladen 1998.

3   Bei der Vorbeifahrt an der gefährlichen Insel, von der aus die verlockenden Sirenengesänge zu ihm herüberdrangen, ließ sich Odysseus nicht nur an den Masten seines Schiffes fesseln, sondern befahl seiner Mannschaft zugleich, sich die Ohren mit Wachs zu verstopfen und ihn auf keinen Fall loszubinden, wenn er danach verlange – eine Forderung, die er beim Hören der Sirenengesänge natürlich lauthals erhob.

4   Vgl. Paqué, Karl-Heinz: »Lest doch bitte euren Popper richtig. Eine Antwort auf Reinhard Loske«, in: *Frankfurter Allgemeine Zeitung* vom 12. Juni 2013. Abrufbar unter: http://www.faz.net/aktuell/feuilleton/wachstums-debatte-lest-doch-bitte-euren-popper-richtig-12219415.html (abgerufen am 21.1.2015).

5   Vgl. Bild vom 7. Januar 2011: »Sind Sie ein Feind der Wirtschaft, Herr Loske?« Abrufbar unter: http://www.bild.de/regional/bremen/interview-sind-sie-feind-der-wirtschaft-15344510.bild.html (abgerufen am 21.1.2015).

6   Vgl. etwa *Frankfurter Allgemeine Zeitung* vom 23.5.2014, abrufbar unter: http://www.faz.net/aktuell/politik/europaeische-union/eu-energiepolitikwut-ueber-regelungswut-12955017.html (abgerufen am 5.10.2014).

7   Vgl. http://www.gruene.de/ueber-uns/bdk-2014-in-hamburg/gutes-essen-ist-kein-luxus.html (abgerufen am 21.1.2015).

8   Loske, Reinhard, »Neue Formen kooperativen Wirtschaftens als Beitrag zur nachhaltigen Entwicklung«, in: *Leviathan,* 42. Jg., H.3/2014, S.463–485.

Kapitel 6

1 Vgl. Ekardt, Felix: *Theorie der Nachhaltigkeit. Rechtliche, ethische und politische Zugänge – am Beispiel von Klimawandel, Ressourcenknappheit und Welthandel,* Baden-Baden, Nomos Verlag 2011.

2 Vgl. Karl Marx: Karl Marx/Friedrich Engels – Werke. Karl Dietz Verlag, Bd. 25, S. 784.

3 Santarius, Tilman: »Was ist Ressourcengerechtigkeit?«, in: *Widerspruch,* Nr. 54, 2008, S. 127–137.

4 Vgl. Galeano, Eduardo: *Die offenen Adern Lateinamerikas,* Peter Hammer, Wuppertal 2009.

5 Vgl. Popper, Karl R.: *Die offene Gesellschaft und ihre Feinde,* 2 Bände, Francke, München 1957 (Teil 1: *Der Zauber Platons*) und 1958 (Teil 2: *Falsche Propheten*).

6 Vgl. Glotz, Peter: *Die Arbeit der Zuspitzung,* Siedler, München 1987.

7 Vgl. Crouch, Colin: *Postdemokratie,* Suhrkamp, Frankfurt am Main 2008.

8 http://www.bmub.bund.de/fileadmin/Daten_BMU/Bilder_Infografi ken/umweltbewusstsein_studie_infografik.png.

Kapitel 7

1 Vgl. Rockström, Johan et al.: »A safe operating space for humanity«, in: *Nature* 461, S. 472–475 (24. September 2009).

2 Vgl. hierzu Baecker, Dirk (Hrsg.): *Kapitalismus als Religion,* Kulturverlag Kadmos, Berlin 2002.

3 Vgl. Houellebecq, Michel: *Unterwerfung,* DuMont, Köln 2015, S. 95.

4 Interessante Überlegungen zum Zusammenhang von Religion und Nachhaltigkeit stellt Tadzio Müller in einem klugen Essay an: Müller, Tadzio, »Politische Religion als neue Avantgarde«, in: *Luxemburg,* Heft 19, 2/2014. Abrufbar unter: http://www.zeitschrift-luxemburg.de/ politische-religion-als-neue-avantgarde/(abgerufen am 18.5.2015).

5 Vgl. Vogd, Werner: »Transformation, Leere und Religiosität – von Michel Houellebecq lernen?!«, in: *Studium fundamentale,* Universität Witten/Herdecke, Semesterzeitung im Sommersemester 15, S. 27.

6 Vgl. https://www.oxfam.org.au/explore/climate-change/impacts-of-climate-change/.

7 Vgl. Engels, Friedrich: Karl Marx/Friedrich Engels – Werke. Karl Dietz Verlag, Berlin. Band 20, Berlin/DDR 1962, »Dialektik der Natur«, S. 452 f.

8 Vgl. Welzer, Harald: *Selbst Denken. Eine Anleitung zum Widerstand*, Fischer, Frankfurt am Main 2013.

9 Im Original heißt das Zitat: »No one pretends that democracy is perfect or all-wise. Indeed, it has been said that democracy is the worst form of government except all those other forms that have been tried from time to time.« Häufig wird Churchill das Zitat nur unvollständig zugeschrieben. Meist heißt es dann: »Demokratie ist die schlechteste aller Regierungsformen, außer denen, die sonst noch von Zeit zu Zeit ausprobiert wurden.«

10 Vgl. Ott, Hermann E.: »Was hat die Enquete für die Ökologie gebracht?«, in: Leitschuh, Heike, Gerd Michelsen, Udo E. Simonis und Ernst U. von Weizsäcker (Hrsg.): *Jahrbuch Ökologie 2014: Mut zu Visionen. Brücken in die Zukunft*, Hirzel Verlag, Stuttgart, S. 243–248.

11 Loske, Reinhard, »Ökologische Verantwortung in der Bürgergesellschaft«, in: Töpfer, Klaus u. a. (Hrsg.): *Verändern durch Wissen. Chancen und Herausforderungen demokratischer Beteiligung*, Oekom, München 2013.

12 Loske, Reinhard, »Klasse statt Masse. Eine zukunftsfähige Wirtschaft braucht eine bessere Infrastruktur«, in: *GAIA*, 5. Jg. (2), 1996, S. 71–85.

13 Weizsäcker, Ernst Ulrich, Amory Lovins und Hunter Lovins: *Faktor 4. Doppelter Wohlstand – halbierter Naturverbrauch*, Droemer Knaur, München 1995. Später dann: Derselbe und andere: *Faktor 5. Die Formel für nachhaltiges Wachstum*, Droemer, München 2010.

14 Scheer, Hermann, *Solare Weltwirtschaft. Strategie für die ökologische Moderne*, München 1999.

15 Braungart, Michael und W. McDonough: *Einfach intelligent produzieren. Gebrauchsanweisungen für das 21. Jahrhundert*, Berlin 2003.

16 Loske, Reinhard, »Die Dichte als Chance. Ein Essay zu den Konturen zukunftsfähiger Stadtentwicklung«, in: *Raumforschung und Raumordnung*, 54. Jg. (H.2/3), 1996, S. 98–102.

17 Für die Bundesrepublik ist hier die Studie *Zukunftsfähiges Deutschland. Ein Beitrag zu einer global nachhaltigen Entwicklung* des Wuppertal Instituts für Klima, Umwelt und Energie hervorzuheben, Birkhäuser, Basel, Berlin, Boston 1996.

18 Loske, Reinhard, »Die Grünen als Umweltpartei – Anspruch verpflichtet«, in: Gabriel, Sigmar, Bundesminister für Umwelt, Naturschutz und Reaktorsicherheit (Hrsg.): *Die Umweltmacher, 20 Jahre BMU. Geschichte und Zukunft der Umweltpolitik*, Hoffmann und Campe, Hamburg 2006, S. 133–144.

19 Rosenkranz, Gerd, »Das sabotierte Jahrhundertprojekt. Wie die Bun-

desregierung die Energiewende hintertreibt«, in: *Blätter für deutsche und internationale Politik*, H. 11/2012, S. 101–110, sowie Loske, Reinhard, »Alles anders nach Fukushima?«, in: *Blätter für deutsche und internationale Politik*, H. 4/2011, S. 5–7.

20 Vgl. Ueberhorst, Reinhard und Tom R. Burns: *Creative Democracy. Systematic Conflict Resolution and Policymaking in a World of High Science and Technology*, Praeger, New York/Westport, Connecticut/London 1988, sowie Ueberhorst, Reinhard: »Gesellschaftliche Politikfähigkeit und diskursive Politik – Ziel und Entwicklungsaufgaben«, in: Georg Plate (Hrsg.): *Forschung für die Wirtschaft*, Shaker, Aachen 2011, S. 173–194.

21 Für einen bemerkenswert frühen und weitsichtigen Text zur Frage der qualifizierten Dialogprozesse siehe: Eppler, Erhard: »Vom Umgang mit der Technik«, in: *Der Spiegel*, Nr. 22 (1987), S. 50–51.

22 Leggewie, Claus: *Mut statt Wut. Aufbruch in eine neue Demokratie*, Edition Koerber-Stiftung, Hamburg 2011.

23 Loske, Reinhard, »Notizen zur Ökologie in der Verfassung«, in: Bernd Guggenberger und A. Meier (Hrsg.): *Der Souverän auf der Nebenbühne*, Westdeutscher Verlag, Opladen 1994, S. 249–254. Aktuell hierzu: Wissenschaftlicher Beirat der Bundesregierung für Globale Umweltveränderungen (WBGU): *Welt im Wandel. Gesellschaftsvertrag für eine große Transformation*, Berlin 2011, insbesondere S. 219 ff. Zur Kritik am WBGU siehe: Ueberhorst, Reinhard: »Brauchen wir einen Neuen Gesellschaftsvertrag für unsere gesellschaftliche Politikfähigkeit?«, in: Plate, Georg (Hrsg.): *Forschung für die Wirtschaft 2012*, Göttingen, S. 287–314.

24 Aufschlussreich ist hierzu die in der *Frankfurter Allgemeinen Zeitung* ausgetragene Kontroverse zwischen Ulrich Brand und Meinhard Miegel. Vgl. Brand, Ulrich: »Wachstumskritik. Das bornierte Streben nach Profit«, in: *Frankfurter Allgemeine Zeitung* vom 27.7.2014. Abrufbar unter: http://www.faz.net/aktuell/feuilleton/wachstumskritik-das-bornierte-streben-nach-profit-13047404-p5.html?printPagedArticle=true#pageIndex_5 (abgerufen am 18.5.2015) sowie Miegel, Meinhard: »Die unerwiderte Liebe der Menschen zum Kapitalismus«, in: *Frankfurter Allgemeine Zeitung* vom 17.8.2014. Abrufbar unter: http://www.faz.net/aktuell/feuilleton/wirtschaftswachstum-die-unerwiderte-liebe-der-menschen-zum-kapitalismus-13102904.html (abgerufen am 18.5.2015).

Literaturverzeichnis

Adorno, Theodor W. (1980): *Minima Moralia. Reflexionen aus dem beschädigten Leben*. Gesammelte Schriften, Bd. 4, Suhrkamp, Frankfurt am Main (Erstveröffentlichung 1959)

Agarwal, Anil und Narain, Sunita (1991): *Global Warming in an Unequal World. A Case of Environmental Colonialism*. Centre for Science and Environment, New Delhi

Akerlof, George und Shiller, Robert (2009): Animal Spirits. How Human Psychology Drives the Economy, and Why It Matters for Global Capitalism, Princeton

Altvater, Elmar (2011): *Das Ende des Kapitalismus, wie wir ihn kennen*. Verlag Westfälisches Dampfboot, 7. Auflage, Münster

Altvater, Elmar und Brunnengräber, Achim (Hrsg.) (2008): *Ablasshandel gegen Klimawandel? Marktbasierte Instrumente in der globalen Klimapolitik und ihre Alternativen*. VSA, Hamburg

Altvater, Elmar und Mahnkopf, Birgit (1999): *Grenzen der Globalisierung. Ökonomie, Ökologie und Politik in der Weltgesellschaft*. Westfälisches Dampfboot, Münster

Amery, Carl (1985): *Die ökologische Chance*. List, München

Anders, Günther (1980): *Die Antiquiertheit des Menschen. Band I: Über die Seele im Zeitalter der zweiten industriellen Revolution*. C. H. Beck, München 1956, sowie Band II: *Über die Zerstörung des Lebens im Zeitalter der dritten industriellen Revolution*. C. H. Beck, München (Erstveröffentlichung 1956)

Ayres, Robert U. (2008): *Sustainability Economics: Where do we stand?* in: *Ecological Economics*, Vol. 67, 2008, S. 281–310

Bacon, Francis (2003): *Neu-Atlantis*. Übersetzt von Günter Bugge.

Durchgesehen und neu herausgegeben von Jürgen Klein. Reclam, Stuttgart (Erstveröffentlichung 1627)

Baecker, Dirk (Hrsg.) (2002): *Kapitalismus als Religion*. Kulturverlag Kadmos, Berlin

Bahro, Rudolf (1987): *Logik der Rettung. Wer kann die Apokalypse aufhalten? Ein Versuch über die Grundlagen ökologischer Politik*. Weitbrecht, Stuttgart

Bakker, Liesbeth, Loske, Reinhard und Scherhorn, Gerhard (1999): *Wirtschaft ohne Wachstumsstreben. Chaos oder Chance?* Veröffentlichungen der Heinrich-Böll-Stiftung 2, Berlin

Bechmann, Arnim (1987): *Landbauwende: Gesunde Landwirtschaft. Gesunde Ernährung. Vorschläge für eine neue Agrarpolitik*. S. Fischer, Frankfurt am Main

Bellamy, Edward (1888): Rückblick aus dem Jahr 2000 auf das Jahr 1887, http://nemesis.marxists.org/bellamy-das-jahr-20001.htm (abgerufen am 4.3.2015)

Bennholdt-Thomsen, Veronika (2014): *Mitgefangen, mitgehangen. Der Werdegang von Globalisierung und Informalisierung*, in: *Ila* 376, Heft Juni 2014 (Sonderheft »Informeller Sektor«), im Internet abrufbar unter: http://www.ila-bonn.de/artikel/ila376/infor mell_globalisierung.htm (abgerufen am 17.12.2014)

Binswanger, Hans Christoph (2005): *Geld und Magie. Eine ökonomische Deutung von Goethes Faust*. Murmann, Hamburg

Binswanger, Hans Christoph u.a. (1983): *Arbeit ohne Umweltzerstörung. Strategien für eine neue Wirtschaftspolitik*. S. Fischer, Frankfurt am Main

Bloch, Ernst (1973), *Das Prinzip Hoffnung*. Suhrkamp, Frankfurt am Main (Erstveröffentlichung in 3 Bänden 1956–1959)

Bode, Wilhelm und von Hohnhorst, Martin (1994): *Waldwende. Vom Försterwald zum Naturwald*. C. H. Beck, München

Bookchin, Murray (1985): *Die Ökologie der Freiheit. Wir brauchen keine Hierarchien*. Beltz, Weinheim/Basel

Brand, Ulrich: »Wachstumskritik. Das bornierte Streben nach Profit«, in: *Frankfurter Allgemeine Zeitung* vom 27.7.2014. Abruf-

bar unter: http://www.faz.net/aktuell/feuilleton/wachstumskri
tik-das-bornierte-streben-nach-profit-13047404-p5.html?print
PagedArticle=true#pageIndex_5 (abgerufen am 18.5.2015)

Braungart, Michael und McDonough, W. (2003): *Einfach intelligent produzieren. Gebrauchsanweisung für das 21. Jahrhundert*, Berliner Taschenbuch Verlag, Berlin

Brodbeck, Karl-Heinz (2001): »Die fragwürdigen Grundlagen des Neoliberalismus. Wirtschaftsordnung und Markt in Hayeks Theorie der Regelselektion«, in: *Zeitschrift für Politik*, 48 Jg. (2001), S. 49–71

Bruch, David (2012): *Umweltpflichtigkeit der grundgesetzlichen Schutzbereiche. Schriften zum Umweltrecht*, Band 173. Duncker & Humblot, Berlin

Buarque, Cristovam (2007): *The Golden Curtain. The Shocks of the End of the Twentieth Century. And a Dream for the twenty-first.* Senado Federal, Brasilia

Bundesverband Carsharing (2014): *Eine Idee setzt sich durch! 25 Jahre Carsharing.* ksv, Köln

Callenbach, Ernest (1978): *Ökotopia. Notizen und Reportagen von William Weston aus dem Jahre 1999.* Übersetzt von Ursula Clemeur und Reinhard Merker, Rotbuch, Berlin

Carson, Rachel (1962): *Silent Spring.* Houghton Mifflin, Boston. Deutsch: *Der stumme Frühling.* Übersetzung Margaret Auer. Biederstein, München 1963

Cicero, Marcus T.: De officiis, I22, zitiert nach: http://de.wikipedia.org/wiki/Sozialpflichtigkeit_des_Eigentums (abgerufen am 24.3.2015)

Council on Environmental Quality and State Department (1981): *Global 2000.* U.S. Government Printing Office, Washington, DC 1980. Deutsch: *Global 2000. Bericht an den Präsidenten.* Zweitausendeins, Frankfurt am Main

Crouch, Colin (2008): *Postdemokratie,* Suhrkamp, Frankfurt am Main

D'Alisa, Giacomo et al. (2014): *Degrowth. A Vocabulary for a New Era.* Routledge, London, New York

Dahl, Jürgen (1994): »Der Optimismus des Scheiterns«, in: *Die Zeit* vom 21. Oktober 1994. Abrufbar unter: www.zeit.de/1994/43/der-optimismus-des-scheiterns (Zugriff vom 21.01.2015)

Daly, Herman und Cobb, John B. Jr. (1989): *For the Common Good: Redirecting the Economy Toward Community, the Environment and a Sustainable Future.* Beacon Press,

Diamond, Jared (2005): *Kollaps. Warum Gesellschaften überleben oder untergehen.* S. Fischer, Frankfurt am Main

Diefenbacher, Hans und Zieschank, Roland (2011): *Woran sich Wohlstand wirklich messen lässt. Alternativen zum Bruttoinlandsprodukt.* Oekom, München

Diefenbacher, Hans und Zieschank, Roland (2009): *Wohlfahrtsmessung in Deutschland. Ein Vorschlag für einen nationalen Wohlfahrtsindex.* Umweltbundesamt, Dessau

Durning, Allan T. (1992): *How much is enough? The Consumer Society and the Future of the World.* Worldwatch Environmental Alert Series, Washington, DC

Ekardt, Felix (2011): *Theorie der Nachhaltigkeit. Rechtliche, ethische und politische Zugänge – am Beispiel von Klimawandel, Ressourcenknappheit und Welthandel.* Nomos, Baden-Baden

Enders, Judith und Remig, Moritz (Ed.) (2014): *Theories of Sustainable Development.* Routledge, London, New York

Engelhard, Wolfgang und Weinzierl, Hubert (1993): *Der Erdgipfel. Perspektiven für die Zeit nach Rio.* Economica Verlag, Bonn

Engels, Friedrich (Hrsg.) (1962): *Dialektik der Natur:* In: Karl Marx/ Friedrich Engels – Werke. (Karl) Dietz Verlag, Berlin. Band 20. Berlin/DDR. (Vollständige Erstveröffentlichung 1935)

Enzyklika Laudatio Si von Papst Franziskus. Über die Sorge für das gemeinsame Haus, in Deutsch veröffentlicht von der deutschen Bischofskonferenz. Im Internet abrufbar unter: http://www.dbk.de/fileadmin/redaktion/diverse_downloads/presse_2015/2015-06-18-Enzyklika-Laudatio-si-DE.pdf (abgerufen am 26.6.2015)

Eppler, Erhard (1987) *Vom Umgang mit der Technik,* in: *Der Spiegel,* Nr. 22 (1987), S. 50–51

Eppler, Erhard (1975): *Ende oder Wende. Von der Machbarkeit des Notwendigen.* Kohlhammer, Stuttgart

Erstes Buch Mose, *Genesis* 2, 15–17

Eucken, Walter (2008): *Grundsätze der Wirtschaftspolitik.* Mohr Siebeck, UTB, Tübingen (Erstveröffentlichung 1952)

European Environment Agency (2011): *Environmental tax reform in Europe: Implications for income distribution.* EEA Technical Report 16/2011. Abrufbar unter: http://www.eea.europa.eu/pu blications/environmental-tax-reform-in-europe (abgerufen am 24.3.2015)

Felber, Christan (2014): *Geld. Die neuen Spielregeln.* Deuticke, Wien

Felber, Christian (2010): *Gemeinwohl-Ökonomie – Das Wirtschaftsmodell der Zukunft.* Deuticke, Wien

Forrester, Jay W. (1971): *World Dynamics.* Wright-Allen Press, Cambridge/Mass.

Fraser, Nancy (2013): »Neoliberalismus und Feminismus. Eine gefährliche Liaison«, in: *Blätter für deutsche und internationale Politik*, 58. Jg., H. 12/2013, S. 29–31

Fukuyama, Francis (1992): *Das Ende der Geschichte. Wo stehen wir?* Kindler, München

Fücks, Ralf (2013): *Intelligent wachsen. Die Grüne Revolution.* Hanser, München

Galeano, Eduardo (2009): *Die offenen Adern Lateinamerikas.* Peter Hammer, Wuppertal

Germanwatch (2011): Rindfleischexporte und anderer Irrsinn, Bonn. Abrufbar unter: https://germanwatch.org/de/1965 (abgerufen am 24.3.2015)

Giegold, Sven (2014): »Trennt die Banken, aber richtig!«, in: *Die Zeit* vom 13. Januar 2014. Abrufbar unter: http://www.zeit.de/2014/ 02/trennbankensystem (abgerufen am 26.3.2015)

Glotz, Peter (1987): *Die Arbeit der Zuspitzung.* Siedler, München

Goethe, Johann Wolfgang von (1819): *West-östlicher Divan.* Cotta'sche Buchhandlung, Stuttgart. Abrufbar unter http://www.

deutschestextarchiv.de/book/show/goethe_divan_1819 (abgerufen am 24. 6. 2015)

Goffart, Daniel (2012): *Steinbrück. Die Biografie*. Heyne, München

Gottwald, Franz-Theo und Anita Krätzer (2014): *Irrweg Bioökonomie*. Suhrkamp, Berlin

Gorz, André (2009): *Auswege aus dem Kapitalismus*. Aus dem Französischen von Eva Moldenhauer. Rotpunktverlag, Zürich

Graeber, David (2012): *Schulden. Die ersten 5000 Jahre*. Klett-Cotta, Stuttgart

Grießhammer, Rainer (1992): *Szenarien einer Chemiewende*. Öko-Institut, Freiburg im Breisgau

Grober, Ulrich (2010): *Die Entdeckung der Nachhaltigkeit. Kulturgeschichte eines Begriffs*. Antje Kunstmann, München

Gruhl, Herbert (1992): *Himmelfahrt ins Nichts. Der geplünderte Planet vor dem Ende*. Langen-Müller, München

Habermas, Jürgen (2013): *Demokratie oder Kapitalismus? Vom Elend der nationalstaatlichen Fragmentierung in einer kapitalistisch integrierten Weltgesellschaft*, in: Blätter für deutsche und internationale Politik, Heft 5/2013, S. 59–70

Hamberger, Joachim (Hrsg.): *Hans Carl von Carlowitz, Sylvicultura oeconomica oder Haußwirthliche Nachricht und Naturmäßige Anweisung zur Wilden Baum-Zucht*. Oekom, München

Hampicke, Ulrich (1992): *Ökologische Ökonomie. Individuum und Natur in der Neoklassik*. Westdeutscher Verlag, Opladen

Hauff, Volker (Hrsg.) (1987): *Unsere gemeinsame Zukunft. Der Brundtland-Bericht der Weltkommission für Umwelt und Entwicklung*. Eggenkamp, Greven

Hayek, Friedrich August (1994): *The Road to Serfdom*. University of Chicago Press, Chicago (Erstveröffentlichung 1944)

Heinrich-Böll-Stiftung (Hrsg.) (2002): *Ökologie: Die neue Farbe der Gerechtigkeit. Das Jo'burg-Memo. Memorandum zum Weltgipfel für nachhaltige Entwicklung*. Berlin

Helfrich, Silke (Hrsg.)(2011): *Was mehr wird, wenn wir teilen. Vom gesellschaftlichen Wert der Gemeingüter*. Oekom, München

Helfrich, Silke und Heinrich-Böll-Stiftung (Hrsg.)(2010): *Gemein-güter – Wohlstand durch Teilen*. Transcript, Bielefeld, auch abrufbar unter http://www.boell.de/sites/default/files/2012-04-buch-2012-04-buch-commons.pdf (abgerufen am 21.05.2015)

Hennicke, Peter (1985): *Die Energiewende ist möglich*. S. Fischer, Frankfurt am Main

Hesse, Markus (1994): *Verkehrswende. Ökologisch-ökonomische Perspektiven für Stadt und Region*. Metropolis, Marburg

Heuser, Uwe J. (2008): *Humanomics. Die Entdeckung des Menschen in der Wirtschaft*. Campus, Frankfurt am Main/New York

Hirschmann, Albert O. (1980): Leidenschaften und Interessen. Politische Begründungen des Kapitalismus vor seinem Sieg. Suhrkamp, Frankfurt am Main

Hopkins, Rob (2011): *The Transition Companion. Making our community more resilient in uncertain times*. Green Books, Totnes

Houellebecq, Michel (2015): *Unterwerfung*. DuMont, Köln, S. 95

Huber, Joseph (2010): *Monetäre Modernisierung. Die Zukunft der Geldordnung*. Metropolis, Marburg

Illich, Ivan (1973): *Tools for Conviviality*. Harper and Row, New York. Deutsch: Selbstbegrenzung. Eine politische Kritik der Technik. Rowohlt, Reinbek 1975

Institut für Ökologische Wirtschaftsforschung (1987): *Umweltentlastung durch wirtschaftlichen Strukturwandel*. Schriftenreihe 2/87, Berlin

Jackson, Tim (2009): Prosperity without Growth. Economics for a Finite Planet, Earthscan, London, New York. Deutsch: *Wohlstand ohne Wachstum*. Oekom, München 2013

Jänicke, M. (2012): *Megatrend Umweltinnovation. Zur ökologischen Modernisierung von Wirtschaft und Staat*. Oekom, München

Jungk, Robert (1977): *Der Atomstaat. Vom Fortschritt in die Unmenschlichkeit*. Kindler, München

Kant, Immanuel (1961): *Kritik der praktischen Vernunft*. Hrsg. von Joachim Kopper, Reclam, Stuttgart (Erstveröffentlichung 1788)

Kennedy, Margrit (2011): *Occupy money.* Kamphausen, Bielefeld

Keynes, John Maynard (1984): *Nationale Selbstgenügsamkeit,* in: John Maynard Keynes: Kommentierte Werkauswahl, hrsg. v. Harald Mattfieldt, VSA, Hamburg, S. 152–161 (Erstveröffentlichung 1933 in: Schmollers Jahrbuch 57, S. 61–70; Original in: Collected Writings 21, S. 233–246)

Kleine, Alexandro (2009): *Operationalisierung einer Nachhaltigkeitsstrategie. Ökonomie, Ökologie und Soziales integrieren.* Gabler Edition Wissenschaft, Wiesbaden

Klingholz, Reiner (2014): *Sklaven des Wachstums. Die Geschichte einer Befreiung.* Campus, Frankfurt am Main/New York

Kluge, Thomas, Schramm, Engelbert und Vack, Aicha (1995): *Wasserwende.* Piper, München

Kohr, Leopold (2006): *Die Lehre vom rechten Maß. Aufsätze aus fünf Jahrzehnten.* Müller, Salzburg

Kopatz, Michael (2013): *Energiewende. Aber fair! Wie sich die Energiezukunft sozial tragfähig gestalten lässt.* Oekom, München

Kristof, Kora (2010): *Models of Change: Wie wir gesellschaftliche Veränderungen erfolgreicher gestalten können.* Oekom, München

Le Goff, Jacques (2006): *Franz von Assisi.* Klett-Cotta, Stuttgart

Leggewie, Claus (2011): *Mut statt Wut. Aufbruch in eine neue Demokratie,* Edition Koerber-Stiftung, Hamburg

Leismann Kristin, Schmitt, Martina, Rohn, Holger und Baedeker, Carolin (2012): *Nutzen statt besitzen. Auf dem Weg zu einer ressourcenschonenden Konsumkultur.* Heinrich-Böll-Stiftung, Schriften zur Ökologie, Bd. 27, Wuppertal, S. 101. Abrufbar unter: http://www.boell.de/sites/default/files/Endf_NutzenStattBesitzen_web.pdf (abgerufen am 29.9.2014)

Liesen, Andrea, Christian Dietsche und Jana Gebauer (2013): *Wachstumsneutrale Unternehmen.* Schriftenreihe des Instituts für ökologische Wirtschaftsforschung 205/13, Berlin

Lietaer, Bernhard (1999): *Das Geld der Zukunft. Über die destruktive Wirkung des existierenden Geldsystems und die Entwicklung von Komplementärwährungen.* Riemann, München

Linz, Manfred (2012): *Weder Mangel noch Übermaß. Warum Suffizienz unentbehrlich ist.* Oekom, München

Loske, Reinhard (2015): »Nachhaltigkeit erfordert pluralistische Wirtschaftsstile«, in: *Neue Gesellschaft/Frankfurter Hefte,* H. 5/2015, S. 46–49

Loske, Reinhard (2014): »Aufwachen, bitte. Überlasst die Sharing-Ökonomie nicht den Internetriesen«, in: *Die Zeit* vom 16. Oktober 2014, S. 27

Loske, Reinhard (2014): *Von der Energiewende zur Geldwende. Transformationsstrategien für eine nachhaltige Geldordnung.* Vortrag auf dem »Geldgipfel 2014« der GLS-Bank-Stiftung am 2. Mai 2014 an der Universität Witten/Herdecke, abrufbar unter: http://www.glsbankstiftung.de/media/pdfs/Loske__Reinhard_Geldwende_final.pdf. (abgerufen am 16.12.2014)

Loske, Reinhard (2014): »Politische Gestaltungsbedarfe in der Ökonomie des Teilens«, in: *ifo-Schnelldienst, 67.* Jg., Heft 21, S. 3–27

Loske, Reinhard (2014): »Zum Spannungsverhältnis von Ökologie und Freiheit«, in: *Ökologisches Wirtschaften,* 29. Jg., H. 4 (2014), S. 8–9

Loske, Reinhard (2014): »Neue Formen kooperativen Wirtschaftens als Beitrag zur nachhaltigen Entwicklung«, in: *Leviathan,* 42. Jg., H. 3/2014: 463–485

Loske, Reinhard (2013): »Ökologische Verantwortung in der Bürgergesellschaft«, in: Töpfer, Klaus u.a. (Hrsg.): *Verändern durch Wissen. Chancen und Herausforderungen demokratischer Beteiligung.* Oekom, München

Loske, Reinhard (2013): *The Good Society without Growth.* Basilisken-Presse, Rangsdorf

Loske, Reinhard (2013): »Das Ökobonus-Konzept«, in: *Blätter für deutsche und internationale Politik,* 58. Jg., H. 4 (2013), S. 96–100

Loske, Reinhard (2012): »Energie in Bürgerhand«, in: *Blätter für deutsche und internationale Politik,* H. 12/2012, S. 29–33

Loske, Reinhard (2011): »Alles anders nach Fukushima?«, in: *Blätter für deutsche und internationale Politik,* H. 4/2011, S. 5–7

Loske, Reinhard (2011): »Effizienz versus Suffizienz: Das grüne Schisma«, in: *Blätter für deutsche und internationale Politik*, H. 8/2011, S. 63–70

Loske, Reinhard (2010): *Abschied vom Wachstumszwang. Konturen einer Politik der Mäßigung*. Basilisken-Presse, Rangsdorf

Loske, Reinhard (2008): Brandmauern gegen den Klimawandel. Dankesrede anlässlich der Verleihung des Adam-Smith-Preises für marktwirtschaftliche Umweltpolitik des Forums Ökologisch-Soziale Marktwirtschaft. Abrufbar unter: http://files.foes.de/de/downloads/Konferenzen/LOSKE_REDE_adam-smith-preis.pdf (abgerufen am 24.3.2015)

Loske, Reinhard (2007): »Arbeiten ohne Zwang. Warum das Grundeinkommen unserer Gesellschaft guttun würde«, in: *Die Zeit* vom 27. April 2007. Abrufbar unter: http://www.zeit.de/2007/18/Forum-Grundeinkommen (abgerufen am 24.3.2015)

Loske, Reinhard (2007): »Allen wohl und keinem wehe. Ein kritischer Blick auf den Brundtland-Bericht«, in: *Ökologisches Wirtschaften*, 22. Jg., H. 1 (2007), S. 11

Loske, Reinhard (2006): »Die Grünen als Umweltpartei – Anspruch verpflichtet«, in: Gabriel, Sigmar, Bundesminister für Umwelt, Naturschutz und Reaktorsicherheit (Hrsg.) 2006: *Die Umweltmacher, 20 Jahre BMU. Geschichte und Zukunft der Umweltpolitik*, Hoffmann und Campe, Hamburg, S. 133–144

Loske, Reinhard (1998): »Südafrika, armes reiches Land im Wandel. Über die schwierige Balance von Ökonomie und Ökologie«, in: *Blätter für deutsche und internationale Politik*, 43. Jg. (1998), H. 11, S. 1369–1379

Loske, Reinhard (1996): »Klasse statt Masse. Eine zukunftsfähige Wirtschaft braucht eine bessere Infrastruktur«, in: *GAIA*, 5. Jg. (2), 1996, S. 71–85

Loske, Reinhard (1996): *Klimapolitik*. Metropolis, 2. Auflage, Marburg

Loske, Reinhard (1996): *Die Dichte als Chance. Ein Essay zu den Konturen zukunftsfähiger Stadtentwicklung. Raumforschung und Raumordnung*, 54. Jg. (H. 2/3), 1996, S. 98–102

Loske, Reinhard, Bleischwitz, Raimund und andere (1995): *Zukunftsfähiges Deutschland. Ein Beitrag zu einer global nachhaltigen Entwicklung.* Eine Studie des Wuppertal Instituts für Klima, Umwelt und Energie im Auftrag des Bundes für Umwelt und Naturschutz Deutschland und von Misereor. Birkhäuser, Basel, Boston, Berlin

Loske, Reinhard (1994): »Dem Zweifel zum Trotz«, in: *Die Zeit* vom 25. November 1994. Abrufbar unter: www.zeit.de/1994/48/dem-zweifel-zum-trotz (Zugriff vom 21. 01. 2015)

Loske, Reinhard (1994): »Notizen zur Ökologie in der Verfassung«, in: Bernd Guggenberger und A. Meier (Hrsg.): *Der Souverän auf der Nebenbühne*, Westdeutscher Verlag, Opladen, S. 249–254.

Loske, Reinhard (1993): »Chinas Marsch in die Industrialisierung: Gefahr für das Weltklima?«, in: *Blätter für deutsche und internationale Politik*, 38. Jg., H. 12 (1993), S. 1460–1472

Loske, Reinhard (1991): »Ecological Taxes, Energy Policy and Greenhouse Gas Reductions«, in: *The Ecologist*, Vol. 21, No. 4 (1991), S. 173–176

Lovelock, James (1991): *Das Gaia-Prinzip: die Biographie unseres Planeten.* Artemis & Winkler, Zürich

Luhmann, Niklas (1977): *Die Wirtschaft der Gesellschaft.* Suhrkamp, Frankfurt am Main

Luks, Fred (2013): *Die Zukunft des Wachstums. Theoriengeschichte, Nachhaltigkeit und die Perspektiven einer neuen Wirtschaft.* Metropolis, 2. Aufl.

Lütkehaus, Ludger (2005): *Der Ekel vor dem Zuviel. Mein antikonsumistisches Manifest.* Basilisken-Presse, Marburg

Marx, Karl (1867): *Das Kapital.* Buch 1, Verlag Otto Messner (Erstveröffentlichung 1867)

Marx, Karl (1989): *Das Kapital – Der Gesamtprozess der Kapitalistischen Produktion.* Buch 3, in: Marx/Engels: Werke, Bd. 25 (Erstveröffentlichung 1894)

Maxeiner, Dirk und Miersch, Michael (2014*): Alles grün und gut?* Eine Bilanz des ökologischen Denkens. Knaus, München

Maxeiner, Dirk und Miersch, Michael (1996): *Ökooptimismus*. Metropolitan, Düsseldorf

Mayer, Thomas (2012): *Der Geuro: Eine Parallelwährung für Griechenland?* Deutsche Bank Research. Research Briefing, 23. Mai 2012

Meadows, Donella H., Meadows Dennis L. et al. (1972): *Limits to Growth*. Universe Books, New York. Deutsch: *Die Grenzen des Wachstums. Bericht des Club of Rome zur Lage der Menschheit.* Aus dem Amerikanischen von Hans-Dieter Heck. Deutsche Verlags-Anstalt, Stuttgart

Miegel, Meinhard: »Die unerwiderte Liebe der Menschen zum Kapitalismus«, in: *Frankfurter Allgemeine Zeitung* vom 17.8.2014. Abrufbar unter: http://www.faz.net/aktuell/feuilleton/wirtschafts wachstum-die-unerwiderte-liebe-der-menschen-zum-kapitalis mus-13102904.html (abgerufen am 18.5.2015)

Mill, John Stuart (1848): *Principles of Political Economy*. 2 Bände, Parker, London. Deutsch: *Gesammelte Werke von John Stuart Mill*. Autorisierte Übersetzung unter Redaktion von Theodor Gomperz. 12 Bände. Fues, Leipzig 1869–1880, Bände 5 bis 7: Grundsätze der Politischen Ökonomie, Leipzig 1869

Meyer-Abich, Klaus Michael (1997): *Praktische Naturphilosophie*. C.H. Beck, München

Morus, Thomas (1992): *Utopia*. Übersetzt von Hermann Kothe, Insel, Frankfurt am Main (Erstveröffentlichung 1516)

Müller, Edda (1986): *Innenwelt der Umweltpolitik: Sozial-liberale Umweltpolitik – (Ohn)macht durch Organisation*. Westdeutscher Verlag, Opladen

Müller, Tadzio (2014): *Politische Religion als neue Avantgarde*. Luxemburg, Heft 19, 2/2014. Abrufbar unter: http://www.zeit schrift-luxemburg.de/politische-religion-als-neue-avantgarde/ (abgerufen am 18.5.2015)

Myers, N. and Kent, J. (2004): *New Consumers: The Influence of Affluence on the Environment*. Island Press, Washington, DC

Naess, Arne (2008): *Ecology, community and lifestyle*. Cambridge University Press, Cambridge (Erstveröffentlichung 1990)

Neßhöver, Carsten (2013): Biodiversität. Unsere wertvollste Ressource. Herder, Freiburg im Breisgau

Nordmann, Alfred (2007): »Renaissance der Allianztechnik? Neue Technologien für alte Utopien«, in: Beat Sitter-Liver (Hrsg.): *Utopie heute: Zur aktuellen Bedeutung, Funktion und Kritik des utopischen Denkens und Vorstellens.* Academic Press, Fribourg 2007, S. 261–278

OECD (2015): Environmentally Harmful Subsidies. Challenges for reform, abrufbar unter: http://www.oecd.org/tad/fisheries/environ mentallyharmfulsubsidieschallengesforreform.htm (abgerufen am 24.3.2015)

OECD (2011): *Taxation, Innovation and the Environment: A Policy Brief,* September 2011: http://www.oecd.org/environment/envi ronmentalpolicytoolsandevaluation/48178034.pdf (abgerufen am 21.05.2015)

Offe, Claus (2009): *Das bedingungslose Grundeinkommen als Antwort auf die Krise von Arbeitsmarkt und Sozialstaat,* in: Neuendorff, Hartmut und Peter Gerd und Wolf O. Frieder (Hrsg.) 2009: *Arbeit und Freiheit im Widerspruch? Bedingungsloses Grundeinkommen – ein Modell im Meinungsstreit.* VSA, Hamburg

Orwell, George (1949): *Nineteen Eighty-Four.* A Novel. Secker & Warburg, London

Ostrom, Ellinor (1990): *Governing the Commons: The Evolution of Institutions for Collective Action.* Cambridge University Press, Cambridge

Ott, Hermann E. (2014): »Was hat die Enquete für die Ökologie gebracht?«, in: Leitschuh, Heike, Michelsen, Gerd, Simonis, Udo E., Weizsäcker, Ernst U. von (Hrsg.): *Jahrbuch Ökologie 2014: Mut zu Visionen. Brücken in die Zukunft.* Hirzel Verlag, Stuttgart, S. 243–248

Ott, Konrad und Döring, Ralf (2004): *Theorie und Praxis starker Nachhaltigkeit.* Metropolis, Marburg

Paech, Niko (2012): *Befreiung vom Überfluss.* Oekom, München

Paech, Niko, Priddat, Birger und andere (2015): »Ökonomie des Teilens – nachhaltig und innovativ?«, in: *Wirtschaftsdienst*, 95. Jg. 2015, Heft 2, S. 87–105. Abrufbar unter: http://www.wirt schaftsdienst.eu/archiv/jahr/2015/2/oekonomie-des-teilens-nachhaltig-und-innovativ/#res4 (abgerufen am 7.4.2015)

Paqué, Karl-Heinz (2013): »Nationaler Wohlfahrtsindex: Contra-Pro BIP mit Beilage«, in: *Wirtschaftsdienst*, 93. Jg. (2013), Heft 2, S. 66–67

Paqué, Karl-Heinz (2013): »Lest doch bitte euren Popper richtig. Eine Antwort auf Reinhard Loske«, in: *Frankfurter Allgemeine Zeitung* vom 12. Juni 2013. Abrufbar unter: http://www.faz.net/ak tuell/feuilleton/wachstums-debatte-lest-doch-bitte-euren-pop per-richtig-12219415.html (abgerufen am 21.1.2015)

Paqué, Karl-Heinz (2010): *Wachstum!* Hanser, München

Pearce, David W., Markandya, Anil und Barbier, Edward B. (1989): *Blueprint for a Green Economy*. Earthscan, London

Peukert, Helge (2013): *Die große Finanzmarkt- und Staatsschuldenkrise: eine kritisch-heterodoxe Untersuchung*. Metropolis, Marburg

Peukert, Helge (2013): *Das Moneyfest. Ursachen und Lösungen der Finanzmarkt- und Staatsschuldenkrise*. Metropolis, Marburg

Pigou, Arthur Cecil (1920): *The Economics of Welfare*. Macmillan and Co, London

Piketty, Thomas (2014): *Das Kapital im 21. Jahrhundert*. Beck, München

Polanyi, Karl (1957): The Great Transformation. Beacon Press, 11. Auflage, Boston (Erstausgabe 1944). Deutsch: *The Great Transformation. Politische und ökonomische Ursprünge von Gesellschaften und Wirtschaftssystemen*, übersetzt von Heinrich Jelinek. Europaverlag, Wien 1977

Popper, Karl R. (1958): *Die offene Gesellschaft und ihre Feinde*, 2 Bände, Francke, München 1957 (Teil 1: *Der Zauber Platons*) und 1958 (Teil 2: *Falsche Propheten*) (Erstveröffentlichung1945)

Priddat, Birger (2012): »Die Zukunft der Industrie; Technologiefundierte Dienstleistungen«, in: *Wirtschaftsdienst*, 92. Jg. (2012), H. 9, S. 626–631. Im Internet abrufbar unter: http://www.wirt schaftsdienst.eu/archiv/jahr/2012/9/in-zukunft-technologiefun dierte-dienstleistungen/

Prittwitz, Volker von (1990): *Das Katastrophenparadox. Elemente einer Theorie der Umweltpolitik.* Leske+Budrich, Opladen

Radkau, J. (2011): *Die Ära der Ökologie. Eine Weltgeschichte.* C. H. Beck, München

Reiche, Danyel T., Krebs, Carsten (1999): *Der Einstieg in die ökologische Steuerreform: Aufstieg, Restriktionen und Durchsetzung eines umweltpolitischen Themas.* Lang, Frankfurt am Main.

Renn, Ortwin (2014): *Das Risiko-Paradox. Warum wir uns vor dem Falschen fürchten.* S. Fischer, Frankfurt am Main

Rifkin, Jeremy (2014): *Die Null Grenzkosten Gesellschaft. Das Internet der Dinge, kollaboratives Gemeingut und der Rückzug des Kapitalismus.* Campus, Frankfurt am Main, New York

Rockström, Johan et al. (2009): »A safe operating space for humanity«, in: *Nature* 461, S. 472–475 (24. September 2009)

Rogall, Holger (2011): *Grundlagen einer nachhaltigen Wirtschaftslehre: Volkswirtschaftslehre für Studierende des 21. Jahrhunderts.* Metropolis, Marburg

Rosa, Hartmut (2013): *Was brauchen Menschen? Vom Schweigen der Welt und von der Sehnsucht nach Resonanz.* Vortrag auf dem Evangelischen Kirchentag 2013 in Hamburg. Manuskript

Rosenkranz, Gerd (2012): »Das sabotierte Jahrhundertprojekt. Wie die Bundesregierung die Energiewende hintertreibt«, in: *Blätter für deutsche und internationale Politik*, H. 11/2012, S. 101–110

Santarius, Tilman (2008): »Was ist Ressourcengerechtigkeit?«, in: *Widerspruch*, Nr. 54, S. 127–137

Scheer, Hermann (1999): *Solare Weltwirtschaft. Strategie für die ökologische Moderne.* Kunstmann, München

Scherhorn, Gerhard (2009): *Geld soll dienen, nicht herrschen. Die aufhaltsame Expansion des Finanzkapitals.* Wiener Vorlesungen, Edition Gesellschaftskritik, Picus, Wien

Schick, Gerhard (2014): *Machtwirtschaft. Nein Danke! Für eine Wirtschaft, die uns allen dient.* Campus, Frankfurt am Main

Schmidt-Bleek, Friedrich (2014): *Grüne Lügen. Nichts für die Umwelt, alles fürs Geschäft – Wie Politik und Wirtschaft die Welt zugrunde richten.* Ludwig-Verlag, München

Schmidt-Bleek, Friedrich (1997): *Wieviel Umwelt braucht der Mensch? Faktor 10 – das Maß für ökologisches Wirtschaften.* dtv, München

Schmitt, Carl (1932): *Der Begriff des Politischen.* Duncker & Humblot, Berlin

Schneidewind, Uwe und Palzkill-Vorbeck, Alexandra (2011): *Suffizienz als Business Case. Nachhaltiges Ressourcenmanagement als Gegenstand einer transdisziplinären Betriebswirtschaftslehre.* Wuppertal Institut für Klima, Umwelt, Energie, Impulse zur Wachstumswende Nr. 2, Wuppertal

Schneidewind, Uwe und Zahrnt, Angelika (2013): *Damit gutes Leben einfacher wird. Perspektiven einer Suffizienzpolitik.* Oekom, München

Schor, Juliet (2014): »Debating the Sharing Economy«, in: *Great Transition Initiative,* October 2014. Abrufbar unter: http://www.greattransition.org/publication/debating-the-sharing-economy (abgerufen am 5. 1. 2015)

Schridde, Stefan (2014): Murks? *Nein Danke! Was wir tun können, damit die Dinge besser werden.* Oekom, München

Schumacher, Ernst Friedrich (1973): *Small is beautiful. Economics as if People Mattered.* Blond & Briggs, London. (*Small is beautiful. Die Rückkehr zum menschlichen Maß,* Oekom, München 2013)

Schumann, Harald (2011): *Die Hungermacher. Wie Deutsche Bank, Allianz und Co auf Kosten der Ärmsten mit Lebensmitteln spekulieren.* Foodwatch Report 2011, Berlin

Shim, David (2000): Green Growth: *Green Economy and Green New Deal. Die »Vergrünung« nationaler Politik in Südkorea.* German Institute of Global and Area Studies. Institut für Asien-Studien. GIGA Focus Asie 10/2009, Hamburg 2009

Shiva, Vandana (2013): *Making peace with the earth*. Pluto Press, London. Deutsch: *Jenseits des Wachstums*. Rotpunktverlag, Zürich 2014

Simonis, Udo E. (Hrsg.) (2014): *Vordenker und Vorreiter der Ökobewegung. 40 ausgewählte Porträts*. S. Hirzel, Stuttgart

Skidelsky, Robert und Skidelsky, Edward (2012): *Wieviel ist genug. Vom Wachstumswahn zu einer Ökonomie des guten Lebens*. Goldmann, München

Sloterdijk, Peter (2011): »Wie groß ist groß?«, in: Böll. Thema 2/2011. Im Internet abrufbar unter: http://www.boell.de/de/navigation/oekologie-gesellschaft-sloterdijk-wie-gross-ist-gross-12073.html (abgerufen am 2.2.2015)

Stein, Tine (1998): *Demokratie und Verfassung an den Grenzen des Wachstums. Zur ökologischen Kritik und Reform des Verfassungsstaates*. Westdeutscher Verlag, Opladen

Stern, David I. (2004): *The Rise and Fall of the Environmental Kuznets Curve*. In: *World Development*. 32, Nr. 8, S. 1419–1439

Streeck, Wolfgang (2013): *Gekaufte Zeit. Die vertagte Krise des demokratischen Kapitalismus*. Suhrkamp, Berlin

Succow, Michael, Knapp, Hans D., Jeschke, Lebrecht (Hrsg.) (2013): *Naturschutz in Deutschland*. Links, Berlin

Swanson, Ana (2015): »How China used more cement in 3 years than the U.S. did in the entire 20th century«, in: *The Washington Post*, Wonkblog, March 24, 2015: http://www.washingtonpost.com/blogs/wonkblog/wp/2015/03/24/how-china-used-more-cement-in-3-years-than-the-u-s-did-in-the-entire-20th-century/?tid=sm_fb

Szlezák, Thomas-Alexander (Hrsg.) (2000): *Platon: Der Staat. Politeia*. Artemis & Winkler, Düsseldorf/Zürich

Thie, Hans (2013): *Rotes Grün. Pioniere und Prinzipien einer ökologischen Gesellschaft*. Rosa-Luxemburg-Stiftung, VSA, Hamburg

Thoreau (2004), Henry David: *Walden. A fully annotated edition*. Edited by Jeffrey S. Cramer. Yale University Press, New Haven CT. Deutsch: *Walden oder Leben in den Wäldern*. Aus dem

Amerikanischen von Emma Emmerich. 22. Auflage. Diogenes, Zürich 2007

Uchatius, Wolfgang (2012): »Silvio Gesell: ›Geld muss rosten!‹ Interview mit Werner Onken«, in: *Die Zeit* vom 15. März 2012

Ueberhorst, Reinhard (2012): »Brauchen wir einen Neuen Gesellschaftsvertrag für unsere gesellschaftliche Politikfähigkeit?«, in: Plate, Georg (Hrsg.) *Forschung für die Wirtschaft 2012*, Göttingen, S. 287–314

Ueberhorst, Reinhard (2011): »Gesellschaftliche Politikfähigkeit und diskursive Politik – Ziel und Entwicklungsaufgaben«, in: Plate, Georg (Hrsg.): *Forschung für die Wirtschaft*. Shaker, Aachen, S. 173–194

Ueberhorst, Reinhard und Burns, Tom R. (1988): *Creative Democracy. Systematic Conflict Resolution and Policymaking in a World of High Science and Technology*. Praeger, New York/Westport, Connecticut/London

Ullrich, Wolfgang (2013): *Alles nur Konsum. Kritik der warenästhetischen Erziehung*, Klaus Wagenbach, Berlin

United Nations Framework Convention on Climate Change (2012): *The Cancun Agreements*. Abrufbar unter: http://cancun.unfccc. int/financial-technology-and-capacity-building-support/new-long-term-funding-arrangements/(abgerufen am 24.3.2015)

Vernes, Jules: Gesamtwerk, http://www.zeno.org/Literatur/M/ Verne,+Jules (abgerufen am 4.3.2015)

Vogd, Werner (2015): »Transformation, Leere und Religiosität – von Michel Houellebecq lernen?!«, in: *Studium fundamentale*, Universität Witten/Herdecke, Semesterzeitung im Sommersemester 15, S. 27

Weber, Max (1992): *Politik als Beruf*. Mit einem Nachwort von Ralf Dahrendorf. Reclam, Ditzingen (Erstveröffentlichung 1919)

Weischer, Lutz, Morgan, Jennifer und Patel, Milap (2012): »Climate Clubs: Can Small Groups of Countries make a Big Difference in Addressing Climate Change?!«, in: *Review of European Commu-*

nity & International Environmental Law, Vol 21, Issue 3 (2012), S. 177–192

Weiss, Hans (2010): *Schwarzbuch Landwirtschaft – die Machenschaften der Agrarpolitik.* Deuticke, Wien 2010

Weizsäcker, Carl Christian von (2014): »Das Ende der Knappheit?«, in: *Frankfurter Allgemeine Zeitung* vom 10. Oktober 2014, S. 18. Abrufbar unter: http://www.coll.mpg.de/download/Weizsaecker/FAZ_10102014.pdf (abgerufen am 13. Januar 2015)

Weizsäcker, Ernst Ulrich, Hargroves, Karlson und Smith, Michael (2010) *Faktor 5. Die Formel für nachhaltiges Wachstum,* Droemer, München

Weizsäcker, Ernst Ulrich von, Lovins, B. Amory und Lovins Hunter L. (1995): *Faktor Vier. Doppelter Wohlstand – halbierter Naturverbrauch.* Droemer Knaur, München

Welzer, Harald (2014): »Das Ende des kleineren Übels. Warum ich nicht mehr wähle«, in: *Der Spiegel* 22, S. 122–123. Abrufbar unter: www.spiegel.de/spiegel/print/d-96238982.html (abgerufen am 6. 3. 2015)

Welzer, Harald (2013): *Selbst denken: Eine Anleitung zum Widerstand.* S. Fischer, Frankfurt am Main

Werner, Götz et al. (2012): *Das Grundeinkommen. Würdigung, Wertungen, Wege.* KIT Scientific Publishing, Karlsruhe

Wissenschaftlicher Beirat der Bundesregierung für Globale Umweltveränderungen (WBGU) (2011): *Welt im Wandel. Gesellschaftsvertrag für eine große Transformation.* Berlin, insbesondere S. 219 ff.

Wolf, Martin (2014): »Strip private banks of their power to create money. The giant hole at the heart of our market economies needs to be plugged«, in: *Financial Times,* April, 24, 2014

Wolfrum, Edgar (2013): *Rot Grün an der Macht. Deutschland 1998–2005.* C. H. Beck, München

World Commission on Environment and Development: *Our Common Future.* United Nations, New York 1987. Deutsch: Hauff, Volker (Hrsg.): *Unsere gemeinsame Zukunft. Der Brundtland-*

Bericht der Weltkommission für Umwelt und Entwicklung. Eggenkamp, Greven 1987

Wuppertal Institut für Klima, Umwelt und Energie (1996): Zukunftsfähiges Deutschland. Ein Beitrag zu einer global nachhaltigen Entwicklung. Birkhäuser Verlag, Basel, Berlin, Boston

Dank

Mein Dank gilt denen, die Teile des Manuskripts oder der Vorläufertexte gelesen und mir wichtige Anregungen und Hinweise gegeben haben, vor allem Reinhard Blomert, Marie Sibylla Loske, Birger Priddat, Reinhard Ueberhorst, Carl Christian von Weizsäcker und Ernst Ulrich von Weizsäcker. Ulrike Holler vom S. Fischer Verlag danke ich für ihr gewissenhaftes und einfühlsames Lektorat. Unabhängig von dieser Unterstützung gehen Fehler oder Fehldeutungen selbstverständlich allein auf meine Kappe.